青少年阅读丛书

一定要知道的传统美德

王晓峰 李秀英 编著

吉林人民出版社

图书在版编目（CIP）数据

一定要知道的传统美德 / 王晓峰, 李秀英编著 . ——
长春 : 吉林人民出版社, 2012.4
（青少年阅读丛书）
ISBN 978-7-206-08764-6

Ⅰ . ①一… Ⅱ . ①王… ②李… Ⅲ . ①品德教育 – 中
国 – 青年读物②品德教育 – 中国 – 少年读物 Ⅳ .
①D432.62

中国版本图书馆 CIP 数据核字(2012)第 071019 号

一定要知道的传统美德
YIDING YAO ZHIDAO DE CHUANTONG MEIDE

编　　著:王晓峰　李秀英
责任编辑:门雄甲　　　　　　　　封面设计:七　洱
吉林人民出版社出版 发行(长春市人民大街7548号　邮政编码:130022)
印　　刷:北京市一鑫印务有限公司
开　　本:670mm×950mm　　1/16
印　　张:12.75　　　　　　　字　　数:150千字
标准书号:ISNB-978-7-206-08764-6
版　　次:2012年7月第1版　　印　　次:2023年6月第3次印刷
定　　价:45.00元

如发现印装质量问题,影响阅读,请与出版社联系调换。

目录 CONTENT 1

目录

CONTENT

3

目录 CONTENT 4

写在前面的话

● 道德一体

"德"是中国传统文化的核心，它和"道"字组成一个整体，成为中国传统文化的本质。中国五千年辉煌的传统文化只是追求一个德字，讲究一个德字，不论是儒家、道家，还是佛家，它们各自的文化都是建立在德字上。古代"得"与"德"相通，"得者，德也"。得什么？得的就是对宇宙真理——道的同化，凡是符合道的"得"都是"德"，不然就是无德。古人云："道之在我之谓德。"古人把德与道直接相通，德是内在于人的道。德从道中来，德是道的体现，是道的标准和要求，同化真理就是一个"得"者，就是一个大德之士。自古以来，道德一体，修道就是修德，修德就是修道，道德是一而不一，二而不二，不可分连。老子在《道德经》里也已经把这个道理讲清楚了，老子说："孔德之容，唯道是从。"意思是最大的"德"，就是"道"的体现和作用。

中华文化一开始就把道与德紧紧结合在一起：《易经》说："一阴一阳之谓道，继之者善，成之者性"，"大人者与天地合其德"，"天行健，君子以自强不息"，"地势坤，君子以厚德载物"；《礼记》中的："诚者，天之道也，诚之者，人之道也"，"天命之谓性，率性之谓道，修道之谓教"，这些中国文化的经典名句，每句都是道德一体的体现。可以说，中华文化是道德文化。

中国传统文化充满着道德一体的精神，不管是本土的道家和儒家，还是外来的本土化的佛教，都体现于这一精神。中华文化要求治国、治家、治身都要根据道的准则，"修之于身，其德乃真；修之于家，其德乃余；修之于乡，其德乃长；修之于邦，其德乃丰；修之于天下，其德乃普。"这样使社会"道普德溢"，天下仁爱太平。这是儒、释、道三家的理想，也是中国传统文化千百年来要达到的境界。

● 明德慎罚

中国古代的圣人们，从三皇五帝到尧、舜、禹、汤、文、武、周公，都是体悟和遵循大道而行的人，历来被奉为有德的人，他们开创了不同历史时期的美好社会。而今，历史已经远去，远古的传说和文献早已湮灭难觅，现在的人已经很难体察、理解那些时代的美好，和那些时代人们所追求的高尚的道德理念和人生价值。如今，人们只能从周公和他所开创的周朝社会中看到一些端倪。

在古代的圣人中，周公是一个伟大的政治家、思想家，也是一个伟大的道德家。他提出的"以德配天""敬德保民""明德慎罚"的思想，成为周朝最重要的治国纲领。周公说："不可不敬德。"一定要"自敬德"，并且必须"疾（急）敬德"，只有发挥"德之用"，才能永葆天命。周公深切地认识到"皇天无亲，唯德是辅"（天不讲亲情，只有发扬仁德，才会得到天的庇佑），道德是立身立国的根本。因而，周朝把道德的完善看成是治国的第一要义。周人推崇先王的德行，他们编写的《诗经》中津津乐道地颂扬从后稷、公刘、古公，到文王、武王这些先祖们有什么样的高尚品德，如何进德修业，以德兴国的事迹。他们把文王的仁政视为榜样："文王在上，于昭于天。"（文王的神灵在天，啊，神灵显赫在天上。《诗经·文王》）周朝这些圣君贤臣的德行，也历来被后世的炎黄子孙称为人生的楷模。周公的以德立国的思想，是周朝的主流思想。在周朝社会中，人们所追求的道德功业和道德人格成为那个社会的人生理想，被各个阶级的大多数人所认可，甚至成为下层社会成员共同追求的目标。人人追求道德，坚守道德，发扬道德，甚至视道德高于自己的生命。"杀身成仁"成为道德准则，整个社会处在道德的氛围和环境之中。在西周的一些早期文献中，已经初步提出了"修身、齐家、治国、平天下"的德治思想。周人对德的自觉和对德的认同，为中华传统文化的发展打下了坚实的基础。

周公在历史上另一个伟大功绩就是"制礼作乐"。周公在"损益"殷礼的基础上使传统的礼制、礼仪，严密化、系统化，从而在整体上达到一个新的水平，创设了适合当时社会的优秀文化制度。其具体内容包括一系列社会、政治等制度，还有一系列相应的道德伦理规范和文化教育的方式，形成一整套完备的典章制度，称之为"周礼"，或"周公之典"。周朝的礼乐文明，一直被视为后世社会的典范，被认为是上古社会的鼎盛时代，孔子赞叹曰："周监于二代，郁郁于文哉！吾从周。"（周朝借鉴夏商二代的礼仪制度，多么丰富多彩啊！我赞成周朝的礼仪制度。）

礼是道德的表现形式，周公通过礼仪规范人在社会中的行为，使人保持德行，与天道合一。

梁漱溟更以"周孔教化"为"以道德代替宗教"的文化，以历史上的中国社会为伦理本位的社会思想，与王国维的看法相一致。近代王、梁两位著名学者的观点指明了周礼和周朝文化的实质。周公主张"明德慎罚"，提倡"德治"，"制礼作乐"，实行"礼治"。这正是孔子梦寐以求的"道（引导）之以德，齐（规范）之以礼"的治国理念。

周朝社会所以能绵延八百年，正是贯彻周公的治国理念。在这样的社会中所产生的丰厚的道德土壤里，必然会造就出一大批社会道德精英和一大批社会的中坚，他们中的大部分人有深厚的知识和极高的道德素养，有判别是非的能力，有从事政治的才干和实践道德理想的勇气。在日常生活中，他们温文尔雅，是社会道德的表率。在社会和国家危难之际，他们力挽狂澜，正礼乐，定制度，锐意改革。在周王室，在各诸侯国中，显现他们的特殊才能。例如：周厉王、周宣王时的邵穆公、仲山父，周平王时的郑武公，周定王时的单襄公；在各诸侯国中有孔子、管仲、鲍叔牙、宁戚、曹刿、藏文仲、叔孙穆子、狐偃、赵衰、赵宣子、韩献子、范文子、魏绛、祁奚、叔向、赵襄子、申叔时、伍举、文种、范蠡——他们都是那个时代所造就的大德之士，在那个时代创造过非凡的功业，留名后世。在他们的周围，还有一大批同样具有道德情操的懿行之士的群体，同他们一样追求人生的价值，同样泛射着君子人格的光辉。正是这一大批社会精英和社会中坚，奠定了后来中华文化人格的始基，他们高尚的道德人格在历史的发展过程中越来越突显出来，他们的道德精神永世长存。

周公作为那一时代的精英群体的杰出代表，他的人格魅力和品德更是举世仰望。孔子说，像"修己以安人""修己以安百姓""博施于民而能济众"这样的境界，连尧、舜都恐怕达不到，但是，周公做到了。周公以自身的品格、道德、理念、才能和成就，为中华民族提供了理想的人格典范，这是他对中华文化的巨大贡献。

周公和他的那个时代充分演示了道德一体的文化精神，是孔子以前儒道的辉煌展现。作为中国传统文化的主干，儒家正是在继承这一文化精神的基础上发展的。这一文化精神就是中华民族的价值理念，体现中华民族和文化的终极追求和理想的境界。它是一个民族行为方式和思维方式的出发点和归宿，深远地影响着中华民族的心理结构和文化结构，奠定中华文化的基础，为中华文化的发展规定了方向。这个方向就是道德文化，它的特征就是对道和德的追求。

● 道心不二

中国传统文化与西方文化的根本区别，就是突出人内在的精神超越。它要求通过内在的精神超越达到道所要求的境界。这样就必须强调人要进行向内的精神磨炼，完善道德心性修养。道德心性修养，是精神超越能否成为人达到理想境界的起点和关键。理想的人格、智慧的飞跃、道德的升华，都是在内在的精神超越中实现的。这是返璞归真之路，对儒家来说，是成为实现对社会关怀和道德义务的君子、贤人、圣人之路。对道家来说，是成为内心安宁平和，超越自我的至人、真人之路。

在明朝儒家大思想家王阳明看来，这个"心"是道德的心，他把它称为"良知"。王阳明认为"良知"这个道德的心是宇宙万物之本体，宇宙的一切都由它演化而来。孔子曰："践仁以知天。"这是说，由践仁可上达天道。孟子提出"尽心知性知天"，是说能尽心便可知性善，能尽心知性善便可知天。《礼记》声称"诚者，天之道也"，是说诚信就是天道。在这里，儒家认为"仁""善""诚"，这些伦理道德与天相通，与天道是一致的，作为宇宙本体的天可以用伦理道德来表达。可见，道德本体论的思想早已在儒道早期时代萌发。王阳明的心学思想是儒家思想的延续，王阳明是在承接宋朝理学所融合的佛道两家文化的基础上，沿着这条路进一步继往开来，揭示天、地、人皆同德，皆合德，宇宙是道德的宇宙，揭示道德心是创化一切的本体，把中华的道德文化推向最高，高扬了道德本体的文化。

在王阳明看来，要了解宇宙的奥秘，达到对事物真相的认识，只需返视探求自己的心性良知即可。人体本身就是一个小宇宙，人先天的善良本性与宇宙的本性是相通相合的，与宇宙的真理是一致的。探视这颗道德心就是探视宇宙；认识自己的本性就是认识宇宙；内视揭示自己的心，天理、宇宙、天地、万事万物尽在其中；一旦先天的纯然之心得到恢复，那就是"天人合一"的境界。因此，王阳明说："心外无物，心外无事，心外无理。"因此，真理存在于人的先天真性里；天道存于人心之中；道在心中求，道在心中找；修道就是修心，修心就是修道。

总而言之：道就是德，德就是道，道德一体；道就是心，心就是道，道心不二。这是中国传统文化的本质和根本内涵，这也正是中国传统文化的博大精深和迷人之处。

第一讲　仁

● 仁者爱人

"仁"的金文字体写作"竺"，即"竹子"。竹子中空外实，如果剖开后一一分开就变薄，而全竹就是厚，因此有厚的意思，所以仁就是"厚以待人"。"仁"还代表二人彼此把对方当成自己一样，就是"亲"。此外还有一种说法，说"二"是天和地，"仁"就是"天地生出万物，人就是这样产生的"。

"仁爱"思想是儒家文化的核心观念，提出仁者能浑然与天地万物为一体，成就君子人格。《易传》中说："天行健，君子以自强不息；地势坤，君子以厚德载物。""天行健"与"地势坤"均为天地之道，天地之道的根本精神在于"无私"。古语有"天地之大德曰生""覆载群生仰至仁，发明万物皆成善"，古人认为上天造就万物并赋予其美好的德性，为其制定了法则，生成万物一片仁慈之心。

　　君子为人之典范，应效法、顺应天地之道。其大意是天体运行体现刚健精神，君子应自强不息地尽自己的责任；君子的胸怀像大地一样宽广，德行像大地一样深厚，所以能滋长万物，承载万物，包容万物，使万物都能够欣欣向荣。

　　从"天人合一"的宇宙观出发，中国传统文化讲究仁爱精神，要求人们替他人着想，帮助他人，珍爱生命，与天地万物和谐共处。

　　孔子说："天生德于予""人而不仁，如礼何？人而不仁，如乐何？"为人处世立身，做任何事情当以仁为依据和前提。樊迟问仁，孔子说"爱人"；颜渊问仁，孔子说"克己复礼为仁"；孔子还讲"夫仁者，己欲立而立人，己欲达而达人""出门如见大宾，使民如承大祭。己所不欲，勿施于人"，意即自己想要的，也要帮助别人实现，出门见到谁都很恭敬，好像迎接贵宾那样，就是说对社会上所有的人都很尊重。孔子这里讲的"仁爱"就是指做事要严肃认真，宽以待人，讲诚信，善待而不伤害他人。

　　孟子提出德性、良知属于人之天性，做人要保持善性并不断升华道德境界，每个人都有怜悯别人的同情心，"恻隐之心，人皆有之；羞恶之心，人皆有之；恭敬之心，人皆有之；是非之心，人皆有之"。孟子把道德责任与安身立命连在一起，说："君子莫大乎与人为善。"认为君子的最高德行就是偕同别人一道行善，主张推行仁政和德化，启迪人的善心和责任感，使社会形成"仁民而爱物"的风尚。

● 仁政爱民　天下归心

　　古语说："为政以德，譬如北辰（北极星），居其所而众星拱之。"

我国历代圣贤明君无不恪守仁爱为本的思想，以道德教化人民，使国泰民安。

周文王姬昌仁政兴国，受到万民敬仰。人称"西伯侯（周文王）之仁，泽及枯骨"，其宽容仁爱的胸怀垂范后世。

当周文王还是诸侯国君，被封为西伯侯时，在现今陕西鄠县东三十里的地方建造灵台，台下有灵囿、灵沼。正当挖掘池沼时，发现了许多枯骨，主管官吏立刻向文王报告。文王心生怜悯，于是吩咐主管官吏将这些枯骨埋葬。官吏说："这些骨骸都是死了很久，没有后代的人，已经没有人管这些枯骨了。"文王说："拥有天下者，就是天下的主人；拥有一个邦国者，就是这个邦国的主人。这些枯骨在我的邦国内，我就是他们的主人，理应管他们的事情。"说完便命令手下准备棺木重新埋葬这些骨骸。

当时的人听到文王的善行，都说："文王真是贤德啊！恩德都施行到枯骨上了，何况是人呢？"文王施行仁义，天下人心归附。

孔子曾说："治理国家必须经过三十年才能实现仁政。善人治理国家经过一百年，也就可以克服残暴免除刑杀了。"从汉朝建立到汉文帝，经过四十多年，德政达到了极盛的程度。一方面文帝受老子思想影响，采取无为而治的方式；但更主要的是文帝为人十分仁德宽厚，这使天下百姓受益无穷，也使西汉王朝逐渐走向强盛。

文帝刘恒，被高祖封在代地称代王。公元前180年，被拥立为天子。文帝在治理国家方面，以仁德为本，体现在方方面面：

其一，他废除了连坐法和肉刑。文帝认为，法令是治理国家的准绳，是用来制止暴行，引导人们向善的工具。既然犯罪的人已经治罪，就不应该株连他们无罪的父母、妻子、儿女和兄弟。而且法令公正，百姓就忠厚，判罪得当百姓就心服。后来齐国的太仓令淳于意犯了罪，应该受刑。太仓令的小女儿缇（音"提"）萦（音"营"）向朝廷上书说愿意入官府为奴婢，以免除父亲的刑罚。文帝怜悯缇萦的孝心，同时认为是自己的道德不厚、教化不明，就下诏废除了黥、劓、刖等肉刑，改用笞刑代替。因为取消了严苛的刑罚，文帝时许多官吏能够断狱从轻，持政务在宽厚，不事苛求，因此狱事简省。

其二，在确立继承人的问题上希望寻找到圣德之人实行禅让。一些大臣劝文帝及早立太子，文帝却说自己的德薄，希望可以找到贤圣有德的人把天下禅让给他。大臣们认为确立继承人为自己的儿子是由来已久的定规。如果抛开应当立为太子的人，却从诸侯或宗室中另选他人，是不合适的。这样，文帝才同意立自己的儿子启为太子。同时赐给全国民众中应当继承父业的人每人一级爵位。

其三，文帝能够与民同乐。文帝立太子的母亲为皇后，并赐给天下无妻、无夫、无父、无子的穷困人，以及年过八十的老人，不满九岁的孤儿每人若干布、帛、米、肉，希望天下这些贫苦之人可以享有一些快乐。

此外，文帝还对普天下施以德惠，安抚诸侯和四方边远的部族，加封有功大臣，因此社会上上下下都融洽欢乐。

其四，节省民力、财力，文帝二年（前178年）十月，下令居住在长安的列侯回到各自的封国。一方面可以省却百姓供应运输给养的劳苦，节约人力和财力；另一方面列侯也可以教导和管理封地的百姓。

其五，节省物力。文帝从代国来到京城，在位23年，宫室、园林、狗马、服饰、车驾等，什么都没有增加。但凡有对百姓不便的事情，就予以废止，以便利民众。文帝曾打算建造一座高台，找来工匠一计算，造价要上百斤黄金，于是文帝便放弃了。文帝平时穿的是质地粗厚的丝织衣服，对所宠爱的慎夫人，也不准她穿长得拖地的衣服，所用的帏帐不准绣彩色花纹，以此来表示俭朴，为天下人作出榜样。文帝规定，建造他的陵墓霸陵，一律用瓦器，不准用金银铜锡等金属做装饰，不修高大的坟；要节省，不要烦扰百姓。

其六，废除法令中的诽谤朝廷、妖言惑众以及百姓批评朝政有罪的条款。文帝认为，古代治理天下，朝廷设置进善言的旌旗和批评朝政的木牌，可以打通治国的途径，招来进谏的人。而这条罪状就使大臣们不敢完全说真话，做皇帝的也无从了解自己的过失。群臣中如袁盎等人进言说事，虽然直率尖锐，但文帝总是宽容采纳。

采取"无为"方式。文帝十分重视农业，他认为农业是国家的根本，因此即位后多次下诏重视农桑，经常给予他们赏赐，以鼓励农民发展生产。同时还注意减轻人民负担，降低田租和赋税，减轻徭役。

对外关系中，在匈奴的问题上，文帝或战或和，完全从百姓的利益出发。虽然匈奴多次背约入侵劫掠，而文帝却只命令边塞戒备防守，不发兵深入匈奴境内，不愿给百姓带来困扰和劳苦。

在对待臣子上，文帝也十分宽容，认为百官的过错，应当由自己一人承担责任。如大臣中张武等人接受别人的贿赂，事情被发觉，文帝就从皇宫仓库中取出金钱赐给他们，用这种办法使他们内心羞愧，而不把他们交给执法官吏处理。吴王刘濞谎称有病不来朝见，文帝就趁此机会赐给他木几和手杖，以表示关怀他年纪大，可以免去进京朝觐之礼。

在位二十三年的文帝，常常自省。天灾出现时，文帝自责说："我听说天生万民，为他们设置君主，来抚育治理他们。如果君主不贤德，施政不公平，那么上天就显示出灾异现象，告诫他治理得不好。我能够事奉宗庙，以这微小之躯依托于万民和诸侯之上，天下的治与乱，责任在我一个人，你们众位执掌国政的大臣好比是我的左膀右臂。我对下不能很好的治理抚育众生，以致发生灾害，我的无德实在太严重了。接到诏令后，你们都要认真想想我的过失，以及你们知道的、见到的、想到的我做得不够的地方，恳请你们告诉我。还要推举贤良方正，能直言进谏的人，来补正我的疏漏。"

同时，文帝赈灾济民：诏令诸侯不要向朝廷进贡，解除民众开发山林湖泊的禁令，减少宫中各种服饰、车驾和狗马，裁减朝廷官吏的人数，打开粮仓救济贫苦百姓，允许民间买卖爵位。文帝一生致力于用仁德感化臣民，无为而治，因此天下富足，礼义兴盛。

中国古代讲"乐以天下，忧以天下"，孔子说："臣子事君。"其实不是为了给君做事，而只是在国君之下做事，是为国为民做事，归根结底则是为了行仁义，辅助国君推行仁政。

在这种民本思想背景下教育出来的为官之人怀有强烈的济世爱民之志。一方面，积极关心百姓的疾苦和利益，仁政爱民；另一方面，努力做到"以德服人"，用自身的道德力量去感化百姓，这也是历来儒家所追求的政治理想。

北宋时的程颢是一个有着强烈的济世安民之志的儒者，无论在哪里做官，他都将"视民如伤"（看待人民如同对伤员，唯恐有所惊扰。形容在上位者对人民爱护之深）。四个字作为自己的座右铭，勉励自己勤政为民。他在扶沟县任职时，帮助百姓解决了不少实际困难。

他一到任就听说当地的饮用水发咸，他问幕僚："难道百姓一直都饮这种水吗？"幕僚说："您有所不知，附近只有僧舍的井水还稍微甜一点，可又不让妇女去汲水。"程颢经过反复思考并与幕僚商议论证，令人在同一地脉的地段上凿了一口井，这样百姓吃水就不成问题了。大家都说："这么多年的问题，程县令一来就给我们解决了。"

巡阅保甲王中正是皇帝身边的红人，每到地方巡查，地方长官都花很多钱讨好他。当他来扶沟县时，主管的司吏向程颢请示怎样款待王中正，程颢干脆地回答说："我们县穷，怎么能效法别的县花大把的银子去孝敬王某人？再说，这些钱都是取之于民的，依法不该乱花。"

程颢给朋友写信说："对于百姓，我主张用仁德教化。"有一个人因偷窃被捕，程颢说："你能痛改前非的话，我愿对你从轻处置。"此人后来再次犯事，县吏来逮捕他时，他自愧无颜再见程县令，于是自刎。

由于他的勤政爱民，当他离开扶沟县到别处任职时，百姓们都哭着追到县境去挽留他。

程颢曾担任过几任地方官，他为官的原则就是用德行感化百姓。在他代任上元县令时，陂塘大堤决口，必须马上堵塞，否则就会影响稻田的灌溉，但这需要很多人力。如果等待上级审批就来不及了，程颢决定立刻组织民众阻塞决口，随后再向上级禀报。他的助手劝他说："您难道不知道这样做是要被上级怪罪的吗？"程颢回答说："我没有别的选择，如果不这样，干等上级派人来堵决口，庄稼早就枯萎了，来年农民吃什么？再说，我为民请命，就算为此获罪，也在所不辞。"

于是，在他的领导监督下，决口不久就被堵住了。这一年收成极好，农民都说："多亏我们遇见了程县令这样一个德行宽厚仁爱、体恤百姓疾苦的好官啊！"

当今中国实行的建设"和谐社会"的思想，正是新形势下孔子提出的以"仁爱"为本的社会政治思想的体现。

● 舍身成仁　仁者无敌

掀开中华民族的史册，可以看到在中国历史上有很多宁死不屈的人，有许多古人甚至为了信守诺言而不惜牺牲自己的生命，屈原、岳飞、文天祥等无数仁人志士用自己的鲜血和生命谱写了一曲曲悲壮的浩然正气之歌。

孔子在《论语》中说："志士仁人，无求生以害仁，有杀身以成仁。"意思是说，志士仁人不苟全性命去损伤仁德，而是宁肯牺牲生命来成就仁德。生命对于每个人来讲都是十分宝贵的，然而比生命更可贵的是仁德与对真理的信仰，"舍身成仁"是指人在生死关头宁可舍弃自己的生命也要保全仁德。

秦末时期的田横与五百壮士虽然流落海岛，宁可自刎也不肯屈膝投降；宋朝的民族英雄文天祥严词拒绝了元朝统治者的高官厚禄的诱惑，慷慨就义，视死如归，以自己的生命捍卫了民族气节。他所留下的"人生自古谁无死，留取丹心照汗青"也成为后人喜爱的千古绝句。西方的基督教徒在历史上曾经被迫害了三百多年，他们当中也有许多人宁可失去生命也要坚守自己的信仰。

坚守真理正义而不惜舍弃自己生命的人是伟大的，他们以丹心赤诚建立的不灭的威德将光照千秋，在善良的人们心灵深处竖起一盏永恒闪亮的明灯。

古人云："富贵不能淫，贫贱不能移，威武不能屈。"通俗地讲，高官厚禄不能乱其心，家贫位卑不能改变其志向，威力相逼也不能使其卑躬屈膝，只有这样的人才能真正称得上大丈夫。真正的大丈夫决不会为了保全自己的生命而向邪恶妥协。

我国古代思想家和教育家孟子提出："唯有仁者才能够无敌于天下，唯有仁政才能使国泰民安。"如果在上的不依照义理度量事物，在下的不用法度约束自己，朝廷不信仰道义，官吏不遵守法度，君子触犯理义，小人触犯刑律，国家还能生存的，只是由于侥幸罢了。城墙不够厚，军队不够多，不是国家的灾难；土地没有扩大，财富没有积聚，不是国家的祸害。不尊崇道德，才是国家的祸患。

孟子周游列国，在齐国时被拜为客卿。一次，齐宣王问孟子："齐桓公、晋文公在春秋时代称霸的事情，您可以讲给我听听吗？"

孟子回答说："我不想具体谈论齐桓公、晋文公称霸的事。大王如果一定要我说，那我就说说用道德来统一天下的王道吧。"

宣王问："道德怎么样就可以统一天下了呢？"

孟子说："一切为了让百姓安居乐业。这样去统一天下，就没有谁能够阻挡了。"

孟子说："虽然大王您有这样的仁心，但是却偏偏不能够施及在百姓身上，百姓感受不到您的恩泽。好比您有能够举起三千斤的力量，却拿不动一根羽毛；视力能够看得清秋天毫毛的末梢，却看不见摆在眼前的一车柴草。原因是：现在您的最大欲望是征服天下，称霸诸侯，并没有把百姓的利益放在首位。但是，如果想用武力来满足自己称霸天下的欲望，不但达不到目的，相反会招致祸害。您考虑下，假如真要发动全国军队，将士冒着生命危险，去和别的国家结下仇怨，将会给百姓带来很大的灾难。如果君主能以百姓之乐为乐，百姓也会以君主之乐为乐；以百姓之忧为忧，百姓也会以君主之忧为忧。能跟天下同乐，跟天下同忧，做到这步而不能施行王道仁政的，简直不可能。"

孟子阐述了王道，最终使齐宣王心悦诚服，放弃了用武力征服，选择了仁政，齐国逐渐大治，百姓皆感孟子的恩德。

孟子在与诸侯王公交往中不卑不亢，表现出高度的原则性和气节，这一切源于他有仁者无畏的浩然正气，源于他有尊重生命、善待生命、仁爱生命的道德理念。我们中华民族正是因为有人对真理的坚定信仰才得以延续至今，在今天，复兴伟大的中华民族传统文化有着更重要的意义。人们只有回归和复苏良知才能明辨是非，才能懂得生命的真正价值之所在。

● 大仁不拘小节

孔子说："人非圣贤，孰能无过。"但人的过失，各有不同。观察他所犯的过失情形如何，便知道他心中有没有仁道了。

子贡问孔子："管仲不能算是仁者吧？齐桓公杀了公子纠，他没有自杀为公子纠殉死，却当了齐桓公的宰相。"孔子说："管仲辅佐齐桓公，称霸诸侯，匡正了天下，百姓到今天还享受得到他的好处。如果没有管仲，恐怕我们早已经是头发散乱，穿衣服开左边的文化落后民族了。管仲哪里会如百姓一般拘泥着小节小信，上吊自杀于沟渠，而没有人知道呢！"

在这里孔子是要告诉我们："君子贞而不谅。"是说君子坚守正道，不会拘泥于小节小信。君子担当大任，要思量许多大事，就不会执著于小节小信的"言必信，行必果"，其实坚守正道将大事考虑周到、主次轻重缓急适当安排，这比把小节小信看得很绝对而必须遵守，更重要、更合道理。

子曰："桓公九合诸侯，不以兵车，管仲之力也。如其仁，如其仁。"是说齐桓公多次召集各诸侯国的盟会，不用武力，那是得力于管仲的才能，而那就是仁德的展现。主张"尊王攘夷"，反对使用暴力，而且能达到齐鲁之地避免被"夷化"的目的，就是管仲的仁德促成的。所以看一个人，应该从整体来看，不能只从管仲"事其主不忠"一时的过错，就否定了他匡正天下，"尊王攘夷"的大功，从整个过程来看，管仲功大于过甚多，最终也成就了仁德。

孔子认为，人之所以犯错误，从根本上讲是他没有仁德。有仁德的人往往会避免错误，没有仁德的人就无法避免错误，所以从这一点上，没有仁德的人所犯错误的性质是相似的。孔子说："一个人要是没有仁心，如何能讲礼呢？一个人要是没有仁心，如何能讲乐呢？"阐明孔子对"仁"德的重视。如果一个人对最基本的仁德之心都没有，更遑论仁爱他人的事了！

李林甫为唐玄宗时的宰相，他善于逢迎，因而取得玄宗及其亲信的欢心。李林甫平时和人接触时，总是一副和蔼可亲的样子，嘴里尽说些动听的好话，实际上，他却非常阴险狡猾，常常暗中害人。日子一久，人们发现他的伪善，就都在背后叫他"口有蜜、腹有剑"。

无独有偶，唐朝中书侍郎李义府，平常为人忠厚温和；而且不论和谁说话，总是面带着微笑，表现出十分诚恳的样子。其实他心地刻薄、奸诈，常以阴险的计策来陷害好人。日子一久，大家也发现了他的假面具，就说他"笑中有刀"。

"口蜜腹剑"和"笑中有刀"这样的人口是心非、表里不一；外表表现得很好，很讨人好感，内心却尽想些坏主意来谋害人、算计人。这样的人是不会具备什么仁德之心的，正如孔子所说的"巧言令色，鲜仁矣"。也从另外一个角度说明了我们加强道德修养的重要性。

● 推己及人

"人之初，性本善"，现在的社会人心非常复杂，人与人之间的交往，多的是冷漠、自私自利、缺乏真诚。应该要怎样做才能到达仁爱呢？

孔子说："我欲仁，斯仁至矣。"意思是"行仁难道离我们很远吗？只要我愿意行仁，立刻就可以行仁"。樊迟又问怎样才是仁，孔子说："仁人对于劳苦难事，做在人家前面；对于结果收获，得在人家后面，这就可以说是仁了。"

仁者的起点是从自己向善做起，善待他人，并且宽恕实惠于人。能将心比心，为对方设想。例如：如果我是对方，角色互换一下，我这么对待他适当吗？对方会有什么感受？假如对方不愿意，那么尊重人家的意愿和选择，换个方式善待人家。所谓"己所不欲，勿施于人"，假如人家那样对待我，我也会不愿意，那我以后也不要那样对待人家。反之，如果是好的，是大家愿意的事呢？仁者就是要善待他人，希望别人变好，自己愿意把好事与人分享，乐善好施，成人之美，正是所谓"推己及人""己立立人，己达达人"。

南宋诗人杨万里的妻子七十多岁了，每到天寒时都早早起床，然后径直走进后院的厨房里，熟练地生火、烧水、煮粥。满满的一大锅粥要熬上很长时间才行，杨夫人就静静地等着。不久，清甜的粥香顺着热气渐渐充满了厨房，飘到了院子里。

院子的另一边，仆人们伴着这熟悉的香气陆陆续续起床了，洗漱完毕后，到厨房接过杨夫人亲自给盛的满满一大碗热粥喝了起来，身心感到很温暖。

杨夫人的儿子杨东山看到母亲忙碌了一早晨，心疼地说："天气这么冷，您又何苦这么操劳呢？"夫人语重心长地说："他们虽是仆人，也是各自父母所牵挂的子女。现在天气这么冷，他们还要给我们家做活。让他们喝些热粥，胸中有些热气，这样干起活来才不会伤身体。"

这个故事虽然小，但是体现了一个中华民族的传统美德：推己及人。中国传统文化讲"老吾老，以及人之老；幼吾幼，以及人之幼"，主张在待人处世上要推己及人，像爱戴自己的长辈那样爱戴其他的老人，以爱护子女的心思去爱护别人的子女。这种尊老爱幼的优良传统体现了中华传统文化博爱万物的道德理念。其实这是一种无私的体现，行事的准则。如果只尊敬自己家的老人，只爱护自己家的孩子。看起来还是尊老爱幼的表现，但是这其中更多的是私，而不是真正地遵循道理行事。

其实推己及人，这是人之为人的本分啊。如果每个人都是想到自己，在社会中，人与人的关系一定会越来越冷漠，人人为近敌。即便是你最大限度地好像是保存了自己的利益，但是你发现你的心越来越缺乏那种人与人之间的关怀，自己越来越封闭。相反的，如果每个人都在待人处世中能够想到别人，这样的社会一定充满了关怀和温馨。即便自己好像是损失了一份自己的利益，但是你会发现自己却从每一个别人那里得到更多的回报。

在任何时候都能想到别人，这才是仁啊。"仁"其实不是遥不可及的境界。在尊重对方的意愿和选择的前提下，我认为好的、自己愿意要的，我想到要与人共享；我认为不好的、自己不愿意要的，我不推给别人，我想到要让别人也远离不善。凡事为对方着想、善待他人，扬善弃恶。也许这样做真的就"我欲仁，斯仁至矣"。"己立立人，己达达人"体现的是不自私，所以能与人共享，而不贪得、不妒忌、不争斗。更简单地说，仁者凡事先为他人着想，善待他人。从身边最平易的事做起，仁并不远。

当一个人发挥善的本性，在他生活交往的各个接触层面，凡愿意向善的，似乎都感受着善的力量，在向善的方向转化，本着善的本性最能深入沟通交往。久而久之，能将向善的生命连成一片，向上升华，尽善尽美，从而演化为繁荣美好的世界。

第二讲 义

● 义即德行

我们都知道人的生命是非常宝贵的，但是还有比人的生命还宝贵的东西。那是什么？就是"义"——人间的正义与道义。

古文中"义"写作"義"，由"我"和表善祥之意的"羊"组成，意为我善良，深深含着人性本善之义，此正说明"義"乃与生俱有的德行。故《礼记》言："夫义者所以济志也，诸德之发也。"因为义者，德之宜（道德的准则）、事之宜（立身处世的依据）、天理之所宜（顺乎天道自然的法则）。由此可知"义"乃一切道德之根基。

如果心中不存道义，那么做事的基点就容易变成名、利、情等，以利而言，那就容易见利忘义，社会中那些道德败坏的人都是只求利益不讲道义的人。

孔子在《论语》中说："君子喻于义，小人喻于利。"意思是：君子通晓仁义，小人只懂得利益。孔子能达到"随心所欲不逾矩"的境界，凭借的是什么？如果心中没有道义，随心所欲就是放纵、非礼。如果心中有道义，就会有妄想或非礼的想法。所以"义"体现在外的就是各种德行。

那么，如何取义、行义呢？

《左传》中这样记述："君子动则思礼，行则思义，不为利回，不为义疚。"举凡做事，皆要明白是非善恶、晓以利害关系，不以私利为出发点就是行义。作为纯正，处处公道，不做私弊，就是义行。在众所周知的《三国演义》中，关羽重义轻利，虽然身陷曹营，又受曹操厚恩，却始终不忘初心。任凭曹操三日一小宴，五日一大宴，送袍赠马再加上黄金美女，关羽之心终不为财色所动，仍然坚持："若知皇叔下落，虽蹈水火，必往从之。"关公因为守义成为人中楷模，在历史上传为美谈。同时代的吕布虽然勇猛无比，却因为见异思迁，三易其主，其人格终为世人所不齿。张飞每当临阵对敌，出口就要先骂吕布为"三姓家奴"。

● 舍生取义

子曰："志士仁人，无求生以害仁，有杀身以成仁。"孔子说："一位怀有大志和仁德的人，不会贪生怕死而损害仁德，只会不惜牺牲生命而成全仁德。"在中国的历史上，许多仁义之士轻利重义，为了坚守心中的正义与良知，宁愿舍弃眼前的实际利益，甚至是生命。

春秋年间，齐国有一个人叫做崔杼，他的妻子叫棠姜，十分美貌。当时齐国的国君叫齐庄公，是个十分昏庸好色之徒。崔杼是齐庄公手下的相国，权倾朝野。

齐庄公久慕棠姜美色，二人勾搭成奸。崔杼十分恼怒，于是定下计策，派武士杀死了齐庄公。当时，诸大臣都知道崔杼作乱，但是也都不敢去悼念齐庄公。崔杼立灵公之子为齐景公，也没有一个大臣敢持异议。

不过崔杼以臣弑君，毕竟非同小可。崔杼本人也要掩人耳目。于是他把太史伯叫来让他在史书中写："夏五月，庄公因患疟疾，不治而死。"太史伯不从，在竹简上写道："夏五月乙亥，崔杼弑其君光。"意思就是在五月，乙亥日，崔杼杀死了他的君主光，其中"光"是齐庄公的名字。

崔杼大怒，满朝文武都没有人敢说一个"不"字，太史伯竟然敢公然违抗他的命令。于是就命人把太史伯推出去斩了。

太史伯有三个弟弟，分别叫太史仲、太史叔、太史季。太史伯死了，太史仲接替了哥哥的位置。崔杼仍然命令太史仲掩盖真相，太史仲和他哥哥一样，在竹简上写："夏五月乙亥，崔杼弑其君光。"于是太史仲也被崔杼杀掉。

太史仲的弟弟来了，仍然按照两个哥哥的样子秉笔直书："夏五月乙亥，崔杼弑其君光。"结果也被崔杼杀掉。

最小的弟弟是太史季。他仍然写下了同样的话："夏五月乙亥，崔杼弑其君光。"然后把竹简给崔杼看。

崔杼手里拿着竹简说："你三个哥哥已经死了，难道你也不怕死吗？如果你肯按照我的意思修改你写的话，我就饶了你。"太史季回答说："据事直书，史氏之职也。失职而生，不如死？"

太史季是说："按照历史的本来面目来写史书，这是我做太史的职责。与其放弃职责而苟且偷生，还不如死了。"

太史季接着说："当年晋灵公是个无道昏君，被赵盾的弟弟赵穿杀死。晋国的太史叫董狐，他认为赵盾是正卿，相当于宰相。国君被赵盾的弟弟杀了，赵盾却不能将赵穿绳之以法，于是写道：'赵盾杀死了他的君主夷皋。'赵盾无话可说，因为他知道太史的职责是不能荒废的。今天就是我不写你崔杼杀君的事情，天下总有人会写。我即使不写，也掩盖不了你的丑事，反而白白地让有识之士笑话。所以我不怕死，你看着办吧！"

崔杼被太史季的大义凛然所震慑，说："算了算了，我是怕国家亡在齐庄公这个昏君的手里，不得已杀了他。你虽然秉笔直书，不原谅我也没什么。"于是把竹简扔给了太史季。

太史季捧着竹简出来，快要走到史馆的时候，碰到另一位太史，叫南史氏，正急急忙忙地赶来。太史季问他为什么这么着急，南史氏回答说："我听说你几个哥哥都死了，担心你也会死，这样夏五月乙亥发生的事就没人记述了，所以我写好了竹简赶过来。"

太史季听了，拿过南史氏的竹简，看到上面也是几个字："夏五月乙亥，崔杼弑其君光。"南史氏也是一个宁死也要说真话的人。南史氏特意查看了太史季的竹简，看到他记录的确实是事实，才放心地告辞了。

崔杼畏惧太史的秉笔直书，于是把罪过推给了手下一个叫贾竖的人，并把他杀了。

这件事在历史上留下了一个典故。到了南宋末年，文天祥被蒙古人俘虏后，在牢房中写了《正气歌》，其中有两句"在齐太史简，在晋董狐笔"。文天祥就是用这个故事激励自己的正气。一个人敢说真话的故事,经过一千多年,仍然对后人起到正面的榜样作用。

现在的人觉得说句假话实在没什么,不就是一句假话吗,有那么严重吗,十分不以为然。很多人觉得说假话好像都习惯了,没什么压力。其实人的天性是求真向善的,当人说谎的时候,会有控制不住的生理反应,比如呼吸急促、脉搏加速、动脉血压升高、手掌出汗等等。经常说谎的人,一方面担心谎言被戳穿而处于心理紧张的状态,另一方面,在生理上也会有伤害。现代医学发现人的健康不仅仅由生理因素,还由心理因素、社会因素和精神信仰因素所决定。人如果说谎话,对自己的健康也是有害的。

● 重义轻利

中国传统文化中向来强调"义利之辨",君子重义轻利。但并不是说不取利益,而是"君子求财,取之有道",一切皆以"道义"为标准和前提,不义之财绝对不取。

北宋熙丰年间,在京师的樊楼旁边有一座小茶馆,生意非常兴隆。有一天,一位从邵武来的李姓客人,与一老友在此小茶馆叙旧饮茶。因天气比较热,李姓客人便脱下了外衣,把数十两金子随手放到了茶桌上,结果走时却忘记了拿。李姓客人离开茶馆后,才发现自己遗失了金子,但心想这个茶馆中往来的人那么多,肯定找不回来了,也就没有回去寻找。

三四年后,李姓客人再次来到这家茶馆,他并没抱希望,只是随口说出自己三四年前曾在这里遗失过东西。茶馆老板听后想了想,问道:"你那天是不是穿着毛衫坐在这里?"李姓客人说:"是啊。"老板又问:"同你在一起坐在这里的人是不是穿着皂皮袄?"答:"是啊。"茶馆老板说:"那些东西被我捡到了,那时我也曾赶快出去追赶,但你们走得很快,在那么多人中一时也没有辨认出来,于是就把东西放了起来。心想你们第二天肯定会回来寻找。我从没有打开过,但觉得很重,想必是黄金白银之类的东西。如果你说的块数重量相同,你就拿回去吧!"李姓客人说："如果能找到，我就与你平分。"茶馆主人笑而不答。

李姓客人跟随茶馆主人来到一小棚楼上，发现楼上放了很多鞋、伞、衣服、器皿等他人遗失在这里的东西，而且上面都贴有字条，写有某年某月某日，大概是什么样的人所遗失。如果不知道的，就写着不知道。茶馆老板在一个楼角中找到一个小包袱，封记从没有打开过，上面写着某年某月一位官人所遗失在这里的。

下楼后，茶馆主人同众人再次询问李姓客人包袱中金子的块数和重量。李姓客人答出来后，茶馆主人打开包袱一看，果然同李姓客人说的相符，便把包袱全部还给了他。

李姓客人为表示感谢，要留下一半金子给茶馆主人，茶馆主人说："官人想必也读过书，怎么这么不会看人呢？古人明辨义利之分，我如果重利轻义，就把东西藏起来不告诉你，你又能怎样呢？又不能官法相加？我之所以这样做，就是总怕自己有愧于心的缘故啊！"

李姓客人知道他不会接受，对其一再施礼拜谢，茶馆主人则不断地谦让辞谢。之后李姓客人请茶馆主人到樊楼去饮酒，结果茶馆主人也坚决推辞了。

当时茶馆中五十多人，大家都非常感慨。做人都是下坡容易上坡难，往下走、随波逐流省力，而坚守信念和道德却需要长久的意志和勇气，难度大得多了。如果茶馆主人暗中偷拿了客人遗失的钱财，开始总是觉得虽然得了便宜，但良心还是会受到谴责。可如果继续发展下去，天长日久，贪财的事一件件发生，以至于控制不住自己，这个人就蜕变成一个缺德的贪财小人了。中国成语中有个词叫"一介不取"，就是说，不是自己应该得到的一点都不能要，哪怕像一粒芥菜籽那么微小的、一点点儿小东西也不拿，才是廉洁、守法。

其实真是这样，人做什么事情都是有后果的，而且后果要自己承担。过去老人们经常说"不要做亏心事"。一个人是否贪财、是否重义，这不是做给别人看的，是为了自己好。生活中，当面对很多事情时，我们的内心本来都是能够区分正邪好坏的，只是在后天环境的带动下，在利益和欲望的诱惑下，很难做到坚守自己心中那份纯真、善念，以及道德准则。从长远来看，钱财名利地位其实都是过眼烟云，而人的一生当中能否守住自己的德行，才是自己的立世之本。

我们很多人都知道，重德受德，事事做到问心无愧，这才是正人君子的品行，虽然很难做到。

● 取义于民

传统文化中，"取义""行义"不仅是君子修身立德之行，也是古代贤明君主治国爱民之道，即"义"的内涵：小者修身，大者为民。

在"孟子见梁惠王"的故事中，梁惠王说："您不远千里而来，给我的国家带来了什么好处和利益？"孟子回答说："大王何必说'利'？其实，只要有'仁义'就够了。大王为一国之君，说：'对我的国家有什么好处？'大臣们会说：'对我家有什么好处？'百姓们会说：'对我有什么好处？'这样从上到下互相讲利益，国家就危险了！将来大臣们会为他们的利益而杀其君，百姓们会为他们的利益而造反。这就是先讲'利'而后讲'义'的结果。然而却从来没有见过讲'仁义'的人抛弃他们的亲人，也从来没有见过讲'仁义'的人把他们的君王丢在一旁的。所以大王讲'仁义'就够了，何必说利？"

现代的中学课本里也有这么一个故事："冯谖客孟尝君"，讲战国时期齐国的孟尝君好士，门下有食客数千人，其中有一个叫冯谖，冯谖在孟尝君家曾弹剑唱"长铗归来乎！食无鱼、出无车、无以为家"等歌，因而冯谖食有鱼、出有车，他的母亲也得到了孟尝君的照顾。

有一天，孟尝君派冯谖去收债，辞行的时候，冯谖问道："债款全部收齐，用它买些什么东西回来呢？"孟尝君说："看家里缺少什么东西，就买什么。"冯谖赶着马车到了薛城，派出官吏召集那些应当还债的百姓都来核对借约。借约核对完了，冯谖假传孟尝君的命令，把借款赐给百姓，烧掉借约，百姓齐声欢呼万岁。

冯谖赶回齐国都城，进见孟尝君。孟尝君问道："债款全收齐了吗？怎么回来得这么快呀？"冯谖回答说："收齐了。"孟尝君又问："用它买了些什么回来呢？"冯谖说："您说'家里缺什么就买什么'，我考虑您府里已经堆满了珍宝，好狗好马挤满了牲口棚，堂下也站满了美女。您府里缺少的东西要算'义'了，因此我替您买了'义'。"孟尝君问："买义怎么个买法？"冯谖说："如今您只有一块小小的薛地，却不能抚育爱护那里的百姓，反用商贾的手段向百姓取利息，我私自假传您的命令把借约烧了，百姓齐声欢呼万岁，这就是我给您买的'义'啊！"孟尝君不高兴，说："好吧！算了罢！"

过了一年，齐泯王对孟尝君说："我不敢拿先王的臣子作为自己的臣子。"孟尝君只好回到封邑薛城去住。走到离薛城还有一百里的地方，百姓扶老携幼，在大路上迎接孟尝君，整整有一天。孟尝君回头对冯谖说："先生替我买的义，竟在今天看到了。"

仁义不像钱或物那样看得见摸得着，因此孟尝君对冯谖买仁义非常不高兴。当孟尝君被齐王贬回到薛城时，才认识到昔日失去的今天都加倍地得到了回报。

● 多行不义必自毙

孔子认为，贤明的君主会以仁义治国，总是考虑百姓利益的得与失，而不会一心追求个人权势，否则，就会招致来自各方的怨恨和指责，甚至灭亡。《论语》云："见得思义，见利思义，义然后取。"就是说财物来了，利益来了，权位来了，首先要问："应得吗？该得吗？可得吗？"若非取之有道，恐怕后患无穷。一生中，若能将多余的钱财嘉惠布施于世，或善用权利，造福乡梓、社会，都是最佳的义行。

周朝末年，周宣王将自己的弟弟桓公友封于郑这个地方。桓公友的儿子（郑武公）娶了申国女子，名字叫武姜，生下庄公和共叔段。庄公出生时，由于胎位不正，造成脚先生出来而难产，使得姜氏受到惊吓。姜氏因此给庄公取名为寤生。由于武姜一直偏爱共叔段，所以当庄公和共叔段长大之后，便希望立共叔段为太子。可是她屡次向武公请求，武公都不答应。

等到庄公即位后，武姜就为共叔段请求，希望能把共叔段封在制这个地方。由于制这个地方地形险要，所以庄公回应她说："制是个地势险峻之地，从前虢叔就是死在那里。要是别处，我一定从命。"武姜于是又请求封在京城，庄公就把京城封给共叔段，称他为京城太叔。

　　由于这么做不符合君臣的礼节，所以郑国的大夫祭仲便劝谏庄公说："凡属国都，城墙周围的长度超过三百丈，就会给国家带来祸害。先王制定的制度，大地方的城墙，不超过国都的三分之一；中等的，不超过五分之一；小的，不超过九分之一。现在京城已经逾越了规矩，不合先王的制度，君王将会不堪其忧了啊。"庄公说："是姜氏要这样，我哪有办法避免祸害呢？"祭仲回答说："姜氏哪会这样就满足呢？不如早一点处置他，不要让他继续蔓延；一蔓延就难处理了。蔓延的野草尚且难铲除，何况是君王所宠爱的弟弟呢？"庄公说："多行不义，必定会自取灭亡，你姑且等着看吧！"

　　果然过了不久，共叔段就命令西鄙、北鄙两个地方既听庄公的命令，同时也要接受他的管辖。此时，郑国的公子吕就对庄公说："一个国家不可以容许有两个君王同时存在，您打算怎么办呢？如果您想把国家交给京城太叔，那么臣就请求去侍奉他；如果不是，就请把他除掉，不要让民心背离。"庄公说："用不着，他再这样下去会自取其祸的。"后来，共叔段又进一步把西鄙、北鄙据为己有，并且扩大到廪延。这时公子吕又对庄公说："够了！再让他势力大下去，得到的民众也会更多了。"庄公则是一点都不担心地说："他对国君不义，对兄长不亲，没有正义就号召不了人，势力虽大，却容易自行崩溃。"

　　紧接着，共叔段便开始整治城郭，储备粮草，充实盔甲和武器，准备步兵和车辆，想要去偷袭郑国的都城。而姜氏也准备开城门做内应。当庄公获得共叔段进兵的日期时，说："时机到了。"于是命令公子吕率领两百辆兵车讨伐京城。京城的人反对共叔段，共叔段只好逃入鄢。而庄公又向鄢进兵，共叔段最后只好逃到共国。

　　从这个故事中，我们可以看到一个人如果倚仗着自己的背景或权势，而不顾及人应有的伦理道德，那么久而久之就会因为自己做了太多不义的坏事，最后得到自取灭亡的下场。

● 小人忘义

一般而言，人还是懂得互相尊重的，但这个世界上确有相当一部分人就不懂得这个基本的做人之理。你对他好，他认为你惧怕他；你忍让于他，他认为你软弱可欺；在你各方面都高他一筹的时候，他对你俯首帖耳；当你境遇不佳的时候，他会变得盛气凌人；在他需要帮助的时候，他能说出令人肉麻的话语；当你需要他帮助的时候，他却装聋作哑，不雪上加霜，落井下石就算便宜了你。

按照传统的道德标准，此等人被称为小人。小人之所以为"小"，不仅因为他的心胸窄小，目光短浅；还因为道德低下，为了现实利益不惜出卖自己的道德与良心，令人蔑视轻看，故有"卑鄙小人""嫉妒小人""忘恩负义小人""见利忘义小人"等说法。

小人自私，以一己之利为最终的人生目标，因此，不管在哪儿，个人利益，保护自己是第一位的。小人嫉妒，见到别人优秀，就要冒无名妒火。小人多仇恨，他总认为自己吃亏，总认为别人在骗他，他的逻辑："不沾光便是吃亏。"小人患记忆偏执症，别人的不好刻在心中，别人的恩情置于脑后。小人难满足，如果你想让小人满足恐怕不容易，他的欲望永无止境，你对他好，他便得寸进尺，得尺进丈……

然而，这世界上吃亏最大的却是那些最不想吃亏的小人。因为他每天苦思冥想着如何不吃亏，所以，吃不好，睡不安，损害自身健康，这是第一大亏。又因为他鼠目寸光，只认眼前利益，不为生命永远考虑，因此，即使你把无价之宝送到他的面前，他也未必认得，这是第二大亏。小人为了自己的利益，或者得了本不该属于自己的东西，或诽谤污蔑咒骂别人，都将造下恶业，此业今生还不完，来世还，此乃第三大亏。因此，世界上最傻的人当首选自认为最聪明的小人。

"君子坦荡荡，小人长戚戚"是自古以来人们所熟知的一句名言。君子循理而行，所以心地平坦宽广；小人患得患失，所以经常忧愁局促。其实，造成"坦荡荡"与"长戚戚"的主要差别在于人的修为。心胸开阔的人，懂得接纳别人、与人为善，他无须打压异己，也无须谄媚逢迎，更不起妒忌之心，心里能装得下别人，想的是如何成人之美。相反的，小人则老是担心自己的利益受损，想的是如何占别人便宜，由于不愿意了解别人，便容易成为忧愁的苦主：常常自苦、自危、自惭、自卑、自惑等，体现的是心胸狭窄，与人为难、与己为难，时常忧愁，为名、为利、为情所役，终日惶惶不安，就更不可能成为坦荡的君子了。

试想：如果每个人所思考的都是"利"自当头，那么人与人之间必然冲突不断；相反的，如果每个人在起心动念时，多想一下会不会对别人造成损失与伤害，相信随之而来的是和谐的气氛与人际关系。

君子一举一动若能合于天理，顺乎伦常就是一位义人。义人就是美善之人，吉祥之人。愿我们相互勉励，个个皆成为义人。

第三讲　礼

● 乐

中华古国曾有"礼仪之邦"的美誉。早在三千多年前的殷周之际，西周时期的周公以道德为原则建立了礼乐制度，使其成为德治、仁政的重要途径。继周公之后，孔子又提出了"仁"的思想，儒家继承和发扬礼乐文化，提出君子"博学于文，约之以礼""礼以导其志，乐以和其声"，要求以仁义为贵，修善明德，整齐仪容，乐天顺道。

《礼记·乐记》中说："乐者，天地之和也；礼者，天地之序也。和故百物皆化，序故群物皆别。"礼是天之经，地之义，是天地间最重要的秩序和仪则；乐是天地间的美妙声音，是道德的彰显，礼序乾坤，乐和天地！所以，"大乐与天地同和，大礼与天地同节"。礼乐教化通行天下，使人修身养性，体悟天道自然，谦和有礼，威仪有序，这是我国古典"礼乐文化"的内涵和意义所在。

西汉以后，《周礼》《礼记》等成为古人治国修身必读的经典，礼乐文明成为儒家文化的核心。

谈到"乐"，一般人就会想到现代的流行歌曲、西方的摇滚乐、管弦乐等等，多把乐曲作为消遣娱乐之用。但是中国古代的"乐"却起着善化百姓的教育功能。

古之圣贤非常注重音乐对人心的影响，以乐辅礼，宣扬仁德，教化民众。如黄帝之乐《咸池》，通乎神明之德；颛顼之乐《云门》，继承美德；尧之乐《大章》，广施德惠；舜之乐《韶》，将德行发扬光大。其节奏曲调平和而庄重，寓意深刻，导人向善。

君子聆听乐曲，可以说出其中的义理，以德敬天，思索修身、齐家、治国、平天下。孔子向师襄子学琴，练习《文王操》一曲时，竟然感受到了曲调所蕴含的浩然正气以及作曲者所要表达的宽仁崇高的精神境界。

《史记》中记载："舜弹五弦之琴，歌《南风》之诗而天下治；纣为朝歌北鄙之音，身死国亡。舜之道何弘也？纣之道何隘也？夫《南风》之诗者生长之音也，舜乐好之，乐与天地同意，得万国之欢心，故天下治也。夫朝歌者不时也，北者败也，鄙者陋也，纣乐好之，与万国殊心，诸侯不附，百姓不亲，天下畔之，故身死国亡。"这里大意是说治世之乐与亡国之音的区别。音乐之美在于其悦耳动听的形式服从于仁义道德的内容和礼义的要求，否则就没有意义和价值。

古乐《南风》以其平静祥和的曲调，体现了中国传统音乐思想，记述了舜帝推德怀远、忧国忧民的事迹。舜帝施善行、布仁德、爱民勤政、明哲贤能，集诸多美德于一身。大禹曾用武力征三苗，但三苗虽然战败却并不心服，不久又起兵反抗。于是，舜帝制止了大禹再次讨伐三苗的请求，而喻教行德三年，三苗欣然诚服，并且移风易俗。舜帝南巡，感谅南方赤日似火，酷暑易旱，百姓疾苦。而当南风乍起，熏风时雨，顿解万民之焦渴和燥热。舜帝看到南国民众在温暖和煦的南风中那样欣欣愉悦，感慨万千，手挥五弦琴，放声吟唱："南风之薰兮，可以解吾民之愠兮；南风之时兮，可以阜吾民之财兮。"他为自己的臣民祈祷上苍，切切思虑着拯救万民于水火，加强礼乐文化和神明祭祀活动，歌《南风》而天下大治。

学习礼乐之道可以使君子仁爱他人，使小人改恶从善，节制个人私欲，平易、正直、慈善、诚信油然而生，宁静而安定，安定而长久，长久就合于天道自然。因此，古人礼乐一刻不离自身，即所谓"士无故不撤琴瑟"。

古人认为，乐是用来调和人的情感的，礼仪是用来诱导人心的。政令是用来统一人的行为的，刑罚是用来防止邪恶行为的。礼仪、音乐、刑罚和政令，它们的最终目的相同，都是用来统一民心，实现治国、平天下的道理。

礼体现于外表，而乐由内心产生，所以能够潜移默化。最好的乐必定平和自然，因而通达内心使民众没有怨恨，则暴民不起来作乱，诸侯都来归顺，而不必使用武力，不动用多种刑罚，百姓没有忧患，这就表明乐普遍实行了。再通过礼仪教化民众，从而达到礼乐通达，天下大治。

礼所表现的是天地间的秩序。因为秩序，万物能显现出差别。中正无邪，是礼的本质；庄重恭顺，是礼的职能。礼用来规定人的高低贵贱的差别，使人们相互敬重。那么，乐所表现的就是天地间的和谐。和谐而不混乱，是乐内在的精神。因为和谐，万物能发育生长。让人欣喜欢爱，是乐具有的功能。乐用不同形式来影响人心，使人们相互亲近。礼和乐的本质相同，因此历代英明的君王都以礼乐相沿袭。他们制礼作乐都依据时代的变化，为礼乐命名都要与建功立业相吻合。

君子说：礼乐片刻都不能离开身心。详细审视乐的作用以加强内心修养，那么平易、正直、慈爱、诚信之心就会油然而生。具有平易、正直、慈爱和诚信之心，就会感到快乐，快乐了就会安宁，安宁了就能持久，持久了则能成自然，自然就可达到通达的境界。天虽然不言不语，却可使人相信。详细审视乐的作用是为了加强内心修养。详细审视礼的作用是为了端正仪表举止，使人庄重恭敬，庄重恭敬就会有威严。如果心中有片刻不平和与不快乐，那么卑鄙奸诈的念头就会进入；如果外表有片刻不庄重与不恭敬，那么轻佻怠慢的念头就会进入。

所以，乐是影响人的内心的，礼是端正人的外表的。乐使人极其平和，礼使人极其恭顺。内心平和而外表恭顺，那么人们看到这样的气色表情就不会同他争斗，看到这样的仪表举止就不会产生轻佻怠慢的念头。因此，德性的光辉萌动于内心，人们就不会不顺从；行为的准则表现在外，人们也不会不顺从。所以说，详审礼和乐的道理，再把它们付诸行动，天下就没有难事了。

传统礼乐涵养人的行为，使人内心受到道德光辉的照耀，纯正的理性表现在外，顺应天地自然的规律，并关爱他人。其教化功能使民众明辨善恶，归于天理正道。礼乐文明体现出人们对天道真理的追求渴望和对道德正义的推崇。

相比古代音乐对人的影响，现代主流音乐是使人向外发泄、不加节制、寻求强烈的外在感官刺激，完全是对人内心平衡的破坏，使人的精神处于狂躁不安的状态之中，无论是对人的身体健康还是内心的平和宁静都是不利的。

● 礼

中华民族有懂礼、习礼、守礼、重礼的传统，所以被称之为"礼仪之邦"。礼仪在古代社会规范着人的道德和行为，也是文明的象征，是中华民族优秀的文化传统之一。

中国的传统六艺中，"礼"字第一，充分说明了中国人重视礼仪的传统。礼仪在历史上被不断修正、完善、继承和发扬。西汉以后，《仪礼》《周礼》《礼记》三部专门阐述礼的经典著作被先后列入学官，成为古代文人必读之书，在中华文化中有着举足轻重的地位。

过去很多文化人的家厅堂里都挂着"诗礼传家"的匾额，注重"礼"的教育。《论语》上记载着孔子教子学礼的故事。

有一天，孔子独自站在庭院中，他的孩子孔鲤迈着小步恭敬地走过，被孔子叫住，问孔鲤学习礼仪了没有，孔鲤说还没有。孔子又教育说："不学礼，无以立。"不学习礼是很难立身做人的。于是，孔鲤退回去，去学习礼仪。这一则故事，历来被传为美谈，被称作"庭训""诗礼垂训"等等。

古人认为，"礼"是人人须遵守的行为规范，道德礼仪等等。孔子说过"非礼勿视，非礼勿听，非礼勿言，非礼勿动"。礼既然具有如此重要的意义，一个不学礼、不懂礼的人怎么能够在社会上立身处世呢？这就是"不学礼，无以立"的道理所在。

那么，什么是礼呢？《左传·昭公二十五年》中说："礼，上下之纪，天地之经纬也，民之所以生也。"礼是天地法则在人类社会的体现，所谓"礼以顺天，天之道也"等。礼还成为文明与野蛮的界标，古人以礼分夷夏（即野蛮与文明），而不以血族分内外。

礼是秩序，礼对社会秩序、上下尊卑关系有严格的规范。《左传·隐公十一年》所谓："礼，经国家，定社稷，序民人，利后嗣者也。"父子相互亲睦，长幼之间次序明确，四海之内的人都相互尊敬，这就表明礼普遍实行了。礼深含人类对德性的追寻，对和谐的追求，对人本身的期望和宽容，以及对美好生活的期待，对审美情趣的重视和培养，以及对社会秩序的协调。

礼还是日常生活的准则，其根据仁义文行忠信的要求制定的仪规包罗万象。礼也是人与人交往的方式，以大类划分，它包括吉、凶、军、兵、嘉五礼，以小类划分，则有数十种，以至于《礼记·中庸》有"礼仪三百，威仪三千"之说。

家喻户晓的《三字经》中有大量的关于日常衣食住行、待人接物等方面的礼仪规范。比如人与人交往，如何称呼对方，彼此如何站立，如何迎送，等等，都有礼的规定。即使是吃饭，也应该在举手投足之际显示出自己的修养，称之为食礼。行为合于礼，是有修养的表现，反之则不能登大雅之堂。

为何要学礼重礼呢？《礼记》中提到，上古时代人心淳朴，凡事没什么准则，只照着内心的诚意来行为；到了文明时代，就讲究施与受间的互相往来，受到别人的恩惠，也要回报别人的恩惠。如果受到恩惠却不报答，就不合乎礼；如果受人报答却没有给人恩惠，也于礼不合。人与人的关系，因为礼的作用而能保持和谐，如果没有礼，就会发生危机。所以礼是一定要学习的。"礼尚往来"比喻别人以礼相待，也要以礼回报。

孔子说："恭而无礼则劳，慎而无礼则葸，勇而无礼则乱，直而无礼则绞。"意思是："一味要求恭敬，而不懂得以礼节制，就会劳倦；一味要求谨慎，而不懂得以礼节制，就会变得畏怯多惧；一味凭恃武勇，而不懂以礼节制，就会作乱闯祸；一味要求爽直待人，而不懂以礼节制，就会尖刻伤人。居上位的人，能够厚待亲长，百姓自然会兴起仁厚的风气。居上位的人，能够不遗忘、背弃故交旧游，百姓自然不至于冷漠待人。"

孔子还说："礼是什么呢？礼就是做事的方法，君子做事都要懂的方法。礼就是理，君子无理就不能行动。如果道德低下，礼就只剩下空洞的形式。一切制度都是礼所规定的。仪式的行为方式，也是礼所规定的。治理国家没有礼，就像盲人没有人引导，茫茫然不知走向何方。没有礼，退揖让都没有了规矩。这样一来，就不能领导民众协调一致的行动了。"

"礼"作为一种社会行为规范，在孔子看来，"礼"是从天子到庶人，人人必须遵守的行为规范。在《礼记·哀公问》中，他明确指出："非礼，无以辨君臣上下长幼之位也；非礼，无以别男女父子兄弟之亲也。"孔子说："其实，只要人与人之间诺言能够实现，就是礼；做事让人愉快，就是乐。君子努力做到这两项，又处于统治者的地位，天下也就太平了。礼乐兴起，天下大治；礼乐败坏，天下就会大乱。"

可见，古人对于"礼"的重视达到了关乎国家兴亡的高度，已经远远超出了社会人际关系的范畴。相比之下，现在很多人忽视了对做人应懂得的基本礼仪规范的学习。人们把那些在礼仪上不拘小节的人，认为是"潇洒"；把身穿奇装异服，口讲粗话的人，认为是"有个性"。坐没有坐相，站没有站相，吃没有吃相，穿着邋遢，见了尊长连个招呼都不打，麻烦了别人连句感谢话也不说，在公共场所目无他人、任意所为，这都是没有修养的表现。

其实，礼貌、仪表、风度是反映一个人文化素质和修养高低的重要方面。《礼记》中认为：人与动物的根本区别不是语言的有无，而是礼，礼是文明与野蛮的区别。

作为中国的近邻，历史上在中国传统文化礼仪的熏陶下发展起来的，现在的韩国和日本也继承了些许礼仪规范，人们还比较重视使用表示敬意的雅语和举止。

人们常说"近朱者赤，近墨者黑"。通过耳濡目染，会在潜移默化中改变一个人的思想观念和道德习惯，思想观念深植于心，习惯成自然，最后自然就会体现在行为上。

所以孔子要说"非礼勿视，非礼勿听，非礼勿言，非礼勿动"。要求人们通过加强修养，自觉地约束自己，达到人际关系的协调。

在《资治通鉴》中有这样一段记载，梁国当时的太傅贾谊针对如何对太子进行道德礼义的教育一事，曾经向汉文帝上疏，他在疏文中说：

"古代英明的君主，在太子诞生时，就按照礼义对待他，有关官员衣冠整齐庄重肃穆，到南郊举行礼仪，沿途经过宫门就下车，经过宗庙就恭敬地小步快走，所以，太子从婴儿时起，就已经接受了道德礼义的教育。

到太子儿童时期，略通人事，三公、三少等官员用孝、仁、礼、义去教育他，驱逐奸邪小人，不让太子见到罪恶的行为。这时，天子从天下臣民中审慎地选择为人正直、孝顺父母、爱护兄弟、博学多识而又通晓治国之术的人拱卫、辅佐太子，使他们与太子相处，一起活动。

所以，太子从诞生之时开始，所见到的都是正事，所听到的都是正言，所实行的都是正道，前后左右都是正人。一直与正人相处，他的思想言行不可能不正，就好像生长在齐国的人不能不说齐国方言一样；经常与不正的人相处，就会变成不正的人，就像生长在楚地的人不能不说楚地方言一样。"

孔子说："从小养成就如同天性，习惯就如同自然。"学习礼义与开发智力同步进行，一起增长，所以无论如何切磋都无愧于心；接受教化与思想见解一起形成，所以道德礼义观念就如同天生本性一样。

夏、商、周所以能长期维持统治，其原因就在于有教育、辅佐太子的这套制度。到秦朝局面全变了，秦始皇派赵高做胡亥的老师，教他学习断案判刑，胡亥所学到的，不是斩首、割人鼻子，就是灭人家的三族。胡亥头天当了皇帝，第二天就用箭射人，把出于忠心进谏的人说成诽谤朝政，把为国家深谋远虑的人说成妖言惑众，把杀人看做割草一样随便。难道这仅仅是因为胡亥天性凶恶吗？是由于赵高的品学对胡亥的影响不符合正道。

可以说，环境的善恶对一个人道德礼义的好坏影响很大，亲善则善，近恶则恶。如果我们接触的都是正人贤士，耳濡目染的都是健康美好的影视作品、书籍音乐，自然会受到良好的熏陶，向美好的方面发展。如果接触的都是奸邪小人，灌输的都是色情暴力的东西，人就会向这些方面发展，或者就将以此开始沉沦了。

那么，同样道理，如果一个人的道德礼仪修养非常高深，他的言行一样可以影响改变周围的环境。

北魏时候的长孙庆明，皇帝赐给他一个名字叫做俭。俭从小为人端正，有着高尚的操守，即使在自己家中，每天也都非常庄重，因此文帝非常敬重他。

当时，荆襄刚收服归降，文帝命长孙俭前去统领。长孙俭担任统领十二州的都督后，因为荆襄是当时的蛮荒之地，晚辈从不侍奉长辈，长孙俭觉得应改掉此陋习，于是教导他们孝悌的道理，当地民风得以转为善良。

后来长孙俭当上尚书官。有一次，皇帝与大臣闲谈时，皇帝对大臣们说："这位长孙尚书，为人端庄而肃穆，守礼庄重，各位贤卿应效仿他的品德，守礼才得以固民之本。"

这故事告诉我们守礼端重的人，对身边的人会起到潜移默化的作用，当我们见到他必然会肃然起敬。所以我们想得到别人的敬重，首先要先端正自己的行为，所谓自重而人重便是此理。

第四讲　智

◉ 大智若愚

在儒家传统道德中，智是重要的道德范畴。子曰："知者不惑。"孔子明确指出：智的最高修为是不惑。虽然成为圣人是极高的境界，不易达到，但是仍可透过道德品质的修行达成。因为，当一个人真正明白做人的真正目的时，他便会因为生活中的自我要求而心性提高、破迷生智慧，进而坦然面对人生的喜乐，不庸人自扰，也能锻炼出大无畏的真勇气去面对遭遇的困顿与考验。

古人语"大智若愚"，现代人的理解就是这个人很聪明，但故意藏拙。其实这个成语的真正含义是指那些有智之士，了透生死，看破浮生，名利富贵视为粪土，辱骂欺凌毫不动心，他们在常人的眼里好像不可思议，就像傻子一样，其实他的智慧与境界和常人相比不知要高出多少。虽然这些人表面上看，很类似现代人理解的故意藏拙，以明哲保身，但实际上绝不是现代人认为的那种见利益就上、见困难就躲的见风使舵的"烂好人""墙头草"，而是真正道德高深的"大智若愚"之人。

孔子说："宁武子，邦有道，则知；邦无道，则愚。其知可及也；其愚不可及也。"大意是说："宁武子（姓宁名俞，春秋时期卫国大夫，'武'是他的谥号），在国家修明伦理道德时，会显露品德才能，为人所知所用，不再深藏不露；而在国家伦理道德坏乱不修、礼崩乐坏时，他就不再显露品德才能，不再为人所知所用，所以就显得好像愚昧无知。他显露才能而为人所知，是许多人能做得到的；他深藏不露而显得好像愚昧无知，是一般人难以理解也做不到的。"

为何宁武子在邦无道时要深藏不露而显得好像愚昧无知？又为何这是一般人难以理解也做不到的呢？

想想邦有道之时，社会人心私心小时，注重道德，社会就稳定，在这样的天时和人和，人民本来就应该享有地利、福分，有才能的人，利己利民，贡献才能，为社会人民谋福利，理所当然。而邦无道之时，昏君当权，小人得势，朝廷官府充斥一些求名求利、争权夺势之徒，也许在这种社会环境大潮流、大染缸之中长大的人，已经无法觉察到道德的败坏程度，就这样跟着世风日下而随波逐流，根本无法理解追求名利双收、光宗耀祖有什么不对！就像"不识庐山真面目，只缘身在此山中"。只有能超脱世俗，心在方外的有识之士，才能在浊世中依然洁身自爱，屹立不摇，出污泥而不染，始终如一。

邦无道时，社会人心私心大时，鄙视道德，社会就混乱，各种灾祸和社会问题就会不断出现，有才能的人，如果不愿同流合污，往往很难再有作为，还容易受盛名所累，遭小人嫉妒，被卷入权力漩涡，穷于应付纷乱的政争和党派倾轧。宁武子能顺应天时、世局而动静皆宜，而且有为有守，大概是因为他能坚守正道，始终如一。邦无道之时，收藏才能，坚守道义远离名利的诱惑。这道理有几人能明白？有几人能做到呢？

现代社会，在名利面前，追求美名光环、金钱私利、喜好欲望的满足，是人之常情，至于伦理道德的规范，现代人往往只是视为表面可有可无的规范。许多人越是无止境的追求个人满足，就越想打破令人生厌的道德规范。对于他们而言，良心道德、真诚善良、克己复礼，已经太过虚无缥缈、太不切实际而令人难以理解，如果社会上这样的人很多，他们会很看重物质生活，远离精神文明，整个社会会认为无止境的追求个人满足有什么不对？亏损道德良知，不择手段达到目的有什么不对？

那么，整个社会价值标准、体系也就颠倒了，坚守正道、淡泊名利、不同流合污的人就成了社会大众眼中最愚昧无知的疯子和傻子了。他们既不会被名利所诱惑，也不会对他人的讥讽怒骂所动心，一切的个人利益的得失都不会在意。这样的人就如同亭亭玉立的浊世清莲，不是很难得吗？

● 至察无徒

在现今的中国，虽然政府提出了建设"以德治国"为基础的和谐社会、法制社会，但是中国正处在社会转型的变革时期，伴随着社会经济的高度发达，社会道德标准受到了前所未有的物质冲击，社会风气下滑，人际关系空前紧张，人与人之间原本的相互关心、爱护逐渐淡化了，取而代之的是越来越多的相互冷漠、为了利益争夺的尔虞我诈。在这种条件下，我们该如何处理复杂的人际关系呢？看看我们的先贤是怎样做的。

韩忠献公曾经说："不管君子或是小人，都应该以真诚的心对待他。

如果知道他是小人的话，浅浅的和他交往就可以了。"通常，一般人碰到小人欺骗自己，一定会把他的计谋点破。韩忠献公就不一样，他虽然清清楚楚知道小人的奸计，可是，他每一次都安然忍受下来，不曾表现出来。

我们大都只愿意跟君子来往，因为以诚对待君子很容易，用诚来对待小人就困难多了，一般人的习惯是，你对我好，我也对你好；你对我不好，我为什么还要对你好？因此看到对方有问题，我们就会毫不留情地指出来，这么做的结果，不但没有好处反而让小人恼羞成怒，找机会来伤害我们。

我们通常不能忍受别人一点点污垢、过失，名之为"洁身自好"，其实，这是道德学问还没有内化到内心深处。我们应观察心相，为什么要揭穿别人的过失呢？因为看不起对方，讨厌对方，要把他的缺点揪出来，这动机本身就有慢心、嗔心的作用，自然没有办法生出慈悲心来帮助对方。如果我们内心平静清凉，就不会在乎人家对你的看法，不会在功过得失上面打转，但这是非常不容易的事。

同样的，如果在官场上和人互动，如果不能包容别人、不能容忍别人一点缺点，就容易与人产生对立，树立政敌；朋友间相处也是如此，你排斥他，他也一样排斥你，会产生敌对的情况，也容易招祸。著名的例子：《宋名臣言行录》中，宰相寇准个性耿直，曾经对于丁谓的谄媚举动，当众厉声斥责，因此得罪丁谓，后来丁谓这帮人得势，就把寇准贬到崖州。

仁慈不是是非不分，而是看得明明白白，你欺骗、伤害我，虽然我心里清清楚楚，但是我愿意宽宏大量，不与你计较，外表不形于色。这对一般人来说很难做到，没有修行是做不来的。寇准失败就在此，遇到小人就马上揭发他，明着拆穿，两人就对立起来了，也就失去教化他的能力；韩忠献公（韩琦）就不如此，他面对小人仍能用诚心对待，浅浅与之交往，但是不会身陷其中。君子立身处世就是希望用德行感化人，不因为他是小人就摒弃他、排斥他，一个人能涵容别人，别人才能被他摄受。

宽容、包容可以化解人际的冷漠、矛盾，那么，我们为什么一定要这么做呢？子张曾向孔子请教为政的道理，孔子说："君子治理民众，不要用很高的标准来要求他们，不要用很远的目标来诱导他们，也不要强迫他们做他们无法做到的事情。"子张说："弟子诚恳地接受您的教诲。"

孔子又说："你一定要记住，水如果太清了就会没有鱼，人如果过于明察就会没有徒众。所以古时候帝王的皇冠前面垂着玉器，就是为了不使他们的眼睛太过于明察，用统纩来塞住耳朵，就是为了不使他们的耳朵过于灵敏。百姓中出现了邪枉就把它扶正过来，使他们有所收获。"

孔子接着说："要实行宽大的政策，使他们自己寻求自身的不足。要根据民众的水平来教授他们道理，使他们可以独立思索，自己寻找方向。百姓犯了小的错误，不要千方百计地寻找他们的错误，而是要根据他的善行来赦免他，使他就像是死人获得重生一样，这样他一定会越变越好，而这也就是实行仁政啊！"

子张听后诚恳地对孔子说："先生说得对极了。"

孔子说："因此你要想使自己的话语被别人相信，最好是先虚心接受别人的意见；要想使政令迅速得到执行，最好是自己先做出表率；要想使人民尽快服从，最好是用正确的道理教诲他们。如果你能够做到这些，而不是苛责民众的话，就会成为一个好的执政者。"

人无完人，谁都会有错误，关键在于怎么对待。至察无徒就是说要以一颗无私包容的心来对待他人，不能对人求全责备。作为人，都有这样或那样的缺点，至察无徒正是告诫人们要对人宽厚、包容，对他人不能要求过于严格，期望不要太高，要善于发现别人的长处，发现别人值得尊重、学习的地方，从而不断完善自己的道德修养，成为一个真正的智者。

● 有容乃大

包容是我们中华民族的传统美德，是一种智慧和境界，这种境界源自人的道德修养，来自人的内心"善良、慈悲、仁爱"的自然流露，是一种无私的气度和博大的胸怀。

包容的精神为历代圣贤所推崇，在传统的道、儒、佛家文化中多有论述。如老子说："孔德之容，唯道是从。"是指有淳厚的品德才能包容万物，并能与大道相应，而大德的范式就是道；老子还说："江海之所以为百谷王者，以其善下之，是以能为百谷王。"意思是大江大海之所以浩渺幽深，是因为它们善于居下位，以接纳涓涓细流，而成为水中之王者。孔子说："宽则得众。"《尚书》中"有容乃大"，认为有容量的才能称为"大"，所以，大地、大山、大川、大海等都带个"大"字，表明它们有无比深厚的兼容品质。佛家讲"一念境转"、心中长存"感恩""善解"和"包容"，慈悲心怀，才能包容万有，心怀有多大，包容的世界就有多大。

包容是谦逊、虚怀若谷的品德。世上的人性格不同，个性各异，对事物的见解也是仁者见仁，智者见智。古之圣贤充分尊重他人的见解，遇事为他人着想，从善如流，为后人做出了楷模。如西周时，周公辅佐成王，励精图治，思贤若渴，前来投奔的人非常多。他有时候洗一次头，几次握着散开的头发去见客；吃一顿饭，也数次吐出含在嘴里的食物去接待客人。即使这样，犹恐怠慢、埋没了前来投奔的贤士。周公以"握发吐哺"的精神使天下人心所向，四夷宾服。周公告诫自己的儿子伯禽说："圣上让你治理鲁国，你一定要谨守谦恭啊！要知道天的道理，不论什么，凡是骄傲自满的，就要使他亏损，而谦虚的就让他得到益处。地的道理，不论什么，凡是骄傲自满的，一定要使他改变，不能让他永远满足；而谦虚的则要使他滋润不枯，就像低的地方，流水经过，必定会充满了他的缺陷。而人的道理，都是厌恶骄傲自满的人，而喜欢谦虚的人啊！"

再如唐太宗不仅虚心纳谏，而且勇于求谏，真正做到了闻过则喜。他包容了魏征等人的犯颜直谏，宣扬别人的善言，目光高远，集聚全天下人的智慧，成就了"贞观之治"的盛世和盛唐文化的繁荣。

包容是宽恕待人。包容他人曾经的过失，是允许别人有过错，但并非不辨是非，而是"知常明"和"上善若水"，是促其改过自新的最大鼓励。如战国时赵国的蔺相如对廉颇的包容成就了"将相和"的佳话：廉颇恃功，对于封爵在自己之上的蔺相如很不服气，而蔺相如对廉颇的羞辱退让再三,是因为他以国家利益为重而不计较个人得失。蔺相如对自己左右的人说:"我想过,强大的秦国不敢来侵犯赵国,就因为有我和廉将军两人在。要是我们两人不和,秦国知道了,就会趁机来侵犯赵国,这将影响到国家的安危。"廉颇知道后很惭愧,便负荆向蔺相如赔罪说:"我是个粗人,气量狭窄,不料您宽容我到这样的地步啊!"蔺相如连忙扶起他说:"不敢当啊!咱们两人都是国家重臣,一起为国家出力,老将军能体谅我就足够了,怎么还来给我赔礼呢?"两个人从此成为莫逆之交,秦国因此不敢窥视赵国。

包容是以德感化他人,体现出一种关怀体谅,是以严律己和以宽待人。如明朝时的杨翥,平日持身谨慎,有一天晚上做梦,梦到自己在一个园林之中游览,顺手就摘下了树上的两颗李子来吃。醒了之后,他就痛责自己说:"这是因为我平时对于义和利认识不够清楚的缘故,才会在梦中梦到了偷吃人家园子里种的李子啊!"他从此更加严格修身。他的一位邻居,每逢雨天,便将自家院子里的积水排放到杨翥院中,家人告知杨翥,他却劝解家人说:"总是晴天的日子多,落雨的日子少。"邻居知道后被杨翥的忍让所感动。

包容是善的力量,它能拉近人与人之间的距离,改善彼此间的关系。古语说"厚德载物",因德是无私的、最可信赖的,是万物皆可亲可敬的媒介,这种德越淳厚,就越有承载性和包容性。因此道德高尚的人能够在任何环境中不为利欲所动,同情、爱护和帮助他人,心里总是装着别人的安危,唤醒、偕同他人一道行善、实践道义。

包容是打破人与人之间隔阂的最好方式。得到宽恕,迷失的人会重新找回自己的方向;没有宽容,仇恨便会像洪水般蔓延。

长剑一指,四十万赵兵被埋于长平,白起的错误使赵国军民殊死抵抗,也为自己招来杀身之祸。宋太祖杯酒释兵权,连亲信都不宽恕,以至大宋王朝军事不济,受尽欺凌。

锱铢必较、小肚鸡肠,丝毫不能宽恕别人过错的人,朋友会越来越少,仇家会越来越多,这种情况下要想做出事业,谈何容易。纵观古今中外凡有大成就者,绝大部分都是胸怀坦荡、一身正气的君子。心狠手辣、遇事不饶人的成功者,毕竟是少数。

历史的迷雾又扰乱了我们的视线：楚霸王念在曾经的兄弟情谊，宽恕了苟延残喘的刘邦，约定鸿沟为界，不料刘邦撕毁协定，大举反扑，以致乌江畔上留下霸王的英魂。难道宽容有错吗？非也。只是我们在宽恕的时候，要先理智地认清：我们宽恕的是可以改过的人，还是心肠歹毒的豺狼。"白门楼吕布殒命"，或许就是这个道理吧。

　　古语有云：海纳百川，有容乃大。包容、宽恕、尊重、感恩、诚信是人最高贵的几样精神质量，有了他们，即使我们不能成功，也会成为品格高尚、志洁行廉的君子、智者。

第五讲　信

● 人言为信

　　我们中华民族文化历史悠久而源远流长，古人历来重视道德修养，把诚信作为人道德修养最基本的内容，作为修身、齐家、治国、平天下的最基本的道德规范。古文中"信"字是一个"人"加上一个"言"，《说文解字》中说："信，诚也，人言为信，会意字。"原本字义就是人言为信，引申为诚实的意思，代表人说话必须实在，不自欺也不欺人，才能让别人相信你。

　　信，是儒家传统伦理准则之一。孔子认为"信"是为人立身处世的基点。在《论语》中，信的含义有两种：一是信任，即取得别人的信任，二是对人讲信用。在《论语》其他篇章中如"子张""阳货""子路"等，都提到有关于"信"的道德。

　　孔子曰："人而无信，不知其可也。大车无輗，小车无軏，其何以行之哉？"就是说："一个人不讲信用，不知他怎样立身处世。就像大车没有輗，小车没有軏一样，它们靠什么行走呢？"

子曰："古者言之不出，耻躬之不逮也。""君子耻其言而过其行。"孔子说："古代人不轻易把话说出口，因为他们以自己做不到为可耻啊！"孔子主张谨言慎行，不轻易允诺，不轻易表态，如果做不到，就会失信于人，如此威信也就降低了。所以孔子说，古人不轻易说话，更不说随心所欲的话，因为，他们以不能兑现允诺而感到耻辱。人无信则不立，古人为人诚实、恪守诺言的例子比比皆是，为我们留下了丰富的关于诚信的文化。

● 言而有信

坚守"信用"应该是人与人之间的一种常态。季札是周代吴国国君的公子。有一次，季札因为要出使鲁国而经过了徐国，于是就顺道去拜访了徐君。季札是一位非常有气质涵养的君子，两人言谈之中，徐君的目光一直被季札腰间的一把佩剑所吸引。

徐君心想季札的这把剑铸造得不仅很有气魄，而且几颗宝石镶嵌其中，典雅而又不失庄重。只有像季札这样的君子，才配得上这把剑。徐君虽然很喜欢这把佩剑，却不好意思说出来，只是一直忍不住朝剑观望。季札知道徐君的心意，便在内心暗下决定，等到鲁国完成出使的使命之后，一定要再回来将这把佩剑送给徐君。

后来，等到季札从鲁国返回徐国的时候，才知道徐君已经过世了。季札难过地来到徐君的墓旁，把自己的那把佩剑挂在树上，并在心中默默地说："您虽然已经过世了，但是我内心那个承诺却还在，今天将这把剑赠予您，也用这把剑向您道别。"季札对着墓碑躬身而拜，然后转身离去。

季札此举令随从非常疑惑，忍不住问他："徐君都已经过世了，您将这把剑挂在这里，又有何用呢？"季札说："虽然他已经过世了，但我的内心对他曾经有过承诺，我从鲁国回来之后，一定要把剑送给他。作为一个君子讲求的是诚信与道义，怎么能够因对方过世，就违背做人应有的诚信呢?"

季札内心暗下的一个决定,既没有人约束,也没有什么契约,但却坚守信约,履行自己的承诺,真正做到了"言而有信"。正如宋代袁甫在其家训《袁氏世范》中所训诫的:"有所许诺,纤毫必偿,有所期约,时刻不易,谓之信也。"意思就是说,对别人承诺的事,一丝一毫都不能少,一时一刻也不能改变,这就是信。

相反,人如果把利益看得太重,重于品德修养,那么人就容易出卖自己的良心,不择手段去换取利益。为了一时的利益而损人利己,最终受害的还是自己。

春秋时期越国的漆商虞孚,与计然和范蠡同时代,他不甘于过贫苦的生活,看到朋友们经商致富,他也跃跃欲试。他首先找到计然,向他请教致富的方法,计然对虞孚说:"现在漆的销路很好,你为什么不种些漆树,采漆、卖漆呢?"虞孚听了十分高兴,就向计然请教种漆树的技术,计然有问必答,耐心指教。虞孚回去后,起早贪黑辛勤劳作,终于开垦出了一个很大规模的漆树园。

三年之后,漆树长成了,虞孚高兴得不得了。因为如果能割数百斛的漆,就可以赚很多钱。他准备将所割得的漆运到吴国去卖。正在此时,他的妻兄来看他,对虞孚说:"我常到吴国去经商,知道在吴国怎样销售漆,搞好了,可以获得数倍的利钱呐!"

虞孚急于发财,一再询问怎样才能获得更多的利,他的妻兄说:"漆在吴国是畅销货,我看到不少卖漆的人都煮漆树叶,用煮出来的漆叶膏和漆混在一起卖,这样可以获得加倍的利润,而吴国人也发现不了。"虞孚听了,来了劲头,连夜取漆叶煮成漆叶膏,和漆一起运往吴国。

当时由于吴、越两国关系十分紧张,互不通商,漆在吴国确实十分难得。吴国的漆贩子们听说虞孚来卖漆,都兴奋不已,跑到郊外迎接他,而且还为他安排好了食宿。在住地,吴国的漆贩子一看他的漆,果然是上品好漆,便讲好价钱,贴好封条,约定次日交钱取货。

等到漆贩子们一离开,虞孚便开启封条,连夜将漆叶煮的膏子和入上好的漆中。不想由于手忙脚乱,留下一些痕迹。次日漆贩子如约而来,发现漆瓮上的封条有启动过的痕迹,便产生了怀疑,找了个借口,当时并没有成交，说是过几天再来。

虞孚在旅馆里等了好几天，也不见吴国的漆贩子再露面。时间一长，掺了漆叶膏子的漆都变了质。结果，虞孚一两漆也没有卖成，连上好的漆也赔了进去。吴国的漆贩子们听说以后，都批评他说："商人做买卖要诚信，商品质量是不能骗人的，今天你落到这个田地，谁又会可怜你呢？"

虞孚背信弃义，不守诚信，最后因穷困潦倒而客死他乡。

● 民无信不立

孔子把"仁义礼智信"作为五常。其中人与人之间的诚信，是人最重要的美德之一。人无信则无以立，无以行。

治理国家的道理何尝不是如此。孔子的学生子贡曾向老师请教怎么治理国家。孔子说："一是让老百姓丰衣足食；二是国家拥有强大的军队；三是取得臣民的信任。"子贡说："如果不得不去掉一项，那么这三项应先去掉哪一项？"孔子说："去掉军备。"子贡说："如果不得不再去掉一项，那么这两项应去掉哪一项？"孔子说："去掉衣食，宁可不得足食，也要保住信用。如果得不到臣民的信任，那么国家迟早要灭亡。"

当政者要致力于三件最基础的事业，足食、足兵和让人民信任。但是如果人民对当政者不信任，那么国家政事各方面，就很难推展开来，国内可能会内乱，无法稳固，这时候也别奢望要足食、足兵了。可见足兵、足食是建立在人民信任当政者的基础上的，就像是人与人之间的相处，没有信任，也不可能交往，更不会建立起互动关系和随之而来的合作事业。以史为鉴，暴秦"弃礼义而上首功"，形势逆转，没有征战的对象后，也就失去兵士对它的信任而很快内乱覆灭；而宋朝重文轻武，偏重防内，没有足兵，但还能让人民信任，所以国祚也长。当政者行仁政，广施德泽，必受人民爱戴，天下太平，丰衣足食。

所以当政者应当以德服人；以力服人或当政者无德，则民心必不服。应以德服人，让百姓心悦诚服。当政者应当谨慎体察民意向背，作为施政参考，不能违背诚信原则。"良药苦口，忠言逆耳"，古代明君懂得"兼听则明，偏信则暗"的道理，所以能接受臣子的谏言，唐太宗就是一位讲求诚信、勤政爱民的仁君。

唐太宗从大唐王朝的长治久安大计出发，主张君臣上下同心同德、开诚相见，才能治理好国家。唐太宗认为，隋炀帝猜忌群臣，是隋朝灭亡的重要原因；而自己以诚信待臣下，用人不疑，便赢得了臣下感恩图报、竭尽忠心。

贞观初年，有人向唐太宗上书，请求清除朝廷中的"奸臣"。唐太宗对此事很重视，亲自召见上书人，当面对他说："我所任用的大臣，都是贤良之人，你知道谁是奸臣？"上书人说："我居住在民间，不知道谁是奸臣。但我有一条妙计，请陛下试一试，一定能让奸臣露出原形。"太宗问他是什么妙计，那人回答说："陛下与群臣讨论国家大事时，故意坚持一种错误意见，并乘机大发雷霆。这时那些不畏龙颜震怒，坚持真理，敢于直言正谏，不怕斧钺之诛的人，便是直臣；反之，畏惧陛下的威严，只顾身家性命，依顺陛下心意，迎合旨意的人，便是奸臣。"

太宗听了不以为然，对此人说道："流水是否清浊，关键在于源头。君主是施政发令之源，臣民好比流水，泉源混浊而想使流水清澈，那是不可能之事。帝王自己玩弄、施行奸诈之计，怎能使臣民正直、诚信呢？魏武帝曹操机警过人，常多用诡计，我看不起他的为人。如果我也像他那样去做，如何再去指责别人、施行教化呢？"

唐太宗又义正词严地对献计之人说："我要使大信行于天下，以忠诚之心治国，决不搞歪门邪道。你的计策虽妙，但对我毫无用处，我绝不采纳使用。"那人听了满面羞惭，赶紧下殿，仓皇出宫而去。

但后来，唐太宗自己却犯了一个类似的错误。贞观初年，一些官吏贪赃枉法、收受贿赂、敲诈勒索，百姓怨声载道。唐太宗为此痛心疾首，决定杀一儆百，惩治腐败之风。但苦于一时找不到人犯，也抓不到赃证。太宗灵机一动，便暗中派身边一人，拿着财物去"行贿"。有一个看守宫门的小官不知是计，受绢一匹，私自开门放行。太宗抓住此人，立即要处他死刑。

户部尚书裴矩得知此事后极力谏阻唐太宗，他说："此人收受贿赂，确实该斩。但陛下曾反对用诈术去清除奸臣，臣等至今记忆犹新。现在陛下设圈套，故意派人行贿，陷此人于死罪，这不同样是用诈术吗？这样治罪他人，恐怕不是陛下的初衷吧？也不符合以道德治国、以礼义教人、以诚信待人的准则。"

太宗听了裴矩的话极为高兴，表示反省，赦免了那个小官的死罪，并将此事通报五品以上的京官。下诏表彰裴矩据理力争的精神，希望群臣效仿。

● 诚信为本

古人做生意都说"童叟无欺，真不二价"，互相之间答应什么事情常常一言而决，成为君子协定。而在当今中国，社会经济正处于快速发展与转型的关键时期，在各种物质利益的诱惑下，诚信危机已经成为一个必须解决的社会问题。现代人在做生意的时候，唯恐合同条款订得不周密，被对方钻空子，请律师来仔细审核合同，甚至要去做抵押、作公证等等，这也都是由于信任不足带来的成本。我们出去买东西的时候怕买到假货，生怕买到什么有毒的食物或者所谓的营养。人与人交往的时候互相设防，怕被别人欺骗，把自己的生活搞得十分紧张。

经济发展需要诚信，社会呼唤诚信。有人会说，如果大家都说假话，但是我坚持守信用，那就一定会被别人骗，这年头，老实人就是受欺负。但也正是因为人人都这么想，人人都比着看谁精明，甚至许多人比赛骗来骗去，才把社会风气带到今天这一步的。如果人人都能一诺千金，社会风气就不一样了。

守信用会令社会大大降低日常的成本，说个笑话儿：比如现在验钞机非常流行，因为大家都担心收到假钞票，那么如果社会上的人品德都很高尚，人人诚实守信，那么至少验钞机就只能成为一种可以节省的开销。

其实，在许多西方国家，社会关系都是建立在信用基础上的契约关系。一个人如果有信用，那么他在社会上做许多事情都会非常顺利。这个信用的建立就是看该人的账单是否都能够及时支付，过去有没有什么不良记录等等，每个人都有一个信用的分数。如果一个人信用非常好，那么无论是购买汽车、住房还是购买保险或找工作，就都会容易得多，贷款利率也会低得多。

所以在这些国家，一旦被人认定说谎，许多事情就会非常麻烦。美国有五十个州，每个州都有自己的法律，对一些违法行为的认定不尽相同，但是"欺诈"却被认为是"联邦重罪"，就是所有的州不但都认为欺诈是犯罪，而且是重罪。

在美国至今流传着一个信守了两百年承诺的故事。在纽约的河边公园里矗立着"南北战争阵亡战士纪念碑"，每年有许多游人来祭奠亡灵。美国第十八届总统、南北战争时期担任北方军统帅的格兰特将军的陵墓，坐落在公园的北部。陵墓高大雄伟、庄严简朴。陵墓后方，是一大片碧绿的草坪，一直绵延到公园的边界、陡峭的悬崖边上。

格兰特将军的陵墓后边，更靠近悬崖边的地方，还有一座一个小孩子的陵墓。那是一座极小、极普通的墓，在任何其他地方，你都可能会忽略它的存在。它和绝大多数美国人的陵墓一样，只有一块小小的墓碑。在墓碑和旁边的一块木牌上，却记载着一个感人至深的故事：

故事发生在两百多年以前的1797年。那一年，这片土地的小主人才五岁，不慎从这里的悬崖上坠落身亡。其父伤心欲绝，将他埋葬于此，并修建了这样一个小小的陵墓，以作纪念。数年后，家道衰落，老主人不得不将这片土地转让。出于对儿子的爱心，他对今后的土地主人提出一个奇特的要求，他要求新主人把孩子的陵墓作为土地的一部分，永远不要毁坏它。新主人答应了，并把这个条件写进了契约。这样，孩子的陵墓就被保留了下来。

时光如水，一百年过去了。这片土地不知道辗转卖过了多少次，也不知道换过了多少个主人，孩子的名字早已被世人忘却，但孩子的陵墓仍然还在那里，它依据一个又一个的买卖契约，被完整无损地保存下来。到了1897年，这片风水宝地被选中作为格兰特将军陵园。政府成了这块土地的主人，无名孩子的墓在政府手中完整无损地保留下来，成了格兰特将军陵墓的邻居。一个伟大的历史缔造者之墓，和一个无名孩童之墓毗邻，这可能是世界上独一无二的奇观。

又一个一百年以后，1997年的时候，为了缅怀格兰特将军，当时的纽约市长朱利安尼来到这里。那时，刚好是格兰特将军陵墓建立一百周年，也是小孩去世两百周年的时间，朱利安尼市长亲自撰写了这个动人的故事，并把它刻在木牌上，立在无名小孩陵墓的旁边，让这个关于诚信的故事世世代代流传下去。

诚信是为人、处世之本，是对人的本性、人的价值、人的使命提出的基本要求，是一种美德，更是一种责任。坚守诚信，常用"至诚"的标准来规范自己，协调人与人的关系，提高社会道德水准。这是社会的呼唤，也是诚信对我们的呼唤。

第六讲　孝

● 百善孝为先

说到孝，它是我们中华民族的传统美德。何谓孝？从"孝"字的古文写法上看，"孝"字的上面为一老人，下面为一小孩。整个字的字形像是一个孩子用头承老人手行走，"老"是父母亲的意思。用扶持老人行走之形，以表示"孝"。《说文解字》解释："孝，善事父母也。"即身为孩子要顺承父母的意思，并且要奉养父母才算尽到为人子女的责任。

"孝"是中国传统儒学封建伦理道德的核心内容之一。孔孟时期，儒家的经典著作《孝经》就详细阐发了孝道的内涵，《孝经》开宗明义："身体发肤，受之父母，不敢毁伤，孝之始也；立身行道，扬名于后世，以显父母，孝之终也。夫孝，始于事亲，中于事君，终于立身。"大意是说，孝的观念不只于孝顺父母而已，孝顺父母仅仅是孝道的开始，在家唯孝，对己为修身养德，在外为忠君爱国，对友能亲，对众能仁，对万物能慈爱，这些都是孝的内涵。历代儒学之士都大力宣扬"孝道"，封建帝王也利用"孝道"来为自己的统治服务，将"孝"由道德范畴扩展到了政治范畴。

我国的传统文化讲"百善孝为先"，对我们来说，生身者父母也，对父母亲的孝顺是为人的基本品德，孝乃德之本，没有对父母的孝，其他道德都是空话。父母之恩巍巍乎如高山不知其远，浩浩乎如大海不知其深，何以回报？先贤给我们留下了为人子女的行为规范，比如《弟子规》写道："父母呼，应勿缓；父母命，行勿懒；父母教，须敬听；父母责，须顺承。"意思是说，父母有事叫唤时，我们要马上回答，不可拖延；父母吩咐做事，我们应立刻行动，不可偷懒；父母教导我们做人做事的道理，我们必须恭敬聆听，牢记在心；父母指责纠正我们的过错，我们必须顺从接受，坦承错误，不可顶嘴争辩，掩饰过错。

先贤告诉我们，为人子女要孝。如果能躬行孝道，则子女的至诚孝心会给全家带来长久的幸福、安康；反之，则要遭受痛苦、甚至是灾难。同时，古人也为我们留下了众多的关于孝的传说与故事，体现了"积善之人，必有余庆"，"善有善报"的传统理念。如二十四孝的故事，古往今来，一直为人所传诵。

● "跪乳"与"反哺"

"滴水之恩，涌泉相报"。这是人们用来比喻在日常生活中受到别人恩惠要报答的一种说法。人们讲求"知恩报恩"，但是有一种恩却是一生都报不尽的，那就是父母的养育之恩，做子女怎么也报答不尽。人们发现，动物界里就有知道孝顺父母的好榜样，乌鸦有反哺之恩，羔羊有跪乳之义，谁教它的？天性！我们看到这种情形非常感动。

羊羔跪乳。很早以前，一只母羊生了一只小羊羔。羊妈妈非常疼爱小羊，晚上睡觉让它依偎在身边，用身体暖着小羊，让小羊睡得又熟又香。白天吃草，又把小羊带在身边，形影不离。遇到别的动物欺负小羊，羊妈妈用头抵抗保护小羊。一次，羊妈妈正在喂小羊吃奶。一只母鸡走过来说："羊妈妈，近来你瘦了很多。吃掉的东西都让小羊咂了去。你看我，从来不管小鸡的吃喝，全由它们自己去扑闹哩。"母鸡走后，小羊说："妈妈，您对我这样疼爱，我怎样才能报答您的养育之恩呢？"羊妈妈说："我不要你报答，只要你有这片孝心，我就心满意足了。"小羊听后，不觉落泪，"扑通"跪倒在地，表示难以报答慈母的一片恩情。从此，小羊每次吃奶都是跪着的。它知道是妈妈用奶水喂大自己，跪着吃奶是感激妈妈的哺乳之恩。这就是"羊羔跪乳"。

在自然界中，不光小羊是这样吃奶，小牛、小鹿也是这样跪着吃奶，都是在尊重和感激妈妈（很小的时候不跪，因为他够不到）。

乌鸦反哺。传说中，乌鸦反哺是最让人感动的一个故事。乌鸦是一种通体漆黑、面貌丑陋的小鸟，因为人们觉得它不吉利而遭到人类普遍厌恶，正是这种遭人嫌恶登不了大雅之堂、入不了水墨丹青的小鸟，却拥有一种真正值得我们人类普遍称道的美德——养老、敬老，知恩报恩。

乌鸦小时候，都是由乌鸦妈妈辛辛苦苦地飞出去找食物，然后回来一口一口地喂它吃。渐渐地，小乌鸦长大了，乌鸦妈妈也老了，飞不动了，不能再出去找食物。当乌鸦妈妈年老体衰，不能觅食或者双目失明飞不动的时候，长大的小乌鸦也学着妈妈的样子，每天飞出去四处寻找食物，再衔回来嘴对嘴地喂到妈妈的口中，照顾老乌鸦，回报母亲的养育之恩，并且从不感到厌烦，一直到老乌鸦临终，再也吃不下任何东西为止。这就是人们常说的"乌鸦反哺"。

据记载，"反哺"是乌鸦的习性。乌鸦的雏鸟长大，必衔食饲其母。《本草纲目》中称乌鸦为慈鸟："慈鸟：此鸟出生，母哺六十日，长者反哺六十日，可谓慈孝矣。"大意是说，小乌鸦长大以后，老乌鸦不能飞了，不能自己找食物了，小乌鸦会反过来找食物喂养它的母亲。乌鸦反哺的故事经一代代的口授心传，已为许多人知晓。后来人们便将反哺比做子女孝敬父母。

束皙在《补亡诗》中说："嗷嗷林鸟，受哺于子。"苏辙的诗中也提到："马驰未觉西南远，鸟哺何辞日夜飞。"说的都是乌鸦由母鸟养大，在母鸟衰老不能觅食时，小乌鸦便衔食喂母鸟，以为回报。由此"乌鸦反哺"与"羊羔跪乳"便成了比喻子女对父母感恩尽孝的成语。

这两个故事寓意甚深：禽兽尚且知恩图报，至诚至孝，更何况是人类呢？如果一个人丧失了作为人的基本道德标准，连起码的孝道都不尽，虽空有人的躯壳，所作所为却连禽兽都不如的话，那也就不必做人了。这是告诫后人，人要有基本道德准则，对父母言行要恭敬。父母所喜欢的事物或行为，子女要尽力为他们做到；父母所讨厌的事物或行为，子女要谨慎地为他们排除，小心改正。子女身体受伤，会带给父母忧愁；子女品德缺损，会带给父母羞辱。孟懿子的儿子孟武伯问怎样做是孝，孔子回答说："做父母的就是担心子女的品行不好，所以，孝顺父母，就要涵养自己的德行，不要使父母担忧。"

现在人们一般认为孝就是赡养父母就行了，可古人不这么认为，孔子的弟子子游问怎样做是孝，孔子说："今之孝者，是谓能养。至于犬马，皆能养，不敬，何以别乎？"意思是说，现在的人所谓孝顺，只是能奉养父母就可以了，但这是很不够的，因为对狗对马，人也能饲养它。如果对父母只能做到奉养而不诚心孝敬的话，那和饲养狗马有什么区别呢？所以重孝道、事父母，要出于敬，而不只是给父母提供优越的生活条件。

这一个敬字，道出了孝更深的内涵。孔子的另一个弟子子夏向孔子请教孝道。子曰："色难。有事，弟子服其劳；有酒食，先生馔，曾是以为孝乎？"大意是说："侍奉父母，能随时和颜悦色是最难得的！有事时，由儿女出劳力为父母去做；有酒饭时，让父母享用，难道这样做就算是孝顺吗？"只有发自内心的真诚关怀和敬意，才能随时保有温婉和悦的脸色。真正的孝，不只是表面的、物质的奉养而已。

● 孝德服天下

平时，我们常说要孝敬老人，那么，这个"敬"的程度有多深呢？先贤给我们展示了这样一个标准：亲爱我，孝何难；亲憎我，孝方贤。意思是说，父母疼爱我，我孝顺父母有什么困难？父母讨厌我，我还是孝顺他们，才真的是品德高尚的贤人。二十四孝中就记载了上古时期舜帝以孝德服天下的传说：

在史书中记载，舜是一个非常孝顺的人。舜的父亲瞽叟是个盲人，舜的母亲在舜年幼的时候就去世了。舜的父亲后来又娶了一位妻子，也就是舜的后母，后母的性情很不好，对舜不仅不疼爱，还百般刁难他。不久，后母生了一个儿子名叫象，父亲和后母非常溺爱象。虽然平时舜很孝顺父母、关爱年幼的弟弟，但是后母和弟弟却很讨厌舜，而父亲又只听后母与象的一面之词，常常是非不分，对舜又骂又打。

由于父亲身体不好，加上弟弟又年幼，所以舜在很小的时候，就在历山下独力耕田养活全家。即使如此，舜的父亲、后母和弟弟却依然不喜欢舜，常常找机会陷害他，有时甚至差点让他丧失了性命。

舜深知自己的处境，总是处处小心，对于他们屡次的陷害，总是设法躲避过去，一点也不放在心上。他对发生在自己身上的事情从不怨恨，默默承受着一切不合理的待遇，相反的，他还想尽办法取悦父母，使他们高兴。因为舜的这种德行实在难能可贵，所以当舜二十岁时，就以大孝而声名远播。

后来，贤明的尧帝在寻找继位的英主时，大家纷纷推荐舜。尧虽然接受了四方诸侯的推荐，但是为了天下百姓，还是想要亲自考验舜。于是，尧就把自己的两个女儿——娥皇、女英，嫁给舜做妻子；又让他的九个儿子和舜相互往来，从旁观察舜怎样待人处世。

除此之外，尧还让舜以孝悌的美德教诲百姓，百姓都能顺从而不违背。舜处理各项政务十分得当，百官也都能够服从政令。尧又命令舜在四门接待四方前来朝见的诸侯，诸侯都能对舜恭敬而顺从。最后，尧命令舜守护山林，舜在山林里即使遇上狂风暴雨也能辨明方向，不会迷路。

最后，尧认为舜有高尚的德行和非凡的智慧，于是就让舜来继承帝位。

这个传说所体现的"孝"的内涵，已经不再是一般所认为的孝顺父母的浅层次的孝，而是通过修身立德达到安邦定国的"孝"的最高境界。也就是孔子所认为的全孝，深层次的孝。

闵子骞是孔子的贤德门徒之一。闵子骞曾请教孔子道与孝的关系。孔子回答说，道是自然的妙用，孝是人道的至德。用于万物为道，用于人则为孝。孝敬双亲，忠君爱国，交友诚信，关心属下，尽力向善，即使独处室中也不懈怠，仍然心存恭敬之意，谓之全孝。闵子骞听后，退而归家，上孝父母，下顺兄弟，言行都按照孔子所说去做。三年之后，父母兄弟交口称赞闵子骞的孝行，他的贤德也因此闻名于天下。

我们可以理解，孔子所说的全孝，乃是将对自己亲人的爱敬用于天下的人。换言之，真正的孝，是指一个人能够像对待自己的亲人一样对待身边的一切人，孝是一种超越血缘关系的更广意义上的博爱，无私博爱的胸怀是对父母亲人的爱的基础，而对父母亲人的爱是这种更宽广的博爱在亲人身上的具体体现。所以孔子说，教导百姓懂得博爱，百姓就不会遗弃自己的亲人了。

这里，我们就看到了"孝"的内涵、层次的区别，即对父母亲人的"小孝"和对国家社会的"全孝（或者说大孝）"的区别。鲁国的大夫孟懿子向孔子问孝，子曰："无违。"这里的无违，是不违背义礼的规定。如果父母不义，子女也不能一味地盲从。《论语·里仁》中说："事父母几谏，见志不从，有敬不违，劳而无怨。"即对父母的过失要劝阻，如果不听从，仍然要恭敬对待，虽辛劳，而没有怨气。也就是说，对父母的孝顺不能以牺牲是非为代价，那是陷父母于不义。不是说你听父母的话，为了父母而做什么都是孝，否则就是不孝。以孝顺父母为名，你去偷盗、抢劫，逆天叛道，数典忘祖，欺师灭祖，欺骗天下，那能是孝吗？

现代的家庭生活中，大多数家庭都是独生子女，很多子女连最起码的孝敬父母这一最基本的道德标准都做不到，更谈不上全孝了。现实社会中，人们总是感叹别人怎么这么蛮横无理，人们怎么这么没秩序，人人好像是敌人，我们要恢复良好的正常的人际关系，必须回复传统道德。"孝"作为中华民族的传统美德之一，其中所包含的"父慈子孝""敬老爱幼""明礼诚信""与人为善""长幼之序"等，具有永恒的价值，是教化民众，治理国家，安定社会的重要法宝。

新的时代下，我们应该做的就是传承古代孝文化，小孝为父母，大孝为人民；移小孝为大孝，替天下儿女尽孝心！

第七讲　和

● 和为贵

在我国悠久的文明历史中，"和"一向是我们中华民族推崇的传统道德，是涵盖自然、社会、内心等层面与各领域的基本原则，以及修身、齐家、治国、平天下的本质规定，是传统文化的精华和一种高尚的民族精神。

"和"表达出和睦、和谐、和平、平和等思想观念，"和为贵"和"贵和"的思想是我国传统文化最核心的价值取向。"天人合一"，即天人之"和"，指人应怀感恩之心敬畏大自然，遵循宇宙规律，尊重与保护自然，要洞明"和实生物"之道；个人修身养性，要讲究"心平气和"之工；与人交往，要恪守"和而不同""和而不流"之则；治理国家，要明晰"政通人和"之理，以达到人与自然、人与人之间的和谐与统一。

孔子在论"和"时，提出以"亲仁善仁"为基础。《大学》曾提出"自天子以至于庶人，一是皆以修身为本"，就是人们要重视修身养性，"居处恭，执事敬，与人忠""己所不欲，勿施于人"等。孔子认为，一个人只有修德之后，才能成为有别于"小人"的君子，才可进入"和而不同""周而不比"的境界。《论语》中说"礼之用，和为贵"，指出"和为贵"的前提是要"以礼节之"，也就是说要做到制礼守礼，只有"克己复礼"才能"天下归和"。历史上作为社会规范与制度安排的"礼"，它的特性有二：其一是"别"，"为礼卒于无别，无别不可谓礼"，以此来避免因无别而造成的利益冲突和社会无序。其二是"和"，"礼"以"和"为贵，是"和"的体现，关键要看它是否体现了道德和正义原则。

例如，古时的舜与人为善，德泽众生。亲贤人，远佞人；广开言路，倾听民众呼声而立诽谤之木（今演变为华表）。他曾耕于历山，把肥沃的土地让给他人；渔于雷泽，把经营好了的渔场让给他人；带动河滨制陶的工匠精心制作，不粗制滥造；推行以和为贵的方略，以德感化三苗，使他们弃恶从善。正因为他谦恭礼让、诚信仁德，百姓都受到感化，人们都自觉地遵守社会道德，以致其"一年而所居成聚，二年成邑，三年成都"，开创了政治清明、千邦合和的太平盛世。

致中和

古人有"中和"一词，《中庸》说："中也者，天下之大本也。和也者，天下之达道也。致中和，天地位焉，万物育焉。"儒家的诚意正心、修齐治平是由内及外、由吾及彼、由人及物、由近及远的进路，强调的是由个人修己，终至天下太平。如果人人都能够不断提高道德水准和完善人格修养，做到"文质彬彬""惠而不费，劳而不怨，泰而不骄，威而不猛"，举止有节，行为有度，进退有矩，那么整个社会必将出现和谐、祥和的局面。

"致中和"讲的是适度、恰当、平衡与协调。《周易》里"保合大和，乃利贞"，是说要阳阴合德，才能四时协调，万物生长，长治久安。北宋哲学家张载说"仇必和而解"，是说人与人之间要努力做到使冲突化解、斗争解除、战争消弭，表达出和平的愿望。他在《西铭》中说："乾称父，坤称母。予兹藐焉，乃浑然中处。故天地之塞，吾其体；天地之帅，吾其性。"大意是说，人是天地所生，藐然介乎天地之中。充塞于天地之间的气构成了人的身体，天地之间的主导便是人的天性。和谐是一种规律，是万物都固有的规律，保持与否，关系着他的成长或变异；和谐是一种境界，不同的人之间，不同的物之间，人与自然之间相互配合、相互制约、相互均衡，从而才能达到和谐统一，自然万物都以和谐为生、为美；和谐建立于道义的基础之上，是一种长久和永恒，昭示了兼容并蓄、海纳百川的包容精神与博大胸怀。

● 和而不同

古人所谓"和"，是"异"中之"和"，无"异"就无"和"，孔子说"君子和而不同，小人同而不和"，意思是说："君子能与人和睦相处，但不盲目苟同；小人盲目苟同，但不能与人和睦相处。"把和同与否作为区分君子与小人的一个标准。"和而不同"追求内在的和谐统一，而不是表象上的相同和一致，"和"的精神是以承认事物的差异性、多样性为前提的，是对多样性的坚守，不同事物或因素之间的并存与交融，相成相济，互动互补，使万物生生不已。而"同而不和"则不然，它旨在排斥异己，消灭差别，这种单一性倾向，最终必然导致事物的发展停滞直至灭亡。

　　换句话说，"君子和而不同，小人同而不和"就是"君子矜而不争，群而不党"，即说君子庄重自持而不与人争胜，合群而不结党。君子守着正道，修养心性，懂得中庸平和之道，当然心胸坦荡，能与人和睦相处，而不会结党营私；小人则与此相反。君子通达事理，有自己的见解和处世原则，故能泰然处世，能与大众保持和谐融洽的关系，不会盲目苟同；小人不明事理，缺乏自己的见解和处世原则，容易人云亦云，结党营私，盲目附和，所以无法与大众保持和谐融洽的关系。

　　例如，春秋时的齐景公听信梁丘据谄媚之言，对众臣说梁丘据和他最为和谐。晏子说："臣不是这样看。梁丘据无端夸奖主公，你们之间只是'同'，而不是'和'。和谐就像做羹汤一般，用各种调料，经搅拌糅合使味道适中，淡则加料，浓则加水，如此方能食之味佳。君臣之道也该如此，君主正确的，臣子应极力维护。君主不对的地方，臣子也应指出来，以正过失。这样，国家才能安定，政事才没有失误。梁丘据为取主公欢心，不问好坏，始终和主公保持一致，这是'相同'，怎么是'和谐'呢？这样对主公、对国家有什么益处呢？听他之言，如同在水里加水，谈不上什么味道。又好比琴瑟，只弹一个声音，没有人会去听它啊。"晏子从国家政治的角度，论证了"和"与"同"的本质区别。君臣应把国家和人民利益放在首位，在各自充分发表意见的基础上达成"和"，才是国家政治的应有状态和理想境界。

　　"和而不同"的理念是：君子相交，有容人的雅量与坚持己见的操守，互相取长补短，不趋炎附势，不与黑暗势力同流合污，故和而不同。"和而不同"体现的是冷静、明智，不同流合污、众醉独醒、超然独立的状态，让人想到莲花的出污泥而不染。君子不像隐士，他不管在哪里，都能本着中庸平和之道，有所为，有所不为，展现的是堂堂正正、宽宏大度的风范。而"同而不和"反应的是无法包容、心胸狭窄。愈是无法包容的人，愈难与人和平共处，愈是要求别人必须与他一致，否则他就要结党斗争。其实黑帮、乱党、恶势力都是以一些共同特征，透过认同、严格控制发展起来的。所以说，小人相交，必为共同谋利，依附强权，各怀损他利己之鬼胎，故同而不和，压抑不同意见，排斥异己。孔子将事事苟同、不讲道德原则的人称之为"乡愿"，他批评道："乡愿，德之贼也。"指出小人、伪君子定然是众人所唾弃的。他讲判断一个人的德行"不以众人的好恶为依据，应以善恶道德标准为依据"。大是大非的原则问题在任何时候都是不能妥协的。

当今社会，有人常把"好好先生"看成和事佬，随大流，中间派，不太好，也不坏。细想下去就是不坚持原则的人和事，但口头上又很圆滑，我们认为总比直接做坏事的好一些，也就习以为常，见惯不惊，麻木了。其实"好好先生"连一般人的道德标准都不如。嘴上说的是一套，实际做的却是另一套，与人相处非常圆滑。这种人你要批评他又找不到好的理由，问题更严重的是，那些"好好先生"到处讨好，奉承他人，所作所为迎合时尚，屈从风俗（同乎流俗，合乎世污），而且这些人往往还很受欢迎，表面上忠实，实际上自私自利，不讲原则。

千百年来，"和为贵""与人为善""仁者爱人"等，渗透于历史上各家各派的思想之中，成为人们普遍接受和认同的人文精神和道德原则。在科技飞速发展的现代社会，为顺应历史潮流，中国提出了建立"和谐社会"的伟大目标，在这关键的历史时刻，必须复兴伟大的中华民族传统文化，尊重人性并建立人与人之间普遍的关爱，才能拥有光明的未来，才能与天地自然和谐共处。

第八讲　谦

● 满招损　谦受益

"谦"字在小篆中有"言"和"兼"组成。言为心声，言词不自满，有而不居，足以见恭敬推让之实，故谦从言。"兼"，为两者互合之意，尊重人而谦退自处者，人亦以此相遇而互见重，故"谦"从兼声。谦还有一意为：高山，埋于地下。指人胸怀宽广，容量极大，即使胸怀壁垒，依然不显山不露水。

"谦"最早出自《史记·乐书》"君子以谦退为礼"。有敬让之意。《书经》中的"满招损，谦受益"，是中国传统的一句古训，意思是说，谦虚的人会得到益处，自满的人会招来损害。老子说："不自以为是的人，才能够对事情判断分明；不自夸的人，他的功劳才会被肯定；不骄傲的人，才能够成就大事。"而谦虚和骄傲，则是福祸的分际。品行高尚而虚怀若谷的人，他的道德就更显得光明，因此谦虚是君子始终保持的美德。亘古以来谦虚、谦让始终是我们中华民族的传统美德。谦虚是中国古代君子修身立德、安身立命不可缺少的品德。

春秋时，孔子曾在鲁桓公的庙里参观，看见一种倾斜而不易放平的容器。他问守庙人那是什么，守庙人说："这大概是人君放在座位右边的一种器具。"孔子说："我听说这种器具，空着的时候就倾斜，灌进一半水就正立着，灌满了就翻倒了。"孔子让弟子舀水灌进容器，果然如此。

孔子喟然长叹："唉！哪有满了不翻倒的呢？"子路问道："请问保持富贵的地位，如同保持水满而不翻倒一样，有什么办法吗？"孔子说："自己聪明智慧，就要保持怯弱的样子；功劳超过了天下所有的人，要保持谦让的样子。"子路又问孔子："为什么小人总是自以为了不起呢？"孔子说："在长江水从汶山刚刚流出来的时候，连一个杯子都无法漂起来；到了长江渡口的时候，船只可以并列航行。"子路问："这是什么意思？"孔子说："长江是一条源远流长的大河，它的水势一开始并不大，后来因为逐渐地接纳众多的水流，才成为一条大河的。说话谨慎的人不会虚夸浮华，行为谨慎的人不会把功劳据为己有。君子既智慧又仁德，能够做到对人恭敬、待人宽厚、与人信实。而小人不讲重德，表里不一，且自以为了不起。"

后来，子贡又问孔子道："我想做到对人谦虚，但不知如何做才好。"孔子说："对人谦虚吗？那就要像土地一样，深深地挖掘，就可以得到甘泉；种植，就可以五谷繁茂；草木繁殖了，禽鸟和野兽就在这里繁育。土地的功劳很大，但它不自认为有德行。对人谦虚就该像土地一样。"

历代先贤告诫后人要谦虚、谦让，不可自满，做到自谦守德。

● 君子自卑　民敬尊之

北宋的开国功臣曹彬，他虽功勋卓著却为人谦恭，从不夸耀自己的功劳，颇受人们尊敬。

北宋建隆二年，曹彬以都监身份随刘光毅讨伐后蜀。后蜀乱事平定以后，宋军诸将大多满载美女玉帛而归，而曹彬回来时却只带着自己的书和衣物。宋太祖见他立了大功，于是升迁他为宣徽南院使、义成节度使。曹彬再三推辞。宋太祖说："你立有大功，却不夸耀自己。惩恶劝善是国家常有的事，你就不要推让了。"

曹彬在出师南唐时，也从不邀功。在围攻金陵（今南京）时，曹彬怕将士残害百姓，自己佯装生病，要求将士们焚香发誓，攻城时不妄杀一人。宋军攻城后，受到城内老百姓的欢迎。曹彬对请降的南唐李后主和大臣们好言安慰，待之以宾礼。曹彬班师还朝后，并没有上书表功，只写道："奉敕江南干事回。"意思是说皇上交代我去江南做的事已经完成了。

在出师之前，皇上说过，如果曹彬能平定南唐，就委任曹彬为宰相。所以副帅潘仁美预先向他祝贺，曹彬却淡淡地笑着说："不是这样的，我只是履行自己的职责而已，这完全仰仗天威，我只是遵从朝廷对战事进行的谋划，才成功的。我有什么功劳呢？更谈不上出任丞相这个极品的官职。"

曹彬虽位高权重，但家无余财，其薪俸多散给了亲族。《宋史》中说他："伐二国（后蜀、南唐），秋毫无所取。位兼将相，不以等威自异。"他在朝廷从没有违逆过皇上的旨意，也从没有议论过别人的过失。曹彬在路上即使遇到士大夫的车子，也要让自己的车马避路让行。他从不直呼手下官吏的名字，以表示对他们的尊重。每当有禀告事情的，他都要整衣戴冠后才接见。对于自己的僚属，他总是推己及人，宽宏大度。

曹彬在徐州为官时，有一吏员犯罪，应处以杖刑，但曹彬却要一年后才杖罚他，人们都不知道原因。曹彬说："我听说此人新婚，如果马上杖罚，他的父母必然以为是儿媳妇带来的不吉利，从而会日夜鞭打责骂她，使其难以自存。我拖延杖罚那个官员，于法也并不妨碍。"

曹彬才德兼备，大有"谦逊卑下""宽恕大度"的君子风范。曹彬死后，宋真宗哭得非常悲痛，每次与大臣们谈起曹彬，都痛哭流涕。后追赠曹彬为中书令，封济阳郡王，与宰相赵普同配飨太祖庙庭。后人尊称曹彬为一代大将。

《礼记》中有"君子不自大其事，不自尚其功，以求处情。"之说。意思是君子不自己夸大自己的事迹，不自己显耀自己的功劳，以求符合实情。而且要"彰人之善而美人之功，以求下贤。"就是彰显别人的善行，赞美别人的功劳，以求做到谦恭地对待贤士。"是故君子虽自卑，而民敬尊之。"意为所以君子虽然谦卑自下，但民众却尊敬他。

● 恃才傲物　招惹祸端

也许有人在身外之物面前，易于做到谦让。而面对自己的成就，自己的贡献，往往难以做到谦逊。《菜根谭》云："盖世功劳，当不得一个矜字。"一旦失去了谦逊的心态，再大的功劳，在傲慢自大中，会顿失光泽。背离了谦虚的存心，自满、自傲，则再度成功就无由来临。此同杯中水已满，欲加之而不能的道理一样。

关羽可以说是神勇无敌了，从温酒斩华雄一战成名，之后斩颜良诛文丑，过五关斩六将，单刀赴会，水淹七军，位列五虎上将之首，连曹操都想迁都以避其锋芒，就因为骄傲的缘故，中了吕蒙的计，以致败走麦城，父子遇难。

这样的历史教训实在是数不胜数。清朝乾隆年间大学士纪晓岚记述的一个故事。叫做"有恃无恐招祸患，谦恭谨慎踏崎岖"。

故事的内容是这样的，纪晓岚有位同乡，叫做丁一士。此人强健敏捷，力量很大，而且修习技术和轻功。两三丈高的地方，他像飞似的一跃就能跳上去；两三丈宽的地方，他像飞似的一跳就能跳过去。

纪晓岚谈到自己小时候曾经亲自见识过那人的功夫，纪晓岚站在一过厅中，面向前门，那个丁一士站在前门外面，与纪晓岚面对面。当纪晓岚一转身面向后门时，丁一士已经站在后门的外面了，还是与其面对面，如此七八回都是这样。因为丁一士纵身一跳，就能越过屋脊。由此可见，此人的功夫了得。

后来丁一士路过杜林镇，遇到一个朋友邀他在桥边酒店中喝酒。两人站立在河岸边，酒喝得正尽兴时，那个朋友对丁一士说："你能跳过这条河吗？"话音未落，丁一士已经纵身跳过去了。朋友叫他回来，刚一说完，他又纵身跳回来了，但脚刚一着地，没料到河岸已经快坍塌了，靠近河水陡立的地方裂开了一条缝，丁一士没有看到，正好一脚踏在了上面，结果河岸崩塌了两尺多，丁一士便掉入了水中，顺着水流被冲走。

丁一士一向不懂水性，只见他从水中能跳起数尺，但只能直上直下的跳，却跳不到岸边上，落下来仍旧掉到水中，这样跳了四五次，最终因没有力气而被淹死。

纪晓岚为此感叹道：大概天下的祸患，没有比有恃无恐再大的了。恃财者终以财败；恃势者终以势败；恃智者终以智败；恃力者终以力败。这是因为有所恃的人，敢于冒险的缘故。

所以，中国的道德中，非常推崇"谦下"，或者是"谦虚""谦退"。老子一生"道隐无名"，推崇水的品德，就是因为它虽然对万物都有利，但是却不争功，总是往下流，保持一种谦逊的姿态。

人如果不知道谦虚，那么就不会虚心向人求教，所谓"尺有所短，寸有所长"。虽然一个人可能某一方面非常出众，但是不会每个方面都出众。

曾经有这样一个笑话：一个人说他和围棋冠军与象棋冠军比赛，把对方都赢了。因为他和围棋冠军下象棋，和象棋冠军下围棋。

人生于世，常常为了名利奔波，自己有了长处当作求名求利的手段，到处显示张扬，也是背离了谦虚的品德。

所以，古人一再告诫我们要谦虚谨慎，不可自满自傲。《尚书·大禹谟》记载：伯益赞颂禹誓师攻伐有苗时说："道德可以感化万民，再远的地方都能享受到其恩惠。自满会招致失败，谦虚才会使人受益，增加美德。"《尚书·仲虺之诰》记载：商汤灭夏时，仲虺告诫汤王说：

"如果道德一天比一天趋向完善，那么各诸侯国都会臣服于您；如果骄傲自满的话，那么即使最亲近的人都会离开您。"大禹和商汤都是道德高尚的人，但仍然时时心怀自满招损的恐惧，不断在行为上警诫自己。《颜氏家训》上有一句话："谦虚冲损，可以免害。"月亮到圆时，就会逐渐走向缺损；器具装得太满，就会溢出，物极必反。所以，做人也应常守中庸之道啊！

晋代的刘敬宣在担任冀州刺史时，曾有人想和他一同谋求富贵。刘敬宣回应说："我经常恐惧福运太多而招致灾祸，总想着如何避开富足而处于不足之中。"可见刘敬宣深谙"满招损，谦受益"的道理。人们如果都能像他那样明白事理，那么安身立命也就不难了。

● 六尺巷

"满招损，谦受益"既是先贤对后人的劝诫，也是古今为人处世的智慧。反观今日，由于受到各种竞争意识的冲击，这种虚心、谦下为怀的人生态度已渐为世人所淡忘。甚而，还有人认为自谦已过时了，经常抱怨人际关系难处，各种矛盾和纠纷使大家倍感压力重重、烦躁不安。酿成今日人际关系的现状，究其原因，人与人间原本存在的谦逊礼让与仁义温情，已被利害争斗所取代。我们仔细思考下，当社会上都遗弃了恭谦礼让的人性美德，这样的生活平和吗？快乐吗？

清朝名臣张英的一封家书再次告诉了我们答案："千里来书只为墙，让他三尺又何妨？万里长城今犹在，不见当年秦始皇。"这是张英写给家人要谦让邻里的一封家书。家人阅罢，明白其意，主动让出房宅边的三尺空地。邻家见状，深受感动，也随之让出三尺，于是就形成了一个更方便路人通过的六尺巷。原来两家为此纷争不休，张英的宽厚谦和不但化解争斗，而且他的谦让之举，普遍为当世和后世所敬仰，留下千古的美谈。这就是"谦尊者终吉"的道理。在财物、名誉、地位面前，我们要把人生短短的数十年时光，用于使身心俱伤的纷争，还是要在人与人之间用我们的恭谦，让争者息，忿者平，怨者解，铺就一条通往和谐相生、温暖仁爱的"六尺巷"？

其实任何一件事的成就，都是众人合力的结果，不过是每人所扮演的角色不同罢了。春秋时期的晋国贤臣介之推，在战乱时期不畏艰难困苦跟随公子重耳流亡，曾割股熬汤，献给重耳。重耳当了国君后，介之推并未凭自己昔日的功绩而求取功名利禄。他留下的至理名言是："窃人之财，犹谓之盗。况贪天之功，以为己力乎？"这位不矜不伐的圣德之人，让我们后代子孙能在功劳面前，保持清醒的头脑，随时提起谦虚的心，念念不忘来自父母、师长、妻儿、同事的提携和帮助，感恩无处不在，成就自己的天时、地利、人和。人果能如此让功于众，谦恭为怀，则自能汇聚更多的助力，这就是"天道亏盈而益谦"之至理。

有谚语说："天不言自高，地不言自厚。"意思是天地虽没有自己说自己如何高如何厚，可人们都看得见天地的高远宽广，是他养育了万物生灵。真正有学识有涵养的人是不会到处炫耀自己的。

当代最为著名的物理学家爱因斯坦，对原子能的研究和发展有很大的贡献。因此，世界各国纷纷邀请他去演讲。有一天，他应邀到比利时参加演讲。国王派遣大批官员和车队前往车站迎接。谁知道爱因斯坦早已经拎着箱子独自步行到皇宫。以爱因斯坦在世界上享有的声誉，走到哪里都可以受到人们的尊崇和欢迎，可是他并没有以自己的身份地位自豪，反而更加谦卑。

"谦受益，满招损"的道理千古不易。一个大容器，你再怎么加水，也不会溢出来；一个小茶壶装了几口水就满了，溢出来了。越谦卑的人，心的容量越大，能承载的就越多。还有一句谚语："半桶水响呵当。"这是什么意思呢？就是没有真才实学的人，自吹自擂；有学识的人，已经很饱满了，反而非常谦卑。

谦卑的人不会显示自己；谦卑的人不会沾沾自喜。因为谦卑的人腰永远是弯的，他可以接受别人的批评和建议，因此他的才德会不断增长。

守谦的益处不胜枚举。古人早就发现了这自然之理："日中则昃，月盈则食。""天道亏盈而益谦、地道变盈而流谦、鬼神害盈而福谦，人道恶盈而好谦。"做人自当效法自然，以谦为怀才是受福无穷的正道啊。

自古以来谦卑就是美德。后代子孙，应该把这种美德发扬光大。愿和煦的谦光从我们的心底透出，愿柔和的谦言从我们的口中发出，愿克己尊人的谦行，在我们的日常生活中做出，则相合共生的人际关系、安稳和乐的心境、踏实幸福的生活就会来到我们的身边。

第九讲　廉

● 廉正奉公

传统文化认为，为人贵在有气节操守，为了道德义理和正义之事，世俗间的任何艰难险阻和富贵淫乐都不能使之改变。要树立如此节操，重要一点便是要节制自身欲望和贪心，也就是说，做人要清廉不贪，清廉即清白廉洁，指人的品行正派，克己奉公，不以权谋私，贪赃枉法。这既是君子应具备的最基本品德，也是人应当遵守的道德和正义原则。

做人首先要立德，为政之道，应不忘"拯救黎民于水火"；为官之道，应抱定"君子不饮盗泉之水"，为官一任，造福一方。清正廉洁，自古就是为官做人典范。

隋代廉吏赵轨洁己爱民，以自己的善行感化他人，他高尚的品德和节操深深影响着后人。

赵轨是河南洛阳人，勤奋好学，以守贫刻苦而贤名远播。隋文帝知道后，任他为齐州别驾。赵轨在齐州安家之后，东邻院内有一棵大桑树，亭亭如盖，很多树枝伸进赵轨家院里。那年桑葚熟了，紫红紫红的大桑葚落在他家的院子里，满地都是。赵轨看到孩子们在捡桑葚，忙说："这是邻居家的东西，把它们捡起来全部还给东邻。""可是掉到我们家院子来了。何况这么大棵桑树，我们捡了邻居也不会说什么的。"其中一个孩子说。赵轨严肃地说："一定要还！这可不是小事啊，我并非以此猎取名声，你们应该永远记住：非自己劳动果实是不能白取的，不能占人家任何便宜。以后要时时处处做到，长大才能成为一个善良的人。"在赵轨的教导下,他的几个孩子后来都成为知名贤士。

赵轨在齐州四年,伸张正义,惩办贪官污吏,为民做主。他推行善政,实施教化,为当地百姓办好事实事,使他们安居乐业,民风淳朴。每年官吏考核,赵轨政绩都是第一,得到隋文帝嘉奖并升任原州总管司马。赵轨离开齐州时,父老乡亲洒泪送别,一位年迈长者代表百姓捧着一杯清水敬奉到赵轨面前说:"别驾在此任官,从不受贿纳物,一点一滴也不沾百姓的,水火不与百姓交,有如清水一般。如今您要走了,皇命难违,挽留不住。我们不敢以壶酒污了您的清白,只有以这杯清水为您饯行。贪官不配饮下此水,只有您才配。"赵轨含泪接过水杯,一饮而尽,男女老少伏于道旁,挥泪而别。(成语"清廉若水""水火无交"典故即源于此)

赵轨不仅注意自身的修养,还经常教导部下要爱民如子,对百姓秋毫无犯。他在做原州总管司马时,掌管军政。有一次进行军事训练,日夜兼程。他的一个下属因晚上星月昏沉,连人带马误入田中,踩坏了庄稼。他知道后立即命令停止行军,原地待命。等到天亮,找到田主后赔偿了损失才率部队开拔。原州百姓官吏听到这件事,没有谁不改变操行的。

一身正气,两袖清风,是从古至今一直为人们所提倡的"好官"形象。然而,清廉为民不是口号和装饰的门面,它是我们中华民族的传统美德,是上古先贤留给后人的道德理念,是人对真理的实践和美好德行的展现,只有明晰做人理念并躬自力行的人才能做到。

有史以来,一心为民、高风亮节者才能名垂史册,受到世人的敬重和颂扬。清朝时于成龙就是这样的人。于成龙,字北溟,山西永宁人,历任知县、知州、按察使、巡抚和总督、兵部尚书等职。他广施仁政,洁身自守,被康熙皇帝誉为"今时清官第一"。

于成龙少有大志,自幼受到儒家教育。顺治十八年,已四十四岁的于成龙,不顾亲朋的阻拦,抛妻别子,怀着"此行绝不以温饱为志,誓勿昧天理良心"的抱负,出任清朝广西罗城第一任知县。罗城百废待举,少数民族杂居,世代械斗。于成龙实施教化,并带领百姓搞农业生产、兴办学校。短短几年,就使罗城摆脱混乱,得到治理,百姓安居乐业。

罗城民众怜悯于成龙独身一人滞留南疆,晨夕环集问安,并叹其度日过于清苦，于是就进献些金钱和物品。于成龙答谢说："我一人何须如许物，可持归易甘旨奉汝父母。"一次，大家得知于成龙家人自北方来探视，纷纷送物品给成龙说："公家人来，好将物安家去。"又馈赠金钱。于成龙答谢说："此去吾家六千里，单人携货，适为累耳。"挥手令去，民皆伏地饮泣，于成龙亦为之感泣。

康熙六年，于成龙被两广总督芦光祖举荐为广西唯一的"卓异"，升任四川合州知州。于成龙赴任时，竟连路费也没有。百姓们依依不舍，遮道呼号："公今去，我们无天矣！"出现了"追送数十里，哭而还"的情景。

四川遭战乱最久，人口锐减为全国之首，于成龙推行善政，招民垦荒，革除宿弊。不到二年，合州人口骤增，田地开辟。康熙八年，于成龙被擢升为湖广黄州府同知。他审案主张以教为主，"宽严并治"，排解了许多地方重大疑案、悬案，使冤假错案得到平反，被百姓呼为"于青天"。由于政绩突出，于成龙再次被湖广巡抚张朝珍举办"卓异"，升任福建按察使。

于成龙赴任时，依然一捆行囊，两袖清风，沿途以萝卜为干粮。在福建上任伊始，就做了一件为民称颂的好事。当时清廷为对付台湾的抗清势力，实行了"海禁"政策。当地统治者不顾连年兵祸，民不聊生，动辄以"通海"罪名兴起大狱，使许多沿海渔民罹难。于成龙在审阅案卷时，发现每案被拟极刑的就达数十人或上百人之多，甚至殃及妇女孺子。于是他坚决主张重审，对怕得罪上级而劝阻他的人说："皇天在上，人命至重，吾誓不能咸阿从事！"在他的力争和主持下，先后使千余名百姓免遭屠戮而获释，贫困不能归者还发给路费。于成龙在按察使任上被第三次举办"卓异"。

康熙二十年，于成龙出任两江总督。身为"治官之官"，于成龙始终把整顿吏治放在工作首位。他指出："国家之安危在于人心之得失。"制订了以"勤抚恤、慎刑法、绝贿赂、杜私派、严征收、崇节俭"为内容的《新民官自省六戒》作为地方官的行为准则。他常常"微行"访于民间，举优劾贪，时人说凡他所到之处，"官吏望风改操"。他举荐了很多廉洁有为的人才，都得到了康熙的重用。他还倡导广兴办学，提高国民道德水准。

于成龙的官职虽越升越高，但生活却俭朴如故。他带头实践"为民上者，务须躬先俭朴，作百姓道德表率"。去直隶，他"屑糠杂米为粥，与同仆共食"，在江南是"日食粗粝一盂，粥糜一匙，侑以青菜，终年不知肉味。以节省之粮赈济灾民饥民。"江南人民因而亲切地称他"于青菜"。总督衙门的官吏在严格的约束下，"无茶可饮，采槐叶充之，日久，衙后槐树，枝朗叶疏。"他天南地北为官二十余年，不带家眷，结发妻阔别二十年后才得一见。他的志节清操享誉当时，据载，当他出任两江总督的消息传出后，南京布价骤然上涨，"金陵阖城尽换布衣，士大夫减驱从、尚节俭，尽改奢靡之风……奸佞人等不得不迁往他处。"

于成龙心为百姓，招致了一些权贵的不满，这些人四处散布流言蜚语，大肆诋毁他。朝中有人借机弹劾他，说他年老昏聩，越来越蜕化变质。康熙皇帝是一位有德的明君，深知于成龙是位好官，他没有听信谗言，进行了调查并诏命于成龙回奏申诉，核实后说："朕广泛听取了众人的评论，都称赞于成龙廉洁如初。因为他刚正不阿，才会有坏人进谗言诬告他。做官像于成龙这样的，天底下能有几人呢？"康熙让朝廷将于成龙的事迹昭告天下，进行传颂。

于成龙去世后，属吏清点其遗物：床头，仅靴、带和绨袍一领；堂后，碎银三两，钱二千，其余只有粟米、盐、豆豉等物，人们无不感动落泪。百姓闻之，"士民万人聚哭，家家绘像祭拜。"康熙亲为其撰写碑文，赐谥"清端"。

于成龙数十年如一日淡泊自甘，无论身为"七品县令"还是封疆大吏，也无论身居穷乡僻壤，还是鱼米之乡，清正廉俭，始终如一，位愈尊而操守愈厉，志节弥坚。他怜贫苦、赈灾荒、平冤狱、肃吏治，以其身正为官一任，施惠一方。这一切源于他"誓勿昧天理良心"的善念，源于他高尚的道德修养。他一生的道德操行，证实了为官需清正廉洁这一古训的深厚价值。

● 清廉爱民

古人曾言："为官之道，舍一分则民多一分赐，取一文则官少值一文钱！"清廉爱民，自古以来就是万民企盼、爱戴的为官形象。

刘宠，字祖荣，东汉东莱牟平人，官至司徒、太尉，其为人清廉不贪，爱民如子。

刘宠曾任会稽（今浙江绍兴市）太守，会稽郡比较偏僻荒凉，当地老百姓不断受到贪官剥削，日子过得很苦。刘宠任会稽太守，改革弊政，废除苛捐杂税，为治河患身先士卒上堤劳作，视百姓之疾为父母之疾，为官十分清廉，给老百姓做了不少好事。《后汉书》说："宠治越，狗不夜吠，民不见吏，郡中大治。"

刘宠离任时，有五六位居住若耶溪山谷中的老人赶来向他道别。他们向刘宠表达越中百姓对他的感激、敬重之情，并每人奉百钱相赠。刘太守再三推辞不受，见其长跪不起，盛情难却，只得从各人手中选一大钱受之。当他出阴山界至西小江时，投钱于水中而去。

清廉爱民的刘宠千百年来受到人们的称颂和敬仰。据传自刘宠投钱后，投钱地段的江水更加清澈。为纪念这位勤政清廉、为民造福的太守，人们把此地改称"钱清"，把这段江称为"钱清江"（在今绍兴市境内）。并建祠纪念，人称"一钱太守庙"，又在临江建一亭，取名"清水亭"，当地人称"选钱亭""一钱亭"。

清乾隆帝南巡经过钱清江时，感叹刘宠的清廉，当场挥笔题七绝一首："循吏当年齐国刘，大钱留一话千秋。而今若问亲民者，定道一钱不敢留。"

北魏尚书袁聿修便对自己的德行操守要求非常严谨，懂得避嫌，最终以清廉爱民的德行操守而名扬后世。

袁聿修，字叔德，陈郡阳夏人，是北魏中书令袁翻的儿子，他官至尚书，为人清心寡欲，与世无争，以清廉的操守而受人称赞。

袁聿修历任太子中舍人、博陵太守、尚书等职，为官很清廉，当时很少有人像他那样。当时台府郎官之间免不了相互来往馈赠，但袁聿修担任尚书十年，却没有接受任何礼物。他政绩显著，声名俱佳，远近的百姓都称赞他。

尚书邢邵和他是老朋友，常在尚书省和他开玩笑，把他叫做"清郎"。大宁初年，袁聿修以太常少卿的身份巡察各地，负责考察官吏的功过得失。在经过兖州时，邢邵正任兖州刺史，两人分手后，邢邵派人送他一匹白绸。袁聿修退了回去，并写信说："这一次来探望你，和平时的行为不一样，古人从瓜田李下经过，都要避嫌，众人的议论是可怕的，要想不让人说三道四，就像堵住决堤的河水一样困难。你的心意我接受了，但不要给我留下自责。"

邢邵高兴地领会了他的意思，回信说："今天送给你东西，都是因为我过于轻率，没有多加思考，承蒙你来信教导，我心中已经没有隔阂了。老弟你过去是清郎，现在成了清卿。"

袁聿修曾兼任信州刺史，在他兼职期满要离开时，追送的百姓挤满道路，有的人带着酒肉，痛哭流涕地挽留他，都争着远送。当时正值酷暑，为避免百姓过于劳累，袁聿修常常停下来，答谢百姓的厚意，并劝百姓们回去。回到京城后，信州百姓七百多人请求为他立碑，筹集了几百匹布，委托中书侍郎记载袁聿修的功德。

● 廉洁立身

何为廉洁？意为不贪、不苟取不义之财，立身清白。因为贪取不义之财是违背人的道德规范的小人行径，不但自己损德，而且还为人所共耻。

王溥，是明朝时桂林人，洪武年间任广东参政，因廉洁有德而被人称道。

王溥的弟弟有一次来探亲，同王溥的下属乘同一条船，下属赠送一件布袍给他。王溥知道后，命令弟弟将布袍归还，说："一件衣服虽然微不足道，但不可不谨慎，因为这就是玷污行为、侮辱自身的开始。"

王溥勤修德政，为百姓提供了很多方便，虽然任官多年，但箱子里没有多余的衣服，厨房里都没有两种食物。

后来王溥受到诬陷而被关入牢狱，有下属赠送给他财物，他一概不接受，说："我岂能因为患难而改变心志！"

事后冤情得以昭雪，王溥回到家乡安享晚年。

王溥严守操行，不以细微之事而玷污自身清白。这位有德君子用一生的实践，为后人证实了廉洁的高尚与难得。

为人者可以穷困，或者身处险境，但要深知做人的本分，不可以妄取不义之财，不可以失德损德，方为君子。

春秋时期，吴国吴王诸樊的弟弟延陵季子有一次外出巡游，看见路上有人遗失的金子。当时正值五月，天气炎热，有一位披着皮衣的穷困砍柴人在此路过，季子于是招呼砍柴人："把那地上的金子捡起来。"

砍柴人将镰扔到地上，瞪大眼睛，生气地说："你怎么地位尊贵，而把别人看得这么卑下呢？你仪态容貌豪壮，说话却这么粗野呢？我宁肯在炎热的五月，穿着皮衣砍柴，难道会去捡他人遗失在地上的金子吗？"

季子听后非常惭愧，连忙向这位砍柴人道歉，并请教其姓名，砍柴人告诉他说："从外表看你是有地位的人，怎么值得把我的名字告诉你呢。"说完便离去了。

后人对砍柴人这种甘愿清贫困苦，也决不妄取不义之财的德行操守非常赞赏，因为这是我们传统文化中推崇的高洁清廉、拾金不昧的做人应具备的美德。

南北朝时著名的文学家庾信曾为一幅《五月披裘画》题诗赞道："披裘当夏，俗非为心，虽逢季子，不拾遗金。"

唐朝大诗人李白也在《杭州送裴大泽时赴卢州长史》一诗感叹："五月披裘者，应知不取金。"

在《世说新语》中还记载了这样一个故事：有一个叫王恭的人，从会稽回家后，同宗前辈王忱去探望他，看到他坐在一张六尺长的很精致的竹席上，觉得既新奇，又喜欢，继而便动了贪心，然后对王恭说："你从会稽那边回来，所以能够弄到这种新鲜的好东西，不妨送一张给我。"当时王恭没有说什么，就又聊了一些别的事情。

王忱走后，王恭就让家里人把自己坐的那张竹席给王忱送过去。王恭没有多余的席子，就只好坐在草垫上。后来王忱听说这事，非常惊讶，且又觉得惭愧，就对王恭说："我本来以为你有多余的，所以才向你要，真是……"王恭回答说："你不了解我，我做人的标准是，在生活上不喜欢多余的东西。我以为，只有少了物质上的累赘，才会有心灵上自在的空间，这才是真正的幸福啊。"

作为一个人，在一生当中"需要"的东西并不多，而"想要"的东西则太多太多。有多少人为了得到想要的东西吃不好睡不好，搞得一身糟，心灵也受到了极大的伤痛；有的争得头破血流，甚至搭上了性命。对物欲的追求并非好事，放不下对物欲的执著，才是人生的大敌。

第十讲　勇

● 勇者无惧

一般都认为，能上山擒虎、入水捉蛟、战场上不避枪林弹雨、行侠仗义者是真正的勇士，但儒家思想却认为"勇"不是一味地轻生好斗，而是与道德修养密切相关的。没有是非观念的"勇"是不足取的，见利忘义或"见义不为"，都谈不上真正的"勇"。符合道义的"勇"是中华民族自古以来非常推崇的一种传统美德。

《诗经·大雅·烝民》上说："柔亦不茹，刚亦不吐，不侮矜寡，不畏强御。"这首诗是歌颂西周名将仲山甫的，为送他出征而作。这几句诗的大意是柔软的东西不轻易去吃，坚硬的东西也不轻易吐出来，不欺侮弱小的人，也不惧怕强权的威胁。诗中祝福仲山甫一定会不负王命，平定诸侯，安抚百姓。表达了对品德高尚、勇猛英武、不欺软怕硬、不凌弱惧强的赞誉。

孔子多次谈到"勇"的问题。他说："仁者不忧，知者不惑，勇者不惧。"即"有智慧的人不会迷惑，有仁德的人不会忧愁，勇敢的人不会畏惧"。这是孔子认为君子应该具备的三种品质，也是一种完美的人生境界。有仁德的人，能够宽厚待人，所以无所忧虑；有智慧的人，能够辨明是非，所以不会迷惑；有勇气的人，能够临难不惊，所以无所畏惧。一个人能具有其中之一的品德已属难得，三者兼备更是不易。孔子坦言自己也没能做到。不过他的学生子贡却说这是"夫子自道"，意思是说这是孔子的自我描述。在孔子学生的心目中，孔子就是仁、智、勇的化身，如果连他都不具备这三种品质，那谁还能做到呢？

孔子的学生子路，是孔门弟子中性格粗直、崇尚勇力的一位。稍遇不平，便忿然作色，甚或拔剑相斗。一次，孔子让弟子各言其志，子路曰："愿举兵攻敌，必攘地千里。"孔子认为子路只是个愤愤然的勇士，并未得孔门儒学"勇"之真谛，因而教导他有勇更要有义。

据《孔子集语·杂事》记载：孔子游山，子路随行。夫子口渴了，让子路去打水。子路水边遇虎，与老虎搏斗，把老虎尾巴拽下来了。子路很得意，把老虎尾巴揣在怀里，回来问夫子："上士打虎如之何？"夫子曰："持虎头。""中士打虎如之何？""持虎耳。""下士打虎如之何？""持虎尾。"子路非常生气，自己与老虎搏斗，差点儿连命都搭进去了，才落了个下士。他跑到一边，把老虎尾巴扔掉，揣了个石盘回来。子路认为孔夫子先知先觉，明知水边有老虎，却让自己去打水，就是想让老虎吃掉自己。所以揣个石盘回来，欲杀孔子。他问夫子："上士杀人如之何？"夫子曰："用笔端。""中士杀人如之何？""用语言。""下士杀人如之何？""用石盘。"

古人把士人分为上、中、下三等。孔夫子认为，上等的士人杀人用笔尖，就是"笔伐"，中等的士人杀人用语言，即"口诛"，只有下等的士人才动用武力。就是说，夫子认为，以武力服人的人只是个下等的士人，并不是真正的勇士。子路虽很粗野，却也明白了杀了孔子自己依然是个下士，而且绝对不能做下士，于是他悄悄地扔掉了石盘。

在孔子看来，"勇"也是有层次的。有渔父、猎夫、烈士之勇，更有圣人之勇。圣人之勇才是孔门儒学所要达到的最高标准。

● 圣人之勇

什么是圣人之勇？圣人之勇就是一种处世态度，即顺其自然、临危不惧、处难不惊、无论遇到什么艰难困苦都能泰然处之、静候天命的处世态度。孔夫子就是凭着这种不惊不惧的圣人之勇，平安度过了生死大难，不动声色地化敌为友，化险为夷。

孔子带领弟子路过匡城的时候，由于他的外貌很像阳虎，匡人以为是阳虎而把孔子师徒围在馆舍，想要杀了他们。孔子弹琴唱歌，声不绝耳。子路不解，问孔子为何如此娱乐，孔子说："水行不避蛟龙，是渔父之勇；陆行不避虎兕，是猎夫之勇；白刃交于前而视死若归，是烈士之勇；知穷之有命，通之有时，临大难而不惧，是圣人之勇。"劝子路且静观其变。不久，匡人进入馆驿向孔子道歉，言其以为阳虎而围之。

那么怎样才能做到圣人之勇呢？君子只要能坚守自己的道德情操，坚定自己对道德的信仰，就可以达到圣人之勇，孔子的经历告诉了我们到这一点。

孔子在蔡国后的第三年，吴国征伐陈国。楚国派兵前去救援陈国，听说孔子在陈、蔡之间居住，楚国就派人去聘请孔子。孔子准备前去答谢。陈、蔡两国的大夫谋划说：孔子是个贤人，他所讥讽的都能切中诸侯的弊端。如今久居陈、蔡之间，大夫们的所作所为都不符合孔子之意。现在的楚国，是个大国，如果孔子受到楚国的重用，那么陈、蔡两国掌权的大夫就危险了。于是就派人把孔子围困在野外。孔子无法前往，随身带的粮食也吃光了。弟子们都饿得无精打采，孔子却照样给他们讲学诵诗，弹琴歌唱，传授诗书礼乐，毫不间断。

子路面带怒色来见孔子说："君子也有窘困的时候吗？"孔子说："君子面对窘困仍能坚守节操，小人穷困就会什么事都干得出来了。"看到子贡勃然作色，孔子说："赐啊，你以为我是个博学多识的人吗？"子贡说："是。难道不是吗？"孔子说："不是啊。我只不过能始终如一地坚持自己的信仰，并用它把全部知识都串联起来。在这点上，我比别人强。"

孔子知道弟子们对目前的处境都心怀怨气，便想趁着这个机会教导他们应该如何坚守节操，坚定信仰。

孔子先叫过子路，问道："《诗》中说：'不是犀牛也不是老虎，却在旷野上徘徊。'难道我的学说有不对的地方吗？我们为什么会落到这种境地呢？"子路说："想必是我们的仁德不够吧？所以别人不信任我们。想必是我们的智谋还不够吧？所以人家不放我们走。"孔子说："有这些缘由吗！仲由，我打比方给你听，假如有仁德者就必定受到信任，那怎么还会有伯夷、叔齐饿死在首阳山呢？假如有智谋的人就必定能畅行无阻，怎么会有比干被剖心呢？"

子路出来，子贡进去见孔子。孔子说："赐啊，《诗》中说：'不是犀牛也不是老虎，却在旷野上徘徊。'难道我的学说有不对的地方吗？我们为什么会落到这种境地？"子贡说："老师的学说极其宏大，所以天下诸侯没有哪个能容纳先生的。先生何不稍微降低迁就一点呢？"孔子说："赐啊，好的农夫虽然善于播种庄稼，但却不能保证一定获得好收成，能工巧匠制造的器具也未必能使所有人都称心。君子能够研究并提出自己的学说，能用一定的方法规范社会，按照一定的次序管理国家，但不一定能被社会容纳。如今你不勤修你奉行的学说，却想降低标准、迁就别人以希求别人容纳。赐啊，你的志向不远大啊！"

子贡出来，颜回入门拜见。孔子说："回啊，《诗》中说：'不是犀牛也不是老虎，却在旷野上徘徊。'难道我的学说有不对的地方吗？我们为什么会落到这种境地？"颜回说："老师的学说极其博大，所以天下诸侯都不能容纳。尽管如此，先生还是坚持不懈地推行自己的学说，不被容纳又有什么关系呢？正因为不被流俗所容纳，所以才显示出不苟且，不迁就的君子本色！不能研修和完善自己的学说，这才是我们的耻辱。博大精深的学说已经非常完备而不被采用，这是国家统治者的耻辱。不被容纳又有什么关系呢？不被容纳，更能显示出不随流俗的君子风范！"孔子高兴地笑道："是这样啊，颜家的孩子！如果你是个主政者，我愿意在你的手下任职。"

于是孔子派子贡前往楚国。楚昭王派人迎接孔子，孔子才得以脱身。

从这个故事中，我们得到不少启示。孔子身体力行，在与弟子们同处困境时泰然淡定，方寸不乱，一如既往，坚定自己的信仰。以自己的言行诠释了什么是"勇者无惧"高风亮节的君子。

圣人之勇为何能不武而威？因为它符合天道。儒家认为，上天只辅佑德高的人，圣人德高齐天，天必佑之。而"自天佑之，吉无不利"，所以圣人能为而成，不武而威，能不战而屈人之兵，能垂衣裳而天下治。

● 仁者大勇

孔子说："仁者必有勇，勇者不必有仁。"这句话表达了"仁"与"勇"的关系。有仁爱之心的人一定会见义勇为，舍生取义，这才是真正的勇敢。而某些看起来勇敢的人，却不一定都是为"义"而勇，也许只是意气之勇，他们未必有仁爱之心。

《左传·哀公十六年》记载："率义之为勇。"大意是遵循道义叫做勇敢。

鲁哀公十六年（公元前479年），楚国的两位大臣子西和叶公在是否任用太子（在郑国避难时被杀害）的儿子胜时发生了争执。子西认为胜好结交侠士，有诺必行，可以让他守卫边疆。叶公认为胜的讲信用和勇敢是不顾道义的，并不是真正的勇敢，反对重用他。

此外，叶公讲了一番"符合仁爱叫做信用，遵循道义叫做勇敢"的大道理，试图说服子西。结果子西还是不听叶公的劝导，对胜委以重任。后来胜发动政变，杀了子西一家。最后叶公平定了这场叛乱，胜兵败后逃到山上，自缢而亡。

朱熹把"勇"分为"小勇"和"大勇"，他在《四书章句集注·孟子集注》中说："小勇，血气所为；大勇，义理所发。"即小勇只是血气的一时冲动，大勇则需要道义来激发。《孟子》中记载一段孟子和齐宣王的对话。孟子听说齐宣王喜好武力，想用武力征服天下，就来到齐国向宣王进谏。宣王问孟子说："同邻国交往有什么原则吗?"

孟子答道："有。只有仁人能以大国的地位侍奉小国，所以商汤曾侍奉葛国，文王曾侍奉昆夷。只有聪明的人能以小国的地位侍奉大国，所以周太王曾侍奉獯鬻，勾践曾侍奉吴国。能以大国地位侍奉小国的，是乐于听从天命的人；能以小国地位侍奉大国的，是畏惧天命的人。乐于听从天命的能安定天下，畏惧天命的能保住他的国家。《诗经》上说：'畏惧上天的威严，才能得到安定。'"

宣王说："讲得太好了！不过我有个毛病，我喜欢勇武。"

孟子说："大王，请不要喜欢小勇。按着剑、瞪着眼说：'他哪敢抵挡我！'这只是个人的小勇罢了。什么是真正的勇武？《诗经》上说：

'文王勃然发怒，整军备武保护莒国，增我周朝的威福，以此报答天下的期望。'这就是文王的勇武。文王一怒而安定了天下的百姓。《尚书》上说：'上天降生万民，为他们设君主、立师长，要他们协助上天爱护百姓，严守道德规范，天下谁敢超越它的本分？'有一个人横行天下，武王就感觉到耻辱。这就是武王的勇武。而武王也是一怒就安定了天下的百姓。如果现在大王也一怒就安定天下的百姓，那么百姓还唯恐大王不喜欢勇武呢！"

孟子接着说："大王如果对内施行仁政，减轻赋税，让百姓在耕种之余学习忠孝、仁义、礼仪、守信的道理，必会使近处的人们安居乐业，而远方的人也会前来归附。如果哪个诸侯失道，使自己的百姓陷入了痛苦之中，大王前去讨伐他们，谁能跟大王对抗呢？百姓箪食壶浆来迎接您，难道有别的要求吗？只是想避开水深火热的环境啊。如果水更深，火更热，百姓也就只有转望别人去解救他们了。爱抚百姓而统一天下，就没有谁能阻挡得住他。"宣王点头称是。

孟子因势利导，从天理、民心的角度向宣王阐述王道，最终使其心悦诚服地放弃了战争，选择了仁政，齐国逐渐大治。百姓们都非常感谢孟子的恩德。

● 勇于改过

古语说："人非圣贤，孰能无过？过而能改，善莫大焉。"即使君子，也难免有过。然而真正有智慧的人比常人更有勇气自省和改过迁善，所以他才伟大而英明。

"闻过则喜"是历代先贤们所推崇的。唐太宗是中国历史上最善于纳谏的君主，成为后世的楷模。他鼓励进谏，而对指责错的人，也给予包容而不责备。在大臣们提出意见或指出其过失时，他总是诚恳地说："卿所言诚有理，是吾思之不熟。"当大臣们听到有人对皇帝的指责是错误的，就对唐太宗说："他这个指责是错误的，应当受到惩罚。"唐太宗说："不可以。"大臣们问："为什么？"他说："如果我惩罚这个人，以后就没有人敢在我面前说我的过失了。"有圣君，有贤臣，使政治清明，国泰民安，开创出一代天朝盛世。

无论进谏还是纳谏，要宜勇宜速，要把百姓利益放在首位。齐宣王时修筑大宫殿，修了三年还没有建成，却没有一个大臣进谏。这时一个叫春居的士人恐长此下去于国力有伤，冒死进见齐宣王说："如果国君做事不考虑百姓的承受能力，算得上贤德吗？"齐宣王说："算不上。"春居又说："现在您修建大宫殿，面积超过一百亩，宫殿有三百个门，凭齐国这么大的一个国家，建了三年还建不成。群臣却没有一个人敢于进谏，请问大王算得上有臣子吗？"齐宣王沉吟片刻说："等于没有臣子。"春居说："我请求回避了。"说完掉头走了出去。齐宣王恍然大悟，急忙起身叫道："春子，请回来！你为什么这么晚才来劝阻我？我马上下令停止修建宫殿。"并转身对史官说："把这件事写到史书上：我喜欢修建大宫殿，很不贤德，是春子阻止了我。"

● 勇于抗恶

孔子说："见义不为，无勇也。"面对应该挺身而出的事情而不敢去做，是怯懦的表现。这句话表达了"义"与"勇"的关系。见义不为不仅是怯懦的表现，而且是十分可耻的事情。见义勇为则是中华传统文化中十分推崇的道德行为。

明朝英宗时，刑部有个新科进士当主事，他叫杨继宗。此人心地善良，办事公正，管理犯人注重教育，讲究人道，不搞逼供。由于政绩显著，被提升为嘉兴知府。他"时时集父老，问疾苦，为去除之。"廉洁奉公，简朴度日，曾被宪宗皇帝称赞为"不贪污一分钱"的人。

当时的监察御史孔儒，是个贪赃枉法的恶吏，蛇蝎其心，虎狼其性。他借口肃清匪源，到处清乡，弄得鸡犬不宁，人心惶惶。百姓中稍有反抗者，就被指为匪徒，遭到毒打，甚至丧命。杨继宗对此十分愤慨，张榜通告说："今后谁家有被监察御史打死者，家属可到府里来申报。"

孔儒得知此事，大发雷霆，拍案叫道："小小知府，竟敢管到我御史头上，真是岂有此理！"亲友们劝杨继宗小心点，杨继宗并不畏惧。他还专门去见孔儒，直截了当地讲："治理国家要依据法度，官吏们也应各守职责。孔大人你身为监察御史，应该弹劾不法之举，剔除奸弊，劝惩赃官。至于挨家逐户的清查户籍，维护治安，此乃地方官员的职责，绝非御史亲为之事。"堂堂朝中御史，竟被一个地方知府，讲得哑口无言，弄得威风扫地。

一天，孔儒突然闯进知府衙门，直入杨继宗的住处，目的是收集罪证，以便报复。但见杨继宗的室内空空落落，十分寒酸，没有一件值钱的家具。孔心中暗暗吃惊。继续四处巡视，发现床边有一只箱子，孔儒心想：值钱的东西，一定装在这里边。他抢先一步，上前将箱子打开，一看，箱里只有几件破旧衣服。孔儒始终抓不到杨继宗的把柄，只好灰溜溜地离开嘉兴！

后来，明宪宗把杨继宗提升为浙江按察史。不久，又升任金都御史。杨继宗去世后，被朝廷谥封为"贞肃"。正是：一身正气，抗恶到底；全心为民，无私无惧。邪不压正，伸张道义；惠泽百姓，光耀天地！

可见，古人讲的"勇"是与道德密切相关的，为道义所激发的勇，才是正义之勇。宋代著名文学家苏轼在《留侯论》一文中批评那种因一时愤懑就拔剑而起、挺身而斗的匹夫之勇，赞扬能忍受一时屈辱、有远大抱负的人，认为他们才具备大勇。他说："天下有大勇者，卒然临之而不惊，无故加之而不怒。"大意是天下有一种伟大的勇敢者，危险突然降临不会使他惊慌，无缘无故地受辱也不会使他愤怒。就像汉代的韩信，他年轻时忍受从别人胯下爬过的耻辱，如果当时他对猝然降临的侮辱不能忍受，拔剑杀人的话，那又怎么能成就后来的功业呢？可见，必要时候的忍耐，也是勇者的明智选择。

第十一讲　忍

● 大忍之心

说到传统文化，现在有很多人特别是年轻人，认为传统文化比较遥远，有些人甚至认为传统文化比较陈腐，现在是行不通、不适用的。整个社会环境对大家来讲也都是越来越难过，相互之间信任越来越少，真诚越来越少，造成人与人之间的关系日趋紧张，矛盾重重。现代人如何对待矛盾呢？

一般认为是"人不犯我，我不犯人""马善被人骑，人善被人欺"。你对我不好，那我就要以牙还牙，我要对你更不好，这样我才能够保护自己，才能够解气。至少你对我不好，我就不能对你好。当然这样一来的结果是互相伤害，源源不绝。那么传统文化中古人对待矛盾的智慧又是如何呢？

俗话说，忍一时，风平浪静，退一步，海阔天空。一个"忍"字道出了先贤的智慧。在中国传统文化中，无论是佛家、道家还是儒家都对"忍"很重视。佛教中讲修炼要圆满"六度万行"，这个"六度"中就包括忍辱。当然，儒家的"克己"和"恕道"也都是忍。道家所提倡的功遂身退，戒奢以俭，"善利万物而不争"等等也都包含着"忍"的内涵。古文中的"忍"字是下面一个"心"，上面一个"刃"，本意为"能"，也有"坚韧"之意，意为待人要宽容、忍让，是传统文化中君子修身养德的重要内容。

● 忍辱修德

一般来说，人在矛盾中要能做到宽容大度，确实很难。就像北宋苏轼说过："匹夫见辱，拔剑而起，挺身而斗。"一般人在遇到被人误解或者辱骂的时候，是很难咽下这口气的。

但苏轼并不认为这种拔剑相斗是勇敢的表现，反而说"匹夫见辱，拔剑而起，挺身而斗，此不足为勇也。天下有大勇者，卒然临之而不惊，无故加之而不怒。此其所挟持者甚大，而其志甚远也。"苏轼的意思是说，一般人在面临侮辱和冒犯时，往往一怒之下，便拔剑相斗。但这其实并不是勇敢。真正勇敢的人，在突然面临侵犯时，总是镇定不惊。而且即使是遇到无端的侮辱，也能够控制自己的愤怒。这是因为他的胸怀博大，修养深厚，志向高远。

所以说，那种"人若犯我，我必犯人"做法，也不过就是匹夫而已。历史上胸怀宽广的人都是为人们所敬重和称道的。让我们先看一个"受污不辩，忍辱修德"的故事，领略一下先贤的智慧吧。

这个故事说的是常州魏廉访的父亲，乐善好施，精通医术。上门求医的人，不论贫富，他都尽心治疗，不图回谢；对那些十分贫困的病人，反而赠钱送药；遇到远乡来城求医的人，一定先让喝点粥或吃些饼，吃完，才开始诊脉。他说："这是因为走了远路，加上饥饿，血脉多有紊乱。我让他们先吃点东西，稍稍休息一下，脉才能安定下来。我哪里是想要行善积德，只是要用这种办法来显示我医术的神妙！"他行善借口的托辞，大多如此。

有一次魏老先生被请往一病人家中治病。病人枕头旁丢失了十两银子，他的儿子听了谗言，怀疑是先生拿了，但又不敢当面问。有人就叫他拿一炷香去跪在先生门前。先生见了，奇怪地说："这是为什么呀？"答说："有桩疑难事，想问先生。怕老先生见怪，不敢说。"先生说："你说吧，不责怪你！"病家的儿子才以实相告。先生把他请进密室，说："确有此事，我是想暂时拿去以应急需，原打算明天复诊时如数偷偷还回去。今天既然你问起了，可以马上拿回去。请你千万不要向外人说！"马上如数给了他。

病人儿子在先生门前跪香的时候，大家都说先生一向谨慎高尚，不应该诬陷有道德的人，不相信先生会有这么肮脏的行为。等见到病人的儿子拿着银子出来回家了，大家都异口同声地感叹说："人心之不可知，竟到如此地步！"于是七嘴八舌诽谤议论之声四起。先生听到之后，神态自若，毫不在意。

时隔不久，病人痊愈。清理打扫床帐时，在褥垫下找到了银子，才大惊而后悔说："东西没有丢失，竟然陷害了一位德高的长者，这该怎么办！应该马上去先生家，当着众人面把钱还给他，不能再让他抱不白之冤！"

于是父子俩一道来到先生寓所，仍然手奉燃香跪在门前。先生见了，笑着说："今天这样，又是为什么啊？"父子羞愧地说："以前认为丢失的银子，并没有丢，我们错怪长者了，真是该死。今天来交还先生所给的银子。小子无知，任凭先生打骂！"先生笑着把他们扶起来，说："这有什么关系？不要放在心上！"

病人的儿子问先生："那一天我谗言污罪长者，为什么先生甘受污名而不说明，使我今天羞惭得无地自容！今天既蒙先生宽怀，饶恕我们，是否能告诉我们，先生这样做的原因是什么呢？"

先生笑着说："你父亲与我是乡亲邻里，我素来知道他勤俭惜财。当时你父亲正在病中，如果听说丢了十两银子，病情一定会加重，甚至会一病不起。因此我宁愿受点委屈背上污名，使你父亲知道失物已被找到，痛戚之心得以转喜，病自然会好起来！"

听到这里，父子两人都双膝跪地，叩头不止，说："感谢先生厚德，不顾自己名声被污而救活我的性命。愿来世作犬马以报大恩！"先生把父子二人请进家去，设酒款待，尽欢而散。

这一天，围观的人多得如墙一样，都说长者的作为，确是众人所猜测不透的。从此魏善人之名声就传扬开了。

能够受污不辩，在众目睽睽之下蒙受不白之冤而不动心，已经是难得了。但魏老先生此时心里想的却是诬蔑他的人的病情，不惜自己名声扫地，背负盗贼的骂名，而希望对方病情缓解。当对方感恩戴德时，自己却谦逊有加，非但丝毫没有趾高气扬的神态，还一再申明这只是做人的本份，理所应当这么做。

自古就有"德为福寿之本""仁者寿"的说法。行善积德、一心为人的魏老先生因其积善之行而在八十大寿时，受到皇上诰封，他的孙子也因而得到福泽。

现代人为点滴名利争个情长理短，就轻者恶言相向、口舌刻毒，甚者出手伤人、草菅人命。这样不但伤害自己身体的五脏六腑、道德修养，而且给社会、人际关系，造成累累伤害，冤冤相报，你对我不好，我对你更甚。忍辱修德、善化矛盾的道理，的确值得现在的我们好好体会。

● 以德报怨

富弼是宋朝时一个因为很有度量而受人敬重的名臣。他常训诫子弟说:"'忍'能解决很多事情。如果能具备清廉、简朴、善良等品德,再加上一个'忍'字,那还会有什么事情做不好呢?"一个人能够以宽容的态度对待别人,不但是一种有修养的表现,同时也是这个人心性高低的表现。

因此,"忍"不仅仅是个人涵养问题,也是善解矛盾的方法。那么为什么我们在矛盾中总是忍不住呢?

明朝时有一位著名的理学家和教育家王守仁,字伯安,号阳明。曾经有父子两人发生诉讼,去找王守仁来评断是非。王守仁只对他们说了几句话,父子两人就抱在一起痛哭着回去了。有人问王守仁,您对他们说了什么话,居然能令他们悔悟得如此之快。

王守仁说:"我说舜是世间大不孝的儿子,瞽瞍是世间最慈祥的父亲。"

我们知道,事实并非如此。舜帝,被称为中华民族道德文化的始祖。他非常孝顺,二十岁时,他的孝行已传闻各地。舜的父亲叫瞽瞍,生母早逝,后母阴毒狠辣,生的儿子叫象,也狂傲不肖。后母经常在瞽瞍面前说舜的坏话,所以三人多次想方设法要杀害舜,曾叫舜修理米仓,然后放火烧仓;还让舜去挖井,他们趁机把土石填到井里……可是舜每次都躲过了灾祸。虽然遭到这样的对待,可舜却以德报怨,对父母依旧恭顺尽礼,<u>丝毫没有不满和懈怠</u>,与弟弟象相处仍旧友爱仁慈。

可是王守仁为什么要这么说呢?他解释道:"舜总是认为自己大不孝,所以能孝顺;瞽瞍常常自认为是最慈祥的父亲,所以不慈祥。瞽瞍总是想:舜是我从小养大的,现在为何不会讨我的欢心?却不知他已被后妻所蒙蔽,只认为自己很慈爱,所以更不能慈爱。舜只想着,父亲在我小时候是如何地疼爱我,现在不疼爱我,是因为我自己不能尽孝,总是考虑不能尽孝的地方,所以更加孝顺。最后瞽瞍悔悟。舜成了古今的大孝子,瞽瞍也变成了慈父。"

其实我们待人处世也是这个道理。在遇到矛盾时,我们总是只去找对方的不是,却不能像舜这样,无论遇到什么事,都找自己的不足和做错的地方。如果这样,那么多大的矛盾都会被化解。这就是在矛盾中看自己,讲涵养,忍让。往往会起到意想不到的好效果。

所以说在对待矛盾时要向内看，找自己。子曰："君子求诸己，小人求诸人。"孔子说："君子哪儿做得不对，会从自己内心去查找原因，要求自己做好，从而修正自己；小人则是向外去查找原因，要求别人做好。"反求诸己，向内找出自己的不足。

当别人对我们不好时，每个人都要重视心性修养，培养宽容忍耐的美德。俗话说：有容乃大。真正的忍能纳百川。

历史上的名相娄师德，曾任武则天时的宰相。他为官三十年，有容人的雅量，以仁厚宽恕闻名于时。有一次，娄师德和内史李昭德同行，因为身体肥胖走不快，李昭德停下来等了他好几次，他还是赶不上，李昭德便怒气冲冲地骂他是乡下佬。娄师德听了非但不生气，还笑着回答："我不是乡下佬，还有谁是呢？"他的好脾气、大度量可见一斑。后来，娄师德的弟弟被任命为代州刺史，就任之前，娄师德对他说："我现在是宰相，位极人臣之首，如今你又要去当代州刺史，集荣宠于一家，别人难免心生嫉妒，我们应该怎么做才能保全生命，免于灾祸呢？"他弟弟跪直上身说："曾经有人将口水吐在我脸上，我没说什么，只默默地把脸擦干净而已。我以此自勉，绝不让你担忧！"娄师德说："这正是我最担忧的。人家向你吐口水，表示他十分生气，你把口水擦干，显示你的不满，这样只会加深他的怒气。所以，吐在脸上的口水，不可以擦掉，让它自己干。笑容满面地承受这一切！"

● 忍者大智

常常有人会说，明明是别人不对，凭什么我还要找自己的不对，我还要忍？凭什么？心里就是放不下那口气。更有甚者，互相争斗，真恨不得要置人于死地。古语说得好，小不忍则乱大谋，真正有大智慧的人都是大智若愚、大巧若拙。

20世纪90年代初，在中国北方某县城曾发生过这样一件事：一群青年地痞轮番上阵，在街头痛殴一个体格健壮、身材魁梧的中年人。一阵暴打之后，那位中年人鼻孔与嘴唇都在流血，然而奇怪的是他不但不还手，面对打过来的拳脚他不躲也不闪，旁边看热闹的人都以为他是一个傻子。有个老年人看后十分不忍心，就在那些地痞走后上前为他擦洗脸上的血迹。不料想仔细一看，老年人猛然发现这个中年人原来是邻县一所武术学校的专职教练，而且还在专业的散打比赛中获得过奖牌呢！

于是老年人不解地问他："以你的身手与功夫，对付这几个地痞流氓绰绰有余，为什么被打成这样还不还手？"那位中年人平静地回答说："练武之人要讲究武德。他们打我几下不会造成很大的伤害，我如果还手就有可能闹出人命官司了。另外与几个不懂武功的地痞流氓过招，我还怕弄脏了我的手。"周围的人听到此话之后，有的人表示敬佩，也有许多人不以为然，一阵哂笑而去。

这不由让我们联想到古代韩信受辱于胯下的典故。如果当时韩信凭着血气之勇，一剑削了那个地痞无赖的脑袋，虽然可以免去钻过胯下的羞辱，但是吃上了人命官司之后是不可能全身而退的。因此韩信忍受了胯下之耻的行为既不是懦弱，也不是愚蠢，而是具有大忍之心的大智慧者的崇高表现。后来韩信受拜为汉朝的大将军，为汉朝的统一所立下的丰功伟绩也充分说明了他是一个具有大智慧的人。

大音无声，大象无形。有形之象似巧实拙，贪图一时的痛快与眼前的实际利益只不过是世人的小聪明而已。大巧若拙，大智若愚。即使不被世人理解，不以成败论英雄、不计较人世间的得失，以大忍之心善待天下所有的众生才是真正的大智慧者的表现。

其实我们在生活中有很多事情，当别人做得不对的时候，也许是那个人欠考虑，也许他是有什么其他原因，并不是说恶意的专门要让你不愉快，只是人们现在越来越不太为别人去考虑。那么当你善意地去提醒他，去跟他真心相待的时候，其实对方都能够感受到，他都会意识到自己所做的事情是理亏的。那么这个时候，你给人家一个台阶下，对方就比较容易改正，改正起来在心理上可能就没有什么面子上的过不去。否则，你指出他的问题很尖锐，对方感到自尊心受到了损伤，即便知道自己错了，也觉得下不来台，他就要跟你斗气，结果矛盾反而还会加剧。这里边缺的一点点要素、环节，就是我们当遇到矛盾的时候，是不是能够要求自己有足够的海量，在别人对自己不好的时候，要以德报怨，而不是冤冤相报。那么不同的做法，就会带来不同的结果。

孔子说："躬自厚而薄责于人，则远怨矣。"意思是说：多回过头来检讨自己的过错（反躬自省）而少责备别人，就能远离怨恨了。如果世人能注重自己的品德修养，勤于改正自己的心性缺点，管好自己，碰到什么不如意的事，就不会一味地往外推责任、苛求别人、管别人，反而会体谅别人、宽恕别人。这样自然能减少很多纷扰和怨恨。

发生冲突矛盾、出现麻烦事，要找自己的原因、修正自己。就算不是我们的错，养成"凡事先找自己的原因"的习惯也是自我负责的态度。

但绝大部分的不如意，都有自己的原因在里面，更多的是由于自己的言行在无意中给对方造成了伤害，而不自知。根本上还是由于自己修养的不足造成的。小人欠缺查找自己的修养，意识不到自己的不足，当然就会盯着别人的不足，一味地要求别人了。

第十二讲　俭

● 俭以治国

俭，自古以来就是君子修身齐家治国的传统美德之一。《尚书》说："唯日孜孜，无敢逸豫。"《左传》引古语说："民生在勤，勤则不匮。"《周易》提出"俭德辟难"。古人认为能否做到勤俭是关系到生死败亡的大事，勤俭有助于防患于未然，不可轻视。可见，中国传统的儒家文化非常重视勤俭。

《尚书·大禹谟》记载"克勤于邦，克俭于家"，即在国事上要勤劳，在家庭生活上要节俭，古代圣贤之君都是这样做的。尧、舜、禹对天下大事都是尽心尽力，尧看到有人挨饿受冻认为是自己的过错；大禹治水数过家门而不入。他们拥有天下但是生活却十分俭朴，经常穿着粗布衣裳，吃粗米饭，喝野菜汤，为天下人作出崇尚俭德的表率。

在先秦诸子之中，墨子以乐于过类似苦行僧的生活而闻名。他反对骄奢淫逸、靡费财务，提倡节俭。墨子说："俭节则昌，淫佚则亡。"这话很有道理。"历览前贤国与家，成由勤俭破由奢"，纵观历史，大到邦国，小到家庭，从表象上看无不是兴于勤俭，亡于奢靡，所以中国历代皇帝都十分重视节俭，这也是今人应该遵从的一种美德。

南朝宋的开国国君刘裕，年轻时家境清寒，为生活所迫不得不出外谋生。刘裕辞别家人，穿上新婚妻子亲手缝制的粗布衫裤，到新洲帮人收割芦苇以换取温饱。一连数天，顶着大太阳挥汗工作，新的衣裳很快就破烂不堪，辛苦赚来的血汗钱也只能勉强维持生活。后来，刘裕穿着这身破衣投身军旅，凭着战功，得到晋升。之后当上了南朝宋的皇帝。

刘裕登上皇位后，并没有忘记年轻时的贫寒日子，他将破烂的粗布衫裤仔细收藏起来，并常告诫子孙说："我保存这套粗布衣裤，就是为了提醒自己，不要忘记当年。后代子孙如果有奢侈不知节俭者，一定要家法严惩。"由于刘裕带头崇尚俭朴，使得东晋以来浮夸奢侈的社会风气得以改变。

唐太宗的"贞观之治"是中国历史上君臣励精图治的太平盛世，当时百姓安居乐业，甚至夜间也不需关门防窃贼。唐太宗目睹隋朝奢侈亡国的教训，所以他即位后住的宫殿虽经战火焚烧，早已破旧，却一直不许兴建新的宫殿。太宗患有气疾，宫殿夏暑秋凉又潮湿，容易引起旧病复发。贞观二年，有大臣从爱护太宗的身体出发，奏请朝廷为太宗另盖一座楼阁来住。唐太宗说："我有气疾，确实不宜居住卑湿之宫，可是要大兴土木，必然靡费人工与钱粮。汉文帝曾经打算建造一个露顶高台，让工匠计算一下需要多少经费。工匠计算后告诉文帝，需用一百两黄金。文帝说：'百金之资产，若以民间中等人家计之，可够十户人家的产业，今筑了一个台，就破费了十家的产业，岂不可惜！且我承继着先帝的宫室，不为不广，常恐自己无德，玷辱了先帝，又岂可靡费民财而为此无益之工作乎？'于是停止露台之工，不再兴造。我的功德远远不如文帝，而建新宫的费用又超过露台，这不是为天下之君所应做的事。"

大臣们一再奏请，太宗坚持不准，此事才作罢。贞观初年基本上没有兴建什么大的工程。不仅如此，在洛阳遭受水灾时，百姓房屋被冲毁，太宗还下令拆掉洛阳一些宫殿，将木材分给受灾百姓，以供修房之用。而洛阳宫殿被大水冲坏后，只是稍加修缮而已。

宋孝宗赵慎是南宋第二位皇帝，是比较有作为的一位皇帝。他以身作则崇尚节俭，史称宋孝宗"性恭俭"，就是恭谨俭约的意思。宋孝宗在即位之初，日常生活的花费很少，常穿旧衣服，不大兴土木。平时也很少赏赐大臣，宫中的收入多年都没有动用，以至于内库穿钱币的绳索都腐烂了。

宋孝宗认为"我没有其他太大的作为，只是能够节俭"。他经常告诫身边的士大夫："士大夫是风俗的表率，应该修养自己的德行，以教化风俗。"

宋孝宗崇尚节俭，励精图治，使南宋出现了"乾淳之治"的小康局面。

● 俭以养德

诸葛亮在《诫子文》中说"俭以养德"。节俭需要首先节制自己的欲望和贪念，这样才能保持节操，培养德行，所以自古有德之士莫不推崇"俭以养德"。《左传·庄公二十四年》中说："俭，德之共也；侈，恶之大也。"意思是：节俭，是善行中的大德；奢侈，是邪恶中的大恶。所以更不可以不节俭。

晏婴是春秋时齐国的名相，也是著名的政治家、思想家和外交家。辅佐灵公、庄公、景公三朝，辅政长达四十余年，堪称是"三朝元老"。

晏婴虽然身居相国的高位，但是生活却非常俭朴，一件狐皮袍子一穿就是三十年，不仅自己不讲究吃穿，还严格要求家人不穿丝绸，不戴昂贵首饰。齐景公十分器重晏婴，多次封赏，但都被他拒绝。晏子认为，在上位者应该以身作则，才能领导百姓，改善社会风气。

齐景公看晏子住的地方靠近市集，地势低洼、潮湿狭小、脏乱嘈杂、尘土飞扬，不是一个良好的住所，便想帮他换一座干爽安静的新屋。晏子不肯接受，委婉辞谢，说："我的祖先世代居住在这里，我还担心才德不足，没有资格继承这所房屋，因此能住在这里我已经很满足了。而且这里靠近市场，早晚出去买东西都很方便，又可以多了解民情，实在不敢再劳烦君王为我另建新屋。"

齐景公听了，笑着问："你住在市场边，一定知道什么东西贵？什么东西便宜了？"当时，景公喜怒无常，滥用刑罚，被砍断腿和脚的犯人很多，因此市场便有了专门卖假腿义肢的商人。晏子想借机劝谏景公，便说："假腿贵，鞋子比较便宜。"景公一听，有如当头棒喝，从此减轻刑罚。

后来晏婴出使晋国，景公趁机为他改建住宅，当晏婴回来时新屋已经盖好了。晏婴依礼谢过景公后，就派人把房子给拆了，把拆下来的木材分给邻居们。同时，把那些因为要修建他的房子而被迫拆掉的邻里房舍，按照原来的样子重新盖好，并把邻居们都请了回来。

晏子以高道德标准来要求自己，以身作则，崇尚节俭反对奢华，对后世影响极大。司马迁非常推崇他，将他比为管仲。孔子也称赞他："救民百姓而不夸，行补三君而不有，晏子果君子也!"

辽圣宗时期的张俭，举进士第一。个性端正诚实，生活俭朴，穿的是粗布衣，吃饭只求填饱肚子，不讲究色香味。有一年冬天，天气严寒，他在便殿奏事，兴宗见他穿的衣袍十分破旧，就密令身边的侍卫，悄悄地用火夹在他的衣服上穿洞做记号。一年四季，张俭都穿着这件旧袍上朝，不曾换新。兴宗十分感动，问张俭原因。张俭回答说："这件袍子我已经穿了三十年了，现在还能穿，何必换新的呢？"当时的人生活奢靡，不知节俭，张俭在相位二十余年，注意清廉俭朴，以身作则，社会风气因而逐渐改善。

宋仁宗时的张文节，虽位居宰相，俸禄不少，但生活俭约，虽然别人讥笑他沽名钓誉，他也不在意。亲友规劝他要稍微随俗一些，张文节叹气说："我现在的薪俸，即使全家锦衣玉食，哪怕办不到？只是从节俭到奢侈容易，从奢侈回到节俭很困难。我现在的薪俸哪能永久？生命哪能长存呢？一旦有了变化，家人已经习惯奢侈，不能立刻回到节俭，一定会失去生活依靠。倒不如不管我做不做官，活着或死了，家人的生活永远保持不变呢!"

● 俭德辟难

《周易·否》中："君子以俭德辟难"，大意是君子用俭朴的德行来避免危难。这句话一方面是阐明俭朴的德行能够防止奢靡腐化等行为；另一方面，在面临危险的时候，具备俭朴的德行有助于克服危险。《周易》一书非常具有辩证思维，认为天地万物都有顺与不顺、通与不通之时。不顺不通就要修身养德，不能过分彰显自己，这样才能渡过难关。

叔向是晋国的贵族，因为拥戴晋侯有功，所以受到晋侯的器重，有一天他去见晋国的上卿韩起，韩起就向他抱怨自己的困境，叔向听了之后反而向他恭喜，这让韩起很不能接受。韩起说："我有卿的名号，却没有卿的待遇，以我目前的财力，是没办法跟卿大夫们应酬交往的，所以我很困扰，而你却恭喜我，真不知道你是怎么想的？"

叔向说："从前我们晋国有一位上卿叫栾书，他的俸禄连一个上大夫的俸禄都比不上，家里祭祀的器具也不齐全，但是他却能弘扬美德，遵守法制，使他扬名于诸侯之间，诸侯们都愿意亲近他，戎、狄等外邦顺服他，他把晋国治理得有条不紊。虽然他把晋厉公杀了，但是没有人指责他，反而赦免了他的罪。他的儿子骄纵奢侈，贪赃枉法，本来应该受到国法的制裁，但是因为晋人感念他的恩泽，所以最后让他的儿子全身以终。他的孙子，不再学自己父亲的行为，而想学习祖父（栾书）的行为，但是却落得一个流亡国外的结果，并不是他有什么重大的罪行，只是受他父亲的拖累。

还有一位名叫郤（音细）至的，他的财富几乎是晋国公室的半数，三军中有一半的将领是他的家族，靠着财富和恩宠，在晋国过着骄奢的生活。结果是郤至陈尸在朝堂之上，他的家族也在绛这个地方被消灭。想想看，他们郤家出了五位大夫三位卿相，是何等的显赫，但是却在一日之间全被杀光，而没有一个晋人感到悲伤，为什么呢？就是他们为富不仁，贵而无德，因此有这样的灾难。现在你有栾书一样贫困的环境，正是你建立美德的机会，所以我才向你恭喜，如果你只担心没有财富，而不担心建立德行，那么我连吊丧都来不及了，哪还有恭贺你的时间。"

韩起听了之后，立即叩首下拜说："如果不是你，我将会走上死亡之途，而且我的家族也会受到伤害，所以你不但是我的救命恩人，也是我家族的恩人呀！"

可见，节俭是关系到身家性命的大事。所以，古人经常用"由俭入奢易，由奢入俭难"来训诫子孙。人想过好日子本无可厚非，但是过于奢华是不可取的，而且人对物欲的追求是无止境的。商纣王用了一双象牙筷子，他的臣子就要逃走，原因是看到了纣王的贪欲一发将不可遏止。所以，节俭有助于抑制过分的欲望，是古代君子推崇的一种美德。

在这样的道德基础上，古人有很多节俭度日、轻财重德的典范故事。北宋范仲淹幼时家贫，在醴泉寺求学时，靠啖粥苦读考中进士。他为官后生活仍然十分俭朴。尽管他后来官至参知政事（副宰相），薪高禄厚，仍是衣仅求温，食仅求饱，终其一生，也未建一座像样的宅第。他的俸禄，大多用来周济寒士贫民。

与范仲淹同时代的司马光，为官四十余载，位至尚书佐仆射兼门下侍郎（宰相），但他却"食不敢常有肉，衣不敢有纯帛"，平时布衣素食，十分俭朴。除了薪俸之外，从不收取非分之财。司马光的宅第简陋，仅可避风雨。由于夏日酷热难当，司马光便在家中挖地丈余，以砖砌成地室以避暑，被京城戏称为"王家钻天，司马入地"。由于他的俸禄多用于救助亲友，为官多年只有薄田三顷，妻子死后，无钱安葬，只好卖地以置棺。他"典地葬妻"的故事一直被传颂至今。

《训俭示康》一文就是司马光为告诫儿子司马康崇尚节俭而写。文章中司马光用自己、古人和本朝人的事迹为例阐明：历行节俭就能直道而行，成为品德高尚的人；奢侈豪靡则会招致灾祸，败家丧身。司马光的儿子，在他言传身教的影响下，都为人廉洁，生活俭朴；即使别人不认识，但是仅凭言行举止，就知道是司马光家中的人。

● 俭以爱民

古人不仅把节俭作为修身养德的重要美德，还在实践中以身作则，节俭爱民，造福于黎民百姓和国家社稷。

被史家称为晋朝第一良吏的吴隐之，一生坚守德行节操，清正廉洁、勤政爱民，位至光禄大夫。

吴隐之家中贫困，每天粗茶淡饭，但他从来不吃不该自己得到的粮食。尚书令谢石曾经请吴隐之做卫将军主簿。吴隐之要嫁女儿时，谢石知道他贫寒朴素，嫁女儿一定会草率从事，陪嫁很少，于是命令挪用厨账帮助吴隐之为女儿操办婚事。谢石的使者到吴隐之家后，发现婢女正牵了狗要出去卖，除此之外没有筹办一点陪嫁。

吴隐之后来被召入朝廷，历任中书侍郎、国子博士、散骑常侍、著作郎、御史中丞等职，虽然身居高位，但他始终保持清廉俭朴的操守。家中冬天没有被盖，有一次洗了衣服，只有身披棉絮以御寒，日常依旧辛苦劳作，同贫寒百姓没什么两样。在郡中做官时，他的妻子还要自己去背柴草。而他将自己所得的俸禄全部分给了需要救济的亲戚族人。

当时广州岭南一带依山靠海，有很多奇珍异宝，一箱珍宝就可以供几代人享乐，但那里瘴气泛滥，百姓困苦不堪，没人愿意去做官，派去的官吏也大多只顾自己贪污敛财，不管百姓死活。朝廷想革除岭南的弊病，于是在隆安年间，将吴隐之派往广州，任其为龙骧将军、广州刺史、兼平越中郎将。

离广州二十里远的地方叫石门，那里有泉水叫贪泉，喝后会让人贪得无厌。吴隐之到广州后，对他的亲人说："不见泉水也会有贪念，关键在于能够保持自己的心志不乱，到了这里会使人丧失清白的原因我知道了。"于是来到贪泉边，舀起水来喝了下去，并赋诗道："古人云此水，一歃怀千金，试使夷齐饮，终当不易心。"意思是，人们说喝了这里的水会让人贪图金银财宝，但我想假如让伯夷和叔齐这样的高洁之士喝了，始终也不会改变他们的操守的。"吴隐之借此也表明了自己坚守清白的决心。

吴隐之在广州更加砥砺自己清正的节操，日常吃的是青菜和干鱼，幔帐、器用和服装都让外库代为办理。有人说他这样是不是太做作了，可他始终不为所动。有手下人给他送鱼时，总是剔除骨刺只有鱼肉，吴隐之觉察到他的用意后，责罚并开除了他。

吴隐之在任期间，广州改观很大，政治清明，百姓安居乐业。元兴初年，皇帝下诏说："孝顺的行为笃行于家门之内，清正的节操砥砺于风霜之中，这实在是不容易做到的，而又是君子最美好的德行。龙骧将军、广州刺史吴隐之孝顺友悌超过常人，俸禄分给九族，自己却清廉俭朴，节俭到以干鱼为食。他身处物欲之地，而能不改变操守，享有镂金之富，而家人却不更换服饰。他革除奢侈务求节俭，令南域改观，朕嘉奖他，可以进封称号为前将军，赏钱五十万，粮食一千斛。"

史书中赞曰："吴隐之酌水以励精，晋代良能，此焉为最。"称赞他是晋朝第一良吏。唐朝的王勃在名篇《滕王阁序》中赞叹道"酌贪泉而觉爽，处涸辙以犹欢"，意为像吴隐之这样清正廉洁的人，即使喝了贪泉之水也不会变得贪浊。后人为了纪念吴隐之，在当地立了一块"贪泉碑"。明朝时还建有吴隐之祠，门上有匾"清风万古"对联曰："清拟夷齐，百世闻风顽懦起；绩留岭海，一诗厉操士民思。"

义熙八年，吴隐之请求告老还乡，皇帝封赏优厚下诏准许，授其为光禄大夫、加金章紫绶，赐钱十万、米三百斛。吴隐之去世后，追赠其为左光禄大夫，加散骑常侍。

吴隐之一生坚守清正不贪、节俭朴素的操守，是位有德之人。他屡次受到朝廷褒奖，常常受到皇帝优厚的封赐和显贵的赠封，当时的清正廉洁之士都以他为荣。他的两个儿子及孙子也都继承了他的遗风，很有德行。他的德行足以垂范后世，不论是做官还是立身做人都需要这些美德。

节俭是我们中华民族几千年来一直提倡并保持下来的传统美德，影响着所有中国人的行为。在物质财富相对丰富的今天，戒奢从俭仍是值得我们崇尚的道德修养。节俭，有助于一个人修身养性、陶冶情操，也是一个人事业有成和发展的重要因素。但是，在这个提倡消费、物欲横流的时代，引诱着越来越多的人不自觉地奢侈和浪费；不懂得去珍惜和节俭。我们应该培养节俭这一美德。节俭的人，无欲无求，于己无愧，不为物欲所羁绊。很难想象，一个穷奢极欲、挥金如土的人会有崇高的理想和吃苦的精神。纵观古今，凡是留名青史的人，都拥有节俭这一种崇高美德。

在今天的社会，我们尤其有责任继承"节俭"这一中华民族的传统美德，并让其发扬光大！

第十三讲　善

● 兼善天下

《说文解字》中"善"为"膳"的本字。古人以羊为膳食的美味，故金文的"善"字从羊从二言，表示众口夸赞的意思。"善"字由膳食之美引申为美好之义，因为羊的性情温和驯顺纯善，被古人视为吉祥、美丽的动物，所以"善"又有善良、慈善之义，与"恶"相对。

在中国人的传统理念中一直留存着"行善积德""乐善好施""善恶有报"的思想，从上古延续至今，中国的传统思想一向很重视"善"。

中国封建王朝历代贤君都以仁德为治国之本，善化百姓，安天下社稷；而有识之士则心系黎民百姓之苦，即使身处逆境，依然不计个人得失，忧国忧民，"先天下之忧而忧，后天下之乐而乐"。我国唐代著名诗人杜甫就是其中之一。

公元761年春天，杜甫得到亲友的帮助，在成都浣花溪边盖起了一座茅屋。可是才住了几个月的新茅草房，眼睁睁地被呼啸的秋风把房顶的茅草一层一层地卷了起来，飞得高的缠挂在树梢上弄不下来；飞得低的掉到池塘里或洼地稀泥上，也拾不回来了。在荒地上的那些本来可以收拾起来重新盖到房顶上去，可是南边村子里涌出来一群小孩子，当着诗人的面就抱着茅草钻进竹林里去了。腰腿无力追不了，口干舌燥喊不了，诗人只好慢步挪回家来，倚靠着手中的拄杖独自伤心叹息。

屋破的痛苦还没缓解，雨漏的惨况又跟上来。真是屋破又遭连夜雨！风一停就乌云满天，像墨一样黑的乌云，弄得天昏地暗的。房顶缺草了，雨就乱纷纷地直接泄进屋里来。布被子不暖和，小儿子夜里就睡不安稳，乱动乱拱，终于把被子也蹬破了。加上屋里到处都被淋湿了，特别是床头没一点干地方，就更是阴冷凄凉了。

自安史之乱后所经历的种种痛苦和忧国忧民之情，本来就使杜甫长期失眠，这样的景况就更让人彻夜难眠了。凄风苦雨中坐盼天明，寒夜就显得越是漫长！

虽然身在这种老弱无力、穷困无助、凄苦难言和焦虑不眠的苦境中，诗人却没有只想到自己，而是推己及人，想到了千千万万和自己一样的"天下寒士"，希望自己能为他们找到千万间广厦，使他们能免于遭受自己目前这样的苦况，乃至于自己一个人冻死也在所不惜，充分表现了诗人博大的仁爱胸怀和高尚的人格。

正是这种可贵的思想，使得诗人对自己苦境的描写具有了更为深厚宽广的内涵，因为那不仅是诗人自己的倾诉，而且也是千万同样处境的寒士们的代言。正是这种忧国忧民、能为他人着想的崇高品质，使得诗人的许多诗篇得以千古流传。与其说诗人创造了好的诗篇，不如说善念造就了好的诗人！

环境的好坏与否容易影响人居住的意愿，尤其是身处逆境时，更是对人的道德品质的考验，一般人往往会心生退缩之念，而去寻求安逸的生活。但是对于圣人或君子而言，他坚定的信念或智慧是不会被环境所左右的，相反的，他会以自身的修为及能力去改变所处的环境。甚至带动环境往良性的、美善的方向发展。

正如孔子想要搬到东方九夷地方去居住。有人说："那里非常落后闭塞，不开化，怎么能住呢？"孔子说："有君子去住，又怎么会闭塞落后呢？"中唐诗人刘禹锡在《陋室铭》中曾说："山不在高，有仙则灵；水不在深，有龙则灵。"又云："斯是陋室，惟吾德馨。"是以孔子的回答也正体现了君子的高贵慈悲的精神：不畏蛮荒之境，乐将文化知识传播到这些被人遗忘的地方，教化当地人们，这正是君子"兼善天下"的积极有为的精神。

● 行善传家

"乐善好施"一直是中华民族的传统美德，它是君子修身养性的重要内容，受到中国历代统治阶层的重视，凡有善行义举者大都受到奖励：或封妻荫子，或获取功名，光耀门楣。中国古代的科举制度中，历来有类似"举孝廉"等的规定，就是凡是有"孝子""善行"等名声者，在科举考试中可以直接免于科考而获得功名，对于其中才学突出者则能给予更高的功名褒奖。

陶澍，字子霖，是清朝湖南安化县人。其家门风淳厚，世代以行善为乐。陶澍的太高祖伯含公很喜欢乐善好施，当时乡里抓到窃匪都会扔到江中淹死。有一天伯含公路过江边，有一将被淹死的窃匪向他呼救："你救救我吧，我发誓从此以后再不做贼了。"伯含公心怀怜悯，便请求众人将此人放了，又怕这人重操旧业继续作恶，于是送给他一艘小船，让他在渡口摆渡谋生。类似这种情况，伯含公一生前前后后送出了八艘小船，这些人也全都改邪归正。

为了避免行人被碎瓷瓦砾所伤，伯含公每次外出都随身带着个小筐，把路上的碎瓷瓦砾都拾到小筐中带回家，等到去世时，他的一间空房间中积存的碎瓷瓦砾已经堆积到像房子一样高了。

陶澍的曾祖文衡公非常宽厚。康熙戊子年九月，文衡公的邻居家失火，所有家当烧毁殆尽，一无所有，文衡公就叫妻子将自家粮仓中的粮食全部给了邻居。有一天下大雪，晚上文衡公家中的米被人盗走，文衡公根据雪地上的足迹一路找去，发现原来盗米之人是自己认识的一个熟人。文衡公没有声张，默默地回到了家中，从来没有再对人提起这件事。直到三十年后，文衡公的妻子偶然对子孙讲起这件事，此事才被大家知道，但还是故意隐去了盗米人的真实姓名，其宽厚仁恕之心由此可见一斑。

陶澍的祖父寅亮公生性淡泊，家中并不富裕。有一天寅亮公在江边拾到了一些钱。他在那里一直等了一天，才见一人仓皇而来，面色如土，低着头在沙砾中搜寻什么。寅亮公问他找什么，那人说："我在外为人做工好几年没回家了，家中还有老母亲，今天带着积攒了多年的钱准备回家奉养母亲，没想到却全都丢了。"寅亮公问他丢了多少钱，那人说的都能对上，寅亮公便将拾到的钱如数还给了那人。那人为表示感谢，非要将钱分给寅亮公一半，寅亮公笑道："我如果贪图你分给我那些钱，我不如不在这里等你了。"说完笑着让那人赶快回家去，那人叩头拜谢而去。

陶澍的父亲乡贤公疏财仗义的事也很多。陶家历代如此重德好施，义举远近闻名。到了陶澍这一辈，寒微门第出身的陶澍因其家族世代行善，声名远播而深受朝廷褒奖，他也因此在嘉庆五年秋试中由于家族累世善行和才学突出而中举，两年后再成进士，选翰林院庶吉士，累官至两江总督，赠太子太保衔。但陶澍却未因高官厚禄而有所改变，同样继承了陶家乐善好施的家风。他一生为官清廉，在职期间，曾多次将自己的俸银全部救济了灾民，道光皇帝听说后感动地说："为臣下的能个个像陶澍那样清廉，何愁天下不太平！"并赐给陶澍三千两银子以示奖励。可陶澍依旧粗茶淡饭，把那些银子，全部用来接济贫苦乡民，并在安化县兴办了四十八所义学。

深受传统文化熏陶的古人、先贤都十分推崇行善义举，因为乐善好施是古人安身立命、修身养德的道德规范之一。无论身处逆境顺境，都能心怀天下社稷之安危、黎民苍生之苦乐，无论身居庙堂山林，都不忘为国分忧、善念百姓疾苦，以明修身为国之志。因此做人不可不多行善举啊！

● 知错能改　善莫大焉

"人之初，性本善"，人刚生下来的时候，本性都是善良的。这时候善良的本性，大致都很相近，没有多大的差别。等到长大以后，因各人的环境不同，所学的也不同：在好的环境人就会变好，在不好的环境人就容易学坏，于是性情开始有了差别。假如在这个时候，不加以适当的教导，人就很容易学会种种不良的习惯而渐渐变坏，他原本善良的本性就会被恶习所掩埋，逐渐丧失掉人善良的天性。而恶习一旦形成就很难改正，但是"难改"并不是说不能改，能真心改过的人，是难能可贵的。古语说得好"浪子回头金不换"，知错能改，善莫大焉啊。

晋朝时，宜兴有个年轻人叫周处，从小爹娘都死了，因而无人管教，他虽然天生有豪侠气度，但常仗着一身蛮力在乡里打架闹事，无恶不作，村里人见了他就像碰到毒蛇猛兽般，总是躲得远远的。

这一天，他正在街上闲逛，看到一群人正在谈论着什么，他连忙走过去看热闹，大伙都不做声地走开了。周处觉得很奇怪，便抓住一个老人问道："你们在说什么？"老人很害怕，只好如实地说："我们这里出了三害，其一是南山的一只吃人的老虎；其二是长桥下河里的一条蛟龙，它们害死了很多人……"老人的话还没有说完，周处便大声说道："老虎、蛟龙有什么可怕的，让我来消灭它们。"说完，就转身跑了……

话说周处跑到南山上，寻找那只吃人的老虎。这一天，他终于找到了那只老虎，当那只老虎向他扑来时，他就势一闪，骑到老虎的背上，挥起拳头，狠狠地击打老虎的头，把老虎打死了。接着他又跑到长桥下，跳进河里去杀蛟龙。周处在水里与蛟龙打了三天三夜，最后终于杀死了蛟龙。

村里的人们见周处还没有回来，以为他被老虎或蛟龙吃掉了，高兴得敲锣打鼓，庆祝了起来。但是当看到他平安地回到乡里，地方上的父老，又陷入不安的气氛之中时。周处明白了，还有一害未除，那就是他自己。周处感到很惭愧，很内疚。由于自己平时胡作非为，使得百姓们把自己也当成了一害。他知道只有把自己的坏行为改掉，乡民才能安居乐业。因此，他下定决心改过，重新做人。但是一想到自己年岁已大，又没有好好读过书，要改过自新，从头做起，行吗？他愁眉不展，不知如何是好？

有一天偶然听到乡民谈起吴郡（今江苏苏州）地方有一对兄弟陆机、陆云很有才学，对很多事情都有独特的见解，也很乐于助人。于是周处就决定到吴郡去找陆机、陆云兄弟，帮自己拿拿主意。到了陆家，大哥陆机外出不在，只有二弟陆云在家。于是周处就把事情的始末以及自己的忧虑全盘托出，希望能得到指点。陆云听了之后，就告诉周处："古人最重视朝闻夕死这句话。"周处说："不知什么意思？""就是说一个人，只要早上听到了圣贤的大道理，即使晚上死了，也不觉得虚度此生。何况你的前途还有希望，所以不要轻易地放弃。人只怕没有志气与目标，而不必担心美名不会传扬出去。"周处听了之后振奋不已，从此改过自新，勤学苦读，终于成为一位有作为的人，为百姓做了很多善事。

善恶往往只在人的一念之间，一念之差可以使人随波逐流，麻木自己，逐渐丧失人的善良本性，也可以使人改过自新，重新做人，为国为民造福，也为自己成就一番事业，实现自己的人生目标。

● 上善若水

在经济高速发展的当今社会，诚信已经成为一个严重的社会问题，人与人之间的谎言欺诈。商业领域中的恶性竞争，不惜做任何坏事。更有甚者为了个人利益，不择手段，不惜牺牲他人的利益和生命，甚至还有黑恶势力的存在危害社会。在这种情况下，我们怎么做到"善"呢？

"善"即同情病人、穷人和弱者，能够与人为善，乐于助人，时时处处关心和体谅别人，先他后我，无私无我，不计名利得失，不怕吃亏。有人就说了，那么多人自私自利，对我不好，我为什么要对别人善啊，为什么要自己吃亏呢？很多人都有这种想法，都保持观望态度，总是希望别人先对我好，我才对别人善。其实，恰恰是这种想法加剧了社会问题的恶性循环，谁都不主动去为善，最后吃亏受伤的还是自己。

当人们都以个人利益为价值标准，人的道德尺度就会在不知不觉中下滑，逐渐地连是非善恶都分不清了，最后甚至没有任何道德的约束，没有任何良心的限制，把无数的生命视如工具、视如炮灰、视如草芥、视如粪土，根本就不把人当人，这就是"恶"。一个人如果没有什么学问、没有什么财富、没有什么社会地位，其实没有什么大不了的。但一个人如果连最起码的"善"和"恶"、是和非、好和坏、黑和白都分不清楚，那实在是很可悲！

实际上，从科学的角度来看，善念对我们自身，包括对我们周围的环境影响都是极其重要的。日本有个科学家，江本胜博士，从事生命科学研究。从1994年开始他做过一系列著名的"水结晶试验"，并写了一本《水的讯息》的书。他的实验在哲学上也是很有意义的，它从水的角度证明了物质和精神之间直接的相互影响和相互关系。

他们让水在瞬间低温下结成像冰一样的固态，在冷房中用高速摄影机拍摄下来水的结晶过程。首先他们以蒸馏水为对照样本，然后对它播放不同的音乐，结果，听过优美音乐的水样本，都形成了以六角形为结构的灿烂结晶。相反的，现代重金属音乐使得水的结晶产生了解体的效果。他们又在同样的水上，分别贴了天照大神和恶魔字样的标签，结果发现贴有天照大神的水形成了六角形结构的灿烂结晶，而贴有恶魔字样的水没有形成晶体，形状杂乱、样子怪恶。

后来他们又做了一个有趣的实验，在同样的水上，分别贴上了希特勒的照片和一个五六岁的天真烂漫的小女孩的照片，结果发现拍下晶体的照片差异非常之大，贴上希特勒照片的水，不但没有形成晶体，而且形状非常丑恶；贴有小女孩照片的水，形成的晶体非常漂亮，形成了六角形结构的灿烂结晶。

后来，他们又用非常纯净的水和被污染过的水做对比试验，结果形成的晶体也是截然相反的。经过一系列的实验结果表明，凡是加上好的信息和意念的水都形成了六角形结构的灿烂结晶，而加上不好的信息和意念的水都使得水的结晶产生了解体的效果，形状杂乱，形态非常丑恶。

从以上的实验我们可以看出，一句话、一个名词、一个声音、一张照片、一个动作，甚至于一个细胞就包含了这个人或事物的所有信息，如果宇宙是由能量构成的，那么我们的讯息和意念是不是就是能量？只是我们不易体察到而已，就像我们在水里加入糖，会变成糖水；加入茶叶，会变成茶水一样，我们用味觉或视觉可以辨别出不同的水。而我们给水加入讯息和意念时，水已经在无声无息地发生了变化，而"水结晶试验"就诠释了讯息和意念对水的影响和变化。

近年来世界各地的学校里，许多教师倡导学生亲自动手做这个试验，并借此教导学生要以善心对待周围的一切。下面是在澳洲布里斯班某校的课堂上，教师和学生们进行了"说好话、说坏话"的实验。老师将准备好的两口米饭分别放入两个小塑胶杯中，要每个学生轮流对第一杯说一句好话，如："谢谢你""你好漂亮"等。同样的，学生们也轮流对第二杯说了一句坏话，例如："我不喜欢你""你好丑"。说完后，老师将两杯用保鲜膜包上并注明标签。又过两周后，他们将实验结果带到教室中来，接受好话的米饭发出的霉是白色无臭的霉，而另一杯则呈现出黑糊糊的霉。对于实验的结果，学生们都感到很惊奇。原来善念这么重要！

现在科学认为地球上的所有生物的含水量在50%以上，我们人体中有70%是由水构成的，如果正如实验所反映的那样，水具有感受、接受和传递信息的能力。从健康的角度讲，我们人是不是应该接受一些好的信息，拒绝那些暴力、色情，恐怖、污秽、肮脏、低级、邪恶的讯息呢？就像我们平时拿起茶杯喝一口水，一个善良的人和一个邪恶的人喝过的水，"水结晶试验"的结果会截然不同，用善念可以改变水分子结构，把这种水喝到体内，就可高效率的洗刷细胞和血管里的脏东西。如果对有病的部位发出好信息，这个好的能量也可以帮助身体恢复正常。

相反，当人动坏念或骂人的时候，他自己会先吃亏，因为人一动邪念，自己体内的水分子首先会接收到这坏讯息，就开始变形，黏度就会增高，血液流动就会放缓，那受伤害的当然首先是自己。那么，我们由这个"水试验"是否可以做出一个大胆的推测：任何东西都是有感知的，人心念的力量，可以透过物质空间传播。人类希望世界变好，其实并不需要花多少物质金钱，而是需要多多发出善良的讯息，就能很好地影响与善化社会与自然。

那么大家想一下，如果我们每个人心中都充满真诚与善良的念头，我们身边的环境就会改变，人与人之间的关系就不会冷漠。大家知道，现在社会上不道德的事儿很多，如三鹿等企业的毒奶粉事件等等。别人怎样做，我们管不了，但至少我们可以从自己开始做起。按照"真、善、美"去做，我好起来了，我快乐，别人也快乐。好的讯息是可以传播的，我散发出的好讯息，会通过身边的水和万物传递出去，去善化其他人和周围的环境。美好的环境要靠我们大家来创造，人与人之间本来就是应该真诚、善良、宽容、忍让的，这是我们中华民族的传统美德。

第十四讲　直

● 刚正不阿

刚直，是中华传统美德，是中国古代知识分子立志守节的操守标准。"富贵不能淫，威武不能屈，贫贱不能移。""刚正不阿，胸怀坦荡，为国家社稷、为黎民百姓的平安，不计个人的利益得失，秉持人间道义，为国为民直言请命。"生动描绘出了古圣贤肩担道义的理想和正直品格，是中国古代知识分子效仿圣贤为人处世的典范。

孔子在《论语》中说，君子以"直道而事人"。孔子是说，人能够存活得好是因为有合于生生不息之道的正直的本性，如果因为权势富贵而不能坚守心志，偏离了、亡失了正直的本性，那只能是暂时地侥幸避免劫难，苟且活着而已。宋朝大臣范仲淹曾说过一句名言："不以物喜，不以己悲。"外在因素的好坏是不会轻易改变一个有志之士坚定正道的意念的。就如同坚持以正道事人的柳下惠，他并不会因为被黜而选择改变心意或转换环境。这种坚持正义之道，不因曲高和寡而向邪恶妥协的人，乃真正的君子。

● 直言上谏

俗话说"人非圣贤，孰能无过"。古时朝廷中为什么要设立"谏官"一职呢？就是为了对君主的过失直言规劝并使其改正。中国历史上除了敢于直笔记录皇帝言行的史官，敢于直言国君过失的就是御史谏官了。

北宋仁宗期间，谏官王素劝仁宗不要贪恋女色，宋仁宗说："最近王德用的确进献了美女给我，现在正在宫中，我很喜欢，就让我留下吧。"王素说："臣今日进谏，正是怕陛下被女色所惑。"仁宗听了，面有难色，说："你说得对，但也不必这么匆忙地办理，那些女子既已进宫，过一段时间再送走也不迟吧。"王素对仁宗说："臣怕她们留久了，陛下因为情深更不忍心送她们走了。"于是仁宗有些恋恋不舍地下令把进献的美女每个赠送三百贯钱后，遣送她们离开皇宫。

北宋期间，另一位著名的大臣包拯，先后任开封知府、监察御史、枢密副使等职，"性峭直，立朝刚毅"，一生为民请命，是百姓心目中的"包青天"，堪称我国历史上的清官典范。他在任职期间，屡屡犯颜直谏，有时君臣之间争论激烈，甚至唾沫星子都飞溅到仁宗脸上，虽然宋仁宗十分生气，但最终还是不得不采纳他的建议。

包拯自幼学习经史，仰慕古代圣贤所为，有"报国安民"之志。他一生忠于职守，秉公执法。在他任监察御史时，倡导任人唯贤，对祸国殃民的贪官及庸碌无能的昏官大加弹劾。著名的事例有：七次弹劾贪官王逵。王逵任荆湖南路转运使时，骄横跋扈，欺压百姓。宋仁宗把王逵贬到了池州，不久就又提拔起来，任为江南西路转运使。包拯听到这个消息，立即上书弹劾说："王逵在前任上，就苛政暴敛，民怨沸腾，应该得到严厉的处罚，而不能提拔重用。"宋仁宗于是把王逵改任为淮南转运使，包拯还是不同意，连续七次上书弹劾道：如果任命王逵这样的酷吏，等于给当地百姓带来一场大灾难，在包拯的坚持下，宋仁宗罢免了王逵的职务。

三次弹劾外戚张尧佐。张尧佐是张贵妃的伯父，在张贵妃的请求下，宋仁宗把张尧佐提升为三司使。包拯指出宋仁宗一再超擢张尧佐，任人唯亲，不合大宋法度，并分析其背景是后宫干政、个别大臣曲意逢迎，宋仁宗只好收回成命。转眼到了第二年正月，宋仁宗经不住张贵妃一再请求，再次下旨擢升张尧佐。包拯再次直谏，指出张尧佐平庸不称职，请皇帝另选贤能，大臣们也纷纷支持包拯。张尧佐见状，感到众怒难犯，当即表示不接受委任。宋仁宗再次收回成命。后来，张贵妃又多次向宋仁宗提出封张尧佐为宣徽使。一日宋仁宗早朝前，张贵妃特意送仁宗到宫门口，说："皇上今日不要忘了封宣徽使之事啊。"金殿之上，宋仁宗果然又一次降旨。可御旨一下，包拯马上上奏。这一回，宋仁宗打定主意，坚持己见，说："张尧佐并无大过，可以擢升。"包拯谏驳道："各地官吏违法征收赋税，闹得民怨纷纷。张尧佐身为主管，怎说是无大过呢？"宋仁宗叹了口气，婉转说道："这已是第三次下旨任命了。朕既贵为天子，难道擢任一个人就这么不容易？"包拯闻言直趋御座，高声说道："难道陛下愿意不顾民心向背么？臣既为谏官，岂能自顾安危而不以国家为重！"张尧佐站在一旁，听得心惊肉跳。众大臣又纷纷襄助包拯，宋仁宗又没有合适理由反驳，气得一甩手回到宫里。张贵妃早已派人在打探消息，知道又是包拯犯颜直谏，所以等宋仁宗一回来，她马上迎上前去谢罪，宋仁宗斥责说："你只知道宣徽使、宣徽使，就不知道包拯他还在当御史！"

包拯无论是何时，都对宋仁宗本身的过失和治国安民的大计直言上疏。他特意上了一道《进魏郑公三疏札子》，把唐朝魏征的三篇奏疏抄录给宋仁宗，希望宋仁宗能像唐太宗那样，成为"英明好谏之主"。他上书天子应有的德行为："明听纳，辨朋党，惜人才。"一方面兴利除弊，一方面要选贤任能。他在奏疏《乞不用赃吏》中指出："廉者，民之表也；贪者，民之贼也。"意思是说，清廉是人民的表率，贪污则是危害人民的盗贼。主张要用忠直廉明的君子，他为因触怒权贵被贬的范仲淹等人鸣不平，并建议重新起用他们。对于贪赃枉法者，则严惩不贷，并且永不录用。他的建议多被宋仁宗采用，使贵戚宦官不得不有所收敛，听到包拯的名字就感到害怕。

包拯还多次直言上疏推行善政，提出"宽民利国"，以保百姓福祉。他采取了一系列"薄赋敛、宽力役、救荒馑"，治理水患，兴教办学等贡施，并督促各路行政机关能够尽职为百姓谋福。他下令，凡各库的供品，以前都是各州摊派的，这样百姓的负担很重，现在都要变成与百姓公平交易。他请求宋仁宗支义仓米赈济灾民，使他们不至于流离失所，并请求真正放免民户欠负的赋税等。宋仁宗接受了包拯的建议，曾任命他专门负责"放天下欠负"，结果一次即除放各种欠负一千二百万。史载包拯："公所莅职，常急吏宽民，凡横敛无名之人，多所蠲除。"

包拯为官正直，一心为民。他在任职开封府时，按以前的制度规定，凡是告状不得直接到官署庭下。包拯作出了新的规定：大开官府正门，凡是告状的，都可以进去直接见官，直接面陈案情，任何人不得阻拦刁难，杜绝奸吏，把官府的大门直接向百姓敞开。同时，包拯为了防止权贵们找他"走后门"，干脆完全断绝了与高官显宦及亲朋故旧的私人书信往来。有来"走后门"者，无论是高官权贵，还是亲朋好友，一概拒绝。于是呈现了"前陈曲直，吏不敢欺，是非明辨"的局面。

包拯一生光明磊落，"与人不苟合，不会伪辞色悦人"，"不爱乌纱只爱民"，赢得了世人的敬仰，妇孺皆知其名。他写在府衙中央大厅墙壁上的那首明志诗："清心为治本，直道是身谋。秀干终成栋，精钢不做钩。仓充鼠雀喜，草尽兔狐悲。史册有遗训，毋贻来者羞。"可以说这是他一生人格精神的写照。从这首诗中，我们也可以看到包拯的做人道德准则和为民造福的决心。

对于他人的建议和指正，要包容和广泛采纳，因为只有这样才能不断进取，避免"只缘身在此山中"，而对自身的过错"不识庐山真面目"，避免故步自封造成大的损失，这就是人们所说的"忠言逆耳利于行"了。

● 直言兴邦

孔子曾曰："恶利口之覆邦家。"又曰："远佞人。"所谓的佞人，专门窥伺人主的意思，巧于奉承。一旦哄得人主心里喜悦，就颠倒是非，变乱黑白，陷害忠良，报复仇怨，把人家忠臣父子都离间开了，终至于骨肉相残。因此圣人深以佞人为戒，如饮鸩毒，如避蛇蝎，不敢近之。

不过有时也不容易辨别哪个是奸佞小人。平日肯直言忠谏的，就是正人。好阿谀奉承的，就是佞人。据《大唐世说新语》记载，太宗一日退朝之后，曾闲行到一棵树下。见此书枝叶繁茂，心中颇生喜爱。当时宇文士及在旁，要阿奉太宗，就将那棵树赞誉不止。太宗听了正色面斥他，说道："魏征曾劝我斥远小人，我不知今朝中哪一个是小人，但心里也疑是你。今天一看，果然不错。"士及惶恐叩头谢罪。唐太宗之面斥宇文士及，可谓正矣。

明朝监察御史韩宜可，以为人正直敢言、弹劾奸邪之臣不避权贵而著称。当时的丞相胡惟庸、御史大夫陈宁、中丞涂节受到皇帝宠幸，有一次，这三人正坐在皇帝身边悠闲地交谈，韩宜可径直上前上奏文章，弹劾这三人的险恶用心，说他们依恃功劳和宠幸作威作福，请求治他们的罪。皇帝发怒说："快嘴的御史，竟敢排挤陷害大臣！"命人将他关入了大狱中，不久释放了他。

韩宜可知道触犯"龙颜"的后果，但他遇事依旧持正行事，直谏敢言。洪武九年，他被任为陕西按察司佥事，当时有上万官吏因罪被贬谪去屯守凤阳。其他人都坐观事变，不敢提此事，只有韩宜可上疏争执，请求按照刑法分别论处罪行，皇帝最后同意了，很多人因此而受益甚多。

一次进京朝见皇帝时，恰逢朝廷将一些有罪官府的男女赏赐给各部门，唯独韩宜可不接受，他极力论说："处罚罪恶不延及妻子儿女，这是古代的制度。有事随意株连，这是滥用刑法。何况男女，是人中的大伦常，婚姻过了时候，尚且要伤及和气。满门连坐，这岂是天朝所应做的。"皇帝同意了他的看法。

在权势的高压和财富的诱惑面前，还能坚守正道，敢于说真话者，乃国家之柱石。一代名臣海瑞，被皇帝称赞为"乃大明朝之神器也"。如果大臣敢直言，而君王能纳谏，则贤君名臣，国家必然兴盛。

清代康熙年间，被人们称为官品、人品、文品俱佳的一代贤相陈廷敬，先后担任翰林院侍讲学士、吏部尚书、文渊阁大学士、《康熙字典》总修官等职。修身敦行、淳厚、谨慎是其基本处世作风，以卓越的学识和高洁的人品受到康熙皇帝的器重。他的为官正直、敢于直谏；康熙的虚心纳谏，从善如流，臣君相濡以沫，以一代名臣和旷世明君而载入史册。

陈廷敬出自书香门第，家风淳朴，家教甚严，他从小喜爱读书，三岁起诵诗词，六岁读私塾学习儒家经典，"读书过目辄不忘"，被人称为"神童"。他尤喜圣贤之道，深知古之为文者，非以其辞，期于明道。特别注重修身、养性，经常以历代名士的节操和忧国忧民的心怀自勉，虽然年幼，已抱经世济民之志。

陈廷敬二十岁以进士入仕，任内弘文院侍读，三十四岁时任翰林院侍讲学士、康熙皇帝日讲起居官注，兼记注与讲解经史于一身，即将皇

103

帝的一言一行书之于简册并为皇帝讲解经史。他协助康熙清除鳌拜及其同党，并为康熙讲授各种经典著作及治国理念，为君之道。他向康熙讲《论语》中"上好礼，则民莫敢不敬；上好义，则民莫敢不服……"真诚地期盼皇帝崇尚礼、义、信而勿追求虚名，不说空话，多办实事。他和掌院学士喇沙里、侍讲学士张英等多次与康熙谈经论史，评述前代朝臣、宦官结为朋党、营私舞弊祸国的大量史实，提醒皇帝以史为鉴，不要掉以轻心。康熙多次表扬他们"每日进讲，启迪朕心，甚有裨益"。还特别赞扬陈廷敬"夙侍讲幄，简任论扉，恪慎清勤，始终一节。学问淹洽、文采优长……"并赐予《御制诗集》。

　　陈廷敬针对当时清廷内不少官员贪污腐化的现状，向朝廷上疏说："贪廉是衡量一个官员是否合格的关键。要使官员清廉，就先要使他们养成节俭的品质。古人素以俭为美。现在由于奢侈之风未除，以至办事节俭反受讥笑，铺张浪费而无人反对，于是贪污求利、触犯法律的事就跟着多起来。"康熙表示赞同，指出今后"务须返朴还淳，格循法制，以副朕敦本务实，崇尚节俭至意"。陈廷敬还上疏说："考察总督巡抚须以养民教民为称职，要做到指导和管好吏员，孔子说过：上教之不行，罪不在民也。要使百姓不触犯条令，不如先行上之教。凡是官吏加派火耗，贪赃受贿，搜刮百姓，他每天就忙碌于察言观色、逢迎上司，又哪有工夫去行上之教呢？百姓看到吏员的所作所为，就会说：'这样的人还能教导我们吗？'因此作为总督巡抚合适的人选要自己身正，不为利欲所动，为群吏做出榜样。"陈廷敬的上疏被朝廷采纳。康熙经常与他讨论朝政大事，陈廷敬针对当时农民赋役苛重的情况，提出减免钱粮税收的一些办法，得到了实施。后来他被升任为文渊阁大学士兼吏部尚书。

　　陈廷敬到吏部上任后，立下规矩说："自廷敬始，在部绝请托，禁馈遗。"为了抵制跑官、要官、买官的不正之风，他严饬家人，有行为不端者、有送礼贿赂谋私者，不得放入。他注重个人修养，作风公道正派。周围有德才出众者，他均极力举荐。康熙曾召各部大臣举廉能官吏，陈廷敬举荐的陆陇其、邵嗣尧、王士禛等皆是百姓称颂的清官，康熙遂将他们提拔为御史，又升为尚书。有人告诉陈廷敬：这几个人廉而刚，好提意见，说不定将来会弄到你头上。陈廷敬表示，刚一些，提意见多一些，有什么不好，有则改之，无则加勉。康熙知道后夸奖他说："卿为耆旧，可称全人。"

陈廷敬一生辅弼康熙五十三年，踏实稳重，康熙赐予他的楹联"春归乔木浓荫茂，秋到黄花晚节香"，大意是：春风吹来，高大的乔木愈加荫浓茂盛；秋霜降临，晚开的金菊更是芳菲馨香，这是对陈廷敬人品的高度评价，也是其人生的最好写照。

其实无论在任何时候，坚守道德、良知、节操，都是做人最重要的，因为纯正美好的品质和为善的意志永恒，无私的境界和宽广的胸怀永远与天地同在！

● 刚直如笔

为臣者以规谏和纠正君王的过失为己任，为君者贵在能够虚心纳谏，诚心改过，这才是正常的君臣关系。后魏大臣古弼和太武帝就是一例，古弼视直言规谏为尽忠尽责，太武帝珍视其为一国之"宝"。

古弼自小忠厚严谨，正直刚正，明元帝曾赐名"笔"，意为嘉奖他像笔那样正直又有才能，所以人们尊称其为"笔公"，后来改名字"弼"，说他有辅佐的才能。

太武帝即位后，古弼因功历任侍中、吏部尚书等职。有一次有人上书，说御苑猎场用地太多，占用了百姓很多田地，建议应将地还给百姓。古弼进宫要将此事上奏皇上，碰巧皇上正在同给事中刘树下棋，没有心思听取他的谏言。古弼在那里坐着等了很久，也没有机会说话，最后干脆站起来，责打刘树，说皇上不理政事，都是他的过错。皇上大惊失色，放下手中的棋道："不听你奏事，过错在我。刘树有什么罪，放了他。"古弼将上奏的事情说了，皇上对他如此正直感到惊奇，全部同意了他上奏的事，将田地归还给了百姓。

古弼说："作为臣子在君王面前逞强，不能算是无罪。"于是脱帽光脚到公堂自己弹劾请罪。皇上召见他，对他说："你穿好鞋帽。我听说臣子的本职就是耿直尽忠，公正办事，这是神赐给君王的福气。那么你又有什么罪呢？从今以后，只要有利于国家，方便百姓的事，就算再唐突过分，你都可以做，不要有所顾忌。"

太武帝有一次在河西地区围猎，下诏让古弼将肥壮的马分给骑兵，古弼却命令把瘦弱的马给他们。太武帝为此大怒，说回到京城后要先杀了他。手下的官吏都害怕被杀，古弼告诉他们，说打猎一事是小罪，如果边境有外敌侵犯之事是大罪，他是将肥壮的马都充实到军队中去了，以防止意外。并说只要对国家有利，自己即使被处死也心甘情愿，此事由他一人承担。皇上听说后，赞叹道："有这样的臣子，是国家的宝啊！"并赏赐给他很多东西。

还有一次，皇上在山北打猎，打到了很多麋鹿，下诏派五十辆牛车来运。不久皇上又对随从说："笔公肯定不会派车给我，你们不如用马运快一些。"往回走了几百里地，古弼的奏表果然到了，说："今年秋天谷物成熟，麻菽遍野都是，猪鹿偷吃，鸟雁损害，风雨侵蚀，早晚差别一半。请求哀怜宽缓，使百姓得以收运粮食。"皇上对身边的人说："笔公果然如我所料，真是为国家着想的臣子啊。"

以天下社稷和百姓为重，能够纠正君王的过失，辅佐君王施行德政，这是身为忠臣贤才的本分和职责。

人和树木一样顶天立地，都得正直立于地面活着，稍有偏斜或弯曲，如不扶正，久了就难成材了。人有正直的本性，也是合乎中庸之道的，这也是人能够存活以至于繁荣的根本，天地、生命、万物何尝不也要合乎宇宙运行的规律、生生不息之道呢？如果人忘了自己的生命要符合天地正道，舍本逐末，一味地追求世间的物质享乐，那就背道而驰了，就要自作自受了。因为"人之生也直"，这也有守护着禀赋正道的生命，不可偏离的意思。沉溺、安逸于物质享乐，就已经是偏离太远了。物质享乐看似现实恰是充满诱惑的陷阱，一旦陷于其中，难以自拔。生命真正的快乐不假外求，应该就是先天已具足正直的本性，在人间正道中自得其乐。

现代过度消费的社会中，有许多人沉溺在物质的无尽享乐中，过着非常安逸的生活，这种沉溺、依赖、安逸、享乐渐渐像上了瘾一样，肆意玩乐，压缩着人先天本性的"刚直"。生活中充斥着物质诱惑，精神文明不受重视，道德沦丧，好坏善恶难辨，各种乱七八糟的表现、信息、变态心理纷纷出笼，许多人跟着学，只要有钱赚、有钱花，好像也没人管，尽情亏损道德来换取物质享乐而不能自拔，浑然不知自己的精神在萎缩。

现实社会中，还有一些外表刚强正直而内心卑怯的伪君子，是没有真正的道德修养，而虚有其表的人。这种人的心态像窃盗宵小，心术不正，心存侥幸，金玉其外，败絮其中，是无法堂堂正正做人的道德败坏的小人。他们的行径和嘴脸见不得人，只能在阴暗中苟活。如果人心不再注重道德修养，那么社会风气就容易只看重外表，在外表上争强、欺诈不实，满口谎言。其实无论卑鄙小人表面上采取多么高压的手段，想强制别人，改变别人，那顶多也只能图谋得了一时和表面的改变而已，就算能吓唬人，顺遂了其投机的心态，但是道德败坏的事实，也已经注定好了他们为人处世的方式和所作所为不能长久。

第十五讲　忠

● 精忠武穆

"忠"在金文和小篆中的写法都是由"中"和"心"组合而成，原本的字义是敬的意思。"中"有不偏不倚的意思，"心"则代表尽心做事不懈怠，所以让自己的心保持中道，为国家尽心尽力做事，即使危害到性命也在所不惜，叫做忠。

在《曾子本孝》中，忠（真诚与敬）是孝的根本，为父母尽孝是人道之根本，但是与为国尽忠相比，"人子之孝"只能称作"小孝"，当忠孝不能两全时，为国尽忠才是真正的大孝，所以说，尽孝不尽忠不是孝子该有的。让我们看看古人是如何实践"忠"的内涵的。

岳飞是南宋一个家喻户晓的将军，他曾说："文臣不爱钱，武臣不惜死，天下太平矣。"年少时的岳飞习武有力，能拉开很重的弓，父亲见他具有天分，又讲义气，便说："你将来会是个大有作为的人，受君王任用，但却可能因为忠义而为国牺牲。"

岳飞十五六岁时，北方的金人南侵，宋朝当权者腐败无能，节节败退，国家处在生死存亡的关头。一天，岳母把岳飞叫到跟前，说："现在国难当头，你有什么打算？"岳飞回答道："到前线杀敌，精忠报国！"但同时，岳飞也犹豫母亲无人照料，然而岳母却对他说："自古忠孝难两全。"劝岳飞要以国家为重，不要挂念家人。

在岳飞去从军之前，他的母亲要在他背上刺"精忠报国"四个大字。岳飞解开上衣，请母亲下针。岳母问："你怕痛吗？"岳飞说："如果连针都怕，怎么去前线打仗！"岳母先在岳飞背上写上字，然后用绣花针刺了起来。刺完之后，岳母又涂上醋墨。从此，"精忠报国"四个字就永远地留在了岳飞的后背上。"精忠报国"正是岳母对儿子的期望，孝顺的岳飞不敢忘记母亲的教诲，而那四个字也成为岳飞终生遵奉的信条。

后来，岳飞应召入伍，由于他善于治兵，军纪严明，他所带领的"岳家军"是南宋抗金的主力部队，常让敌人一见"岳家军"的旗就害怕逃走。当时流传着："撼山易，撼岳家军难！"可见岳飞的军队骁勇善战，战斗力极强，接连打胜战役，让金人闻风丧胆。岳飞心中最大的愿望，就是恢复中原。不久，金将兀术率军进攻常州，于是康王又派岳飞带兵杀敌，收复了建康。岳飞上奏书给皇帝请求中兴汉室，讨伐金兵的事业就此展开了，中原百姓听到消息，奔走相告欢呼庆贺。

绍兴十年五月，金国撕毁和约，都元帅兀术率领十万大军南下，顺昌府被围告急。于是岳飞奉命起兵，挥师挺进中原，配合南宋各路军队，解顺昌之围，不仅使局势有所缓和，而且创造了收复中原的绝佳时机。而此时，一直主张屈膝议和的高宗，又连忙派司农少卿李若虚赶到鄂州，向岳飞传达了"兵不可轻动，宜班师"的诏命。面对大好局面，却突然收兵班师，岂不是丧失良机吗？岳飞认为这是乱命，拒不受命。李若虚深为岳飞不计个人利害的爱国忠心所感动，便毅然承担起了矫诏之罪。高宗、秦桧一伙为了逼使岳飞班师，同时使用釜底抽薪的毒辣办法，命令其他军队撤退。结果，造成了岳家军孤军深入的态势。岳飞为此怒不可遏，连上《乞乘机进兵札子》等奏章，要求友邻部队不要后撤，齐头并进，乘机深入。最后，还上了一道"言辞激切"的《乞止班师诏奏》，希望高宗能收回成命。但高宗、秦桧正是害怕岳飞一旦渡河北上，更难以驾驭，真的来个"直捣黄龙府"，迎回钦宗，那时，将置高宗于何地？对岳飞的奏书，自然是一概置之不理。为了避免岳家军遭受覆没的危险，也为了图存争取将来北伐的机会，岳飞不得不奉命班师了。

秦桧认为只要岳飞一日不死，就会尽全力阻挠和议，于是他便处心积虑地要置岳飞于死地。最后，他以"莫须有"的罪名将岳飞父子一并处死。绍兴十一年十二月二十九日，三十九岁的岳飞冤死狱中。直到绍兴末年，太学生程宏图上书诉讼岳飞的冤案，宋孝宗才颁诏恢复岳飞的官职，还给岳飞清白。

正由于岳飞奉命班师，使北伐中原功败垂成。因此有人批评岳飞未能援用"将在外，君命有所不受"的古训，是"愚忠"。其实这个批评是不符合史实的。

我们了解了岳飞对两次班师诏不同态度的真实情况，就会明白：岳飞坚持抗金、反对妥协投降的爱国主义思想，始终贯穿在他的行动之中。他第一次抗旨拒绝班师，和第二次不得不奉命班师，都没有停止过同以高宗为首的对金屈膝投降集团的斗争。在"忠君"与"爱国"两者处于矛盾冲突时，他总是毫不犹豫地以国家利益为重。这也是为什么高宗最后要把岳飞杀害的根本原因。

岳飞忠义千古长传，他作为爱国主义典范，千秋万世永远值得我们崇敬。

"忠"作为封建伦理道德的重要规范之一，统治者总是想把忠君与爱国的内涵混淆，希望臣民甘愿为其统治。中国历史上很多看似不忠于国君一人，实则为国为民的名臣大有人在。

● 忠国魏征

魏征，字玄成，馆陶人，一生颇具传奇色彩。《旧唐书·魏征传》称他"少时孤贫"，但"落拓有大志，不事生业，出家为道士"。他洽闻博识，嗜书如命，广涉典籍，冷静善思，是一个胸怀政治抱负的奇士。

当隋炀帝荒淫无道、天下英雄豪杰纷纷起兵反隋之时，魏征先是参加了元宝藏的起义军，但又觉得看不清天下大势，心中茫然，便出家当了道士。后来另一支起义军瓦岗军首领李密非常赏识他，派人把魏征请去，让他掌管军中的文书，这时的魏征已经三十八岁了。

在李密的军中，魏征的地位很低，他看到军中许多不足，曾主动进谏，但不被李密采纳。李密兵败降唐，他随李密入长安。后来李密心有不甘，又起兵反对李渊，不久兵败被杀。

魏征认为李唐政权较有前途，就向李渊请求去招抚李密的旧部，取得了成功。征得李渊的同意之后，魏征以国君之礼葬了李密，并撰文把李密比作垓下失败的项羽，意即李密虽然失败，也还是一位大英雄。他不怕李渊追究，实事求是地描述李密的态度和精神，得到了时人和后人的赞扬。从没有人指责他背叛李密，投降李渊。

太子李建成听说魏征非常有才干，任他为太子洗马，对其十分敬重。玄武门事变后，李建成被杀，李世民当了太子。魏征被秦王府的人捕获，囚禁狱中，待命处决。李世民听说魏征是一个奇才，不忍加害，便派人将他传入府中。一见到魏征，李世民责问道："你为什么挑拨我们兄弟间的关系呢？"魏征没有巧言机辩，而是据理回答："人各为其主。如果太子早听信了我的话，就不会有今天的下场。我忠于李建成，又有什么错呢？管仲不是还射中过齐桓公的带钩吗？"

李世民见魏征说得既坦率又有理，非常欣赏他的才华，就赦免了他。魏征为李世民爱才、惜才之心所感动，决定归顺李世民，竭诚效劳。李世民即位不久，就提升魏征为谏议大夫，这真是得其所哉！魏征自从为唐太宗重用后，"喜逢知己之主，思竭其用，知无不言"。他曾前后陈谏二百余事，指出唐太宗在施政方面的错误，不断提醒太宗牢记隋亡的教训，居安思危，励精图治，对贞观之治起了重大作用。唐太宗善于听取别人意见，成就了魏征的名声；魏征敢于犯颜直谏，促成了唐太宗善于纳谏的性格。魏征的进谏和唐太宗的纳谏同样名垂青史，这在中国历史上是绝无仅有的。

昏君无道，必受惩罚，弃暗投明，乃是顺天意而行。古语云："良禽择木而栖，良臣择主而事。"看似不忠，其实不然。孟子曾说："闻诛一夫纣矣，未闻弑君也。"意思是说忠国不忠君，忠民不忠人。魏征不是为了个人的名利或是苟延残喘而朝秦暮楚，在他的心中，有一个准则，那就是上安君国，下报黎民。观魏征之忠，不是不忠，不是愚忠，不是小忠，而是大忠，忠于国家社稷，忠于黎民百姓，所以他才成为名垂千古的良臣。

● 忠贞卞和

《韩非子》一书中记载了这样一个感人故事：春秋时，楚国有一个名叫卞和的人，在荆山东麓的一个山洞内得到一块玉璞，也就是内部包含着玉的石头。他便将这块玉璞献给了楚厉王，厉王心存疑虑，便叫来玉匠进行鉴别。哪里知道那玉匠是个平庸的人，看了之后说这只是一块普通的石头。厉王认为卞和欺君，砍断了卞和的左脚。

厉王死后，楚武王继位，卞和又捧着这块玉璞去献给武王。武王又叫来玉匠鉴别，玉匠看了看还是说卞和所献的只不过是一块普普通通的石头而已。武王同厉王一样认为卞和欺君，便让人砍了他的右脚。

武王死后文王继位，卞和想再去献玉，可是他双足俱废，再也无法行走了，只好把玉璞抱在怀里，爬到荆山脚下哭了整整三天三夜。眼泪流完了，从眼角溢出来的竟是一滴滴鲜血。后来文王听到有关卞和哭玉的消息，派人询问他痛哭的原因，对他说："天下因犯罪被砍断脚的人很多，你为何哭得这么悲伤啊！"卞和回答说："我并非因为砍断了双脚而悲伤，我所痛心的是珍贵的玉石被看成是普通的石头，忠贞的人却被当成了骗子！"

文王得知后，将卞和与那块玉璞请进了宫里，令玉匠凿开玉璞，果不其然，里面是一块精美的玉石。玉匠经过精心制作，将这块玉石制成了一块圆形玉璧。卞和的冤案被平反昭雪，文王将玉璧命名为"和氏璧"，以纪念卞和的忠贞。

这块"和氏璧"后来流落到了赵国，引出了"完璧归赵"的故事；秦始皇统一全国后，将"和氏璧"制成了玉玺，也就是皇帝的印章，象征着无上的权力。这块玉玺就是后来人们所常说的"传国玉玺"。

卞和不把这块玉璞据为己有，被楚王砍了双足还要去献宝，卞和不哭自己而哭宝玉后来被君主识明，他的故事也因此流传千古，那不仅仅是因为他献的是一块宝玉，最重要的是卞和为国为民的那颗忠贞赤诚的心，这才是最可宝贵的。

忠于国家、忠于黎民百姓，不仅是一个人的志向，也是贯穿在每个人的社会人际交往当中的道德行为规范，对亲朋好友是否忠孝、忠诚、忠信，时刻在考验着一个人的道德价值标准。

● 忠仆阿寄

明代，淳安（在今浙江省）的一户姓徐的人家，有一个叫阿寄的仆人。徐家的几个兄弟分家时，老大分了一匹马，老二分了两头牛，老三守寡的媳妇还有两儿、三女，却只分得了已经五十多岁的老仆人阿寄。

老三家的寡妇哭着说："马能骑，牛能耕地，可阿寄已经五十多岁，连路都走不稳，还得吃我的粮食。哎，我可真倒霉呀!"

阿寄听到这话，感叹道："主人啊，你是说我连牛马都不如吗?你不要难过，我会帮助你策划生计的。"

于是，阿寄决心策划生计，以显示自己有用。寡妇看到他为人诚实勤劳，就把自己所有的首饰都变卖了，共得十二两银子，都交给阿寄去做生意。

阿寄拿这些作本钱，进山去贩卖生漆，一年之后，就赚了三倍的钱，于是他对那寡妇说："您可以无忧无虑了，富裕的日子马上就可以来到。"又过了十几年，阿寄为主人家所赚的财产，达到了几万两银子，并且为主人的三个女儿和两个儿子，都办了婚姻大事，每件婚事都花费了千两银子。此后，又请了老师教授主人的两个儿子，并花钱让主人的两个儿子，都当上了国子监太学生，寡妇家也成了当地最富的人家。但阿寄的老伴和一个儿子，却都只穿着仅能遮体的破衣服。

后来，阿寄得了病，临死前，他对那寡妇说："我已经像牛马那样，报答了您。"说着，从枕头里拿出两张纸，上面将所有的财产平均分成了两份，说：“把这两份财产，留给您的两个儿子，就可以世代守成了。”说完这话，阿寄就死了。

徐家的后人中，有人怀疑阿寄私藏财产，就偷偷弄开了他的柜子，结果发现柜子中连一寸线、一粒米也没有，不禁羞愧不已。为了报答阿寄的忠义，十分厚待阿寄的后人。

在物欲横流的现代社会，如何取舍忠义与对待谎言欺诈，道德的天平向哪方倾斜，是对每个人的灵魂考验。对于我们自身而言，不必空喊为国为民的口号，只要时刻心怀以国家、民族、人民利益为大的志向，用心做好自己该尽的责任，就是在实践“忠”的内涵了。

第十六讲　知耻

● 知耻近乎勇

耻，是儒家提出的道德底线，是人自身道德完善的起点。儒家认为人必须要有羞耻之心，只有知道什么是耻辱之后，才能分辨清楚是与非、对与错、善与恶，才能避免做不道德的事情。而是否感到耻辱又是以道德为基准的，按照道德的标准来判断自己的行为，才能知道什么是耻辱并在此基础上改进，从而提升自己的思想境界。

知耻就是有羞耻之心。孔子曾赞赏“知耻”的士大夫精神，他还说：“知耻近乎勇。”大意是有羞耻之心就接近勇敢了。一个人有了羞耻之心，才能临财不贪，临难不屈；才能谦和退让，取舍有度。无论是个人修养，还是民族气节，知耻都是良知的先导。

孟子主张性善论，他认为人生来就有恻隐之心、羞耻之心、辞让之心、是非之心，这是仁、义、礼、智的萌动，只有禽兽才不具备人类的这些天然的善性。人有“羞恶之心”，才会在名利面前表现出高风亮节。

● 知耻自律

楚文王是"春秋荆楚第一王"楚武王的儿子，名熊赀，于公元前689年即位。当时，楚武王为平定叛盟，不顾年老体衰，带病亲征，病逝于征途。按楚武王临终之言，熊赀被拥立为楚王。楚文王与他的父亲一样，同样是一位具有远大抱负的国君。

楚文王虽名垂青史，但立位之初却不务正业，整天寻欢作乐，贪图安逸，不理朝政。

一次，楚文王得到一只名叫茹黄的猎狗和一种叫宛路的长而直的竹子。他用这些竹子做箭杆，带着猎狗到云梦泽打猎，一去三个月不回来。后来他又得到了丹阳美女，从此纵情声色，整整一年不上朝听政。人们都说楚文王的"三宠"：良犬、利弓和丹阳美女，是羁绊他的"三害"。

几位辅政老臣为此大伤脑筋，多次规劝，但他却不以为然，仍是我行我素。不得已，太保申和大将鬻拳只有冒死进入内宫进谏，太保申说："先王占卜让我做太保，卦象吉利，临终前要求我等竭力辅佐大王，以使大王成一代明君。可大王即位以来，得到茹黄之狗和宛路之箭，前去打猎，一去三个月不回来；得到丹阳国美女，纵情声色，一年不上朝听政，臣等多次苦劝都不济于事。按照先王时制定的法度，您不履行君王的职责，您应该被施以鞭刑。"

文王说："我从离开褓褓时起就列位于诸侯，请您换一种刑法，不要鞭打我。"

太保申跪下道："我敬受先生之命，不敢辜负先王的重托。您不接受鞭刑，这是让我违背先王之命。我宁可获罪于您，也不敢废弃国家法度。"文王说："遵命。"

于是太保申拉过席子，让文王伏在上面，将楚武王赐的长鞭高高挥起，轻轻落下。打了几下，然后对文王说："请您起来吧！"

文王说："我反正有了受鞭的名声，索性真的打我一顿吧！"

太保申说："我听说，对于君子，要使他心里感到羞耻；对于小人，要让他皮肉觉得疼痛。如果让君子感到羞耻仍不能改正，那么让他觉得疼痛又有什么用处？”太保申说完，快步离开了朝廷，自行流放到深渊边上，请求文王治自己死罪。

文王说：“这是我的过错，太保申有什么罪？”于是改弦更张，罢黜三宠，治理国政。召回了太保申，杀了茹黄之狗，折断宛路之箭，打发走了丹阳美女。将所有的心思全部放在了勤政爱民、励精图治上，几年兼并了三十多个国家，扩大了楚国的疆土。楚国日益强盛，楚国人欢欣鼓舞。

“知耻近乎勇”，一个人懂得羞耻，才能自省自勉。有羞耻之心的人，才能勇敢地面对自己的错误，即用羞耻之心来约束自己的行为，战胜自我，这是“勇”的突出表现。

勇于承认自己的不足不是很容易的事。一个人知道自己的不足会觉得羞耻，能够有勇气改正，那还为时不晚。如果安于羞耻，或者不觉得是羞耻，反以为是荣耀，那就不可救药了。

● 行己有耻

古人语，不知羞愧，曰厚颜。孟子说：“无羞恶之心，非人也。”大意是一个人没有羞耻之心，就不能算作是人。

孟子对公孙丑说：“人不可以无耻，无耻之耻，无耻也。”大意是说：“人不可以没有羞耻，但是现在很多人都不以自己的行为为耻辱，这才是真正的耻辱啊！”

公孙丑就问孟子：“先生为什么这么说呢？”孟子就给他讲了这样一个故事：

齐国有一个人，他家里有一妻一妾。她们的丈夫每次外出，就一定是酒足饭饱之后才回来。他的妻子就问他，跟他一起喝酒吃饭的是些什么人，他每次的回答都是一些有钱有势的人的名字。他的妻子很奇怪，就跟他的妾商量说：“丈夫外出，一定要吃饱了喝足了才回来，而且说和他一起喝酒的人都是有钱有地位的人。可是从来也没有什么体面的人到家里来。我打算跟着丈夫去看看他到底去哪里。”

第二天一早，妻子就悄悄地跟在丈夫后面，看他到底去哪里，却发现整个城里没有人理会丈夫，连一个站着跟他交谈的人都没有。最后丈夫走到东城门外的坟地中间，向那些扫墓人去要饭吃。别人对待他，都是一副鄙视的神情。

他妻子回去以后，把见到的情形告诉了妾："丈夫就是我们指望依靠度过一生的人啊！可是现在我们的丈夫却这样。"于是两人哭成一团，但是她们的丈夫一点也不知道。他得意洋洋地从外面回来，还继续在妻子和小妾面前大耍威风。

朱熹说："人有耻，则能有所不为。"意思是一个人有了羞耻心，就不能做那些不该做的事。人有了羞耻心，才能意志坚定，于贫富、得失、义利之间有所取舍，而不是任凭欲望的驱使。否则，人没有了羞耻心，就什么事情都能做得出来。

明朝学者吕坤在《呻吟语·治道》中说："五刑不如一耻。"即再严酷的刑罚，也不如让百姓懂得一个"耻"字。吕坤认为，教育人懂得廉耻要比重刑更重要。人的道德提高了，知道了什么叫羞耻，什么事该做，什么事不该做，就能明辨是非，这比犯了法再来处罚更有效。因此，儒家一贯主张教化为先，惩罚在后。

孔子在《学而》篇中说："巧言令色，鲜矣仁。"意思是说："讲着动听的花言巧语，装出令人喜爱的脸色，摆出过于谦恭的逢迎姿态，把对别人的怨恨隐藏在心里，而表面上却和人做朋友，左丘明认为这样可耻，我也认为可耻。"为了面子，为了私欲，为了维持表面的和好关系，而表现出口是心非、表里不一、虚情假意，那将会腐蚀人们的正直、诚善的本性。

现在社会上还有一类人，一味地迎合世俗人的道德水平、人情的愿望，成为众望所归的好人或模范，这样获取名利情的满足而没有什么真正道德修养的人，最能惑乱有心修养心性者的心志。尤其在道德败坏的时代，这种所谓的好人、模范，更是十足无耻的伪君子。因为他们自以为是善的、好的、对的，其实和真正善的、好的、对的相去甚远。从道德修养的角度来看，他们浑然不懂道德廉耻、没有自知之明，误导了好多人，使许多人偏离他们人生真正的目的，确切地讲，他们是在败坏道德。

　　真正有修养的人，是以更高的道德标准要求自己，不和世俗同流合污，而又能真正善待世人，这才是名副其实的修养心性。而伪君子却是欺世盗名、似是而非、表里不一、言行不一的无耻之徒，起到的是以假乱真、鱼目混珠的作用。会不会跟着随波逐流，就像在淘金，不是金子，是沙就会被冲走，在修养心性的路上，对正道不够坚定、对修心不够精进，那就容易被迷惑，不辨真伪而误入歧途。

　　孔子说："恶紫之夺朱也，恶郑声之乱雅乐也，恶利口之覆邦家者。"意思是说：厌恶以紫色取代红色，厌恶以淫荡的乐曲扰乱雅正的音乐，厌恶以能言善辩颠覆国家。可想而知：孔子也厌恶伪君子，君子要完善品德修养，而伪君子却在败坏道德，他们不像坏人那么明显易辨，但起到的破坏作用是更巨大的。"非之无举也，刺之无刺也；同乎流俗，合乎污世；居之似忠信，行之似廉洁；众皆悦之，自以为是，而不可入尧舜之道，故曰德之贼也。"大意是：伪君子太尖、滑、贼、溜，我们不容易确切指出他们的弊病要害，所以他们满身污浊还能堂而皇之，受众人称赞为忠信廉洁，浑然不觉自身的问题，自以为是，实质上是背道而行，他们这样做其实是在戕害道德。

　　"巧言令色足恭"和"匿怨而友其人"都是败坏道德的，修养心性的人更应引以为耻，更应认清那些言行举止是人心变异的产物，导致人心变异、道德败坏的根源，就是为私为我，具体的表现有虚假不实、妒忌怨恨，还有不知羞耻等。如果人人知耻，就不会认同、不会接受那些可耻的表现，那些可耻的表现就会被杜绝，没有市场，这也就是自觉地维护了道德和善良的本性。

　　道德水平低下的社会，羞耻心也很淡薄，例如：笑贫不笑娼。许多人认为只要没有触犯法律，可不可耻没有关系。想要修养心性的话，是应该用法律还是较高的道德当作衡量标准呢？如果不用较高的道德标准约束自己，是不是很容易随波逐流甚至推波助澜呢？当一个人开始能认识社会，适应社会，跟上社会潮流的时候，他其实就被污染了。在道德低下的社会中成长，大家都习以为常，很难认识到，很难有羞耻心，除非提升道德方面的修养。

第十七讲　无私

● 天地无私

　　道德修养旨在提高道德境界，使人的道德水准和境界不断升华。在我国的传统文化中，"无私"是君子修身养德的重要内容。

　　"无私"一词最早出于《礼记·孔子闲居》篇，孔子提出"三无私"作为人的行为榜样和根据："天无私覆，地无私载，日月无私照。"人的境界和行为也要有同样的高风亮节，像天一样覆盖万物而无一丝厚此薄彼；像地一样承载万物而无一丝亲疏之别；像日月照耀万物一样而无一丝分配不均，达到"与天地合其德，与日月合其明"。

　　传统文化中，圣人之道乃秉承天道而来，必须与"天""地"相通，并且具有"天""地"之德，"天行健，君子以自强不息。""地势坤，君子以厚德载物。"就是说，天地是最公正无私的。儒家倡导道德和仁政，提出以"礼"规范人的思想和行为，因此"礼"被称为"天之经，地之义，民之行"。一次，鲁哀公问政于孔子，孔子说："礼者，政之本也，是以君子不可以不修身也；思修身，不可以不事亲；思事亲，不可以不知人；思知人，不可以不知天。"知天才能知人，知人才能事亲，事亲才能修身，所谓乃民以"天地之经"为则也。儒家思想提倡遵循天道以规范人的行为，提高人的道德素质为价值取向，鼓励人修身、事亲、知人、知天。这样做，君子才能逐步达到天地无私的修养境界。

　　孔子提出做人要效法天地之道，奉公无私，恪尽自己的职分。一次，鲁国季氏将要攻打附属国颛臾，冉有、子路两人参见孔子，说道："季氏将对颛臾使用武力。"孔子说："冉求！难道不应该责备你们吗？

颛臾，先王曾任命它主持东蒙山的祭祀，是社稷之臣，为什么要去攻打它呢？"冉有说："季氏要这么干，我们两人也不想。"孔子说："冉求！我听有句话说：'能够施展自己的力量就任职；如果不行，就该辞职。'不去扶持需要帮助的人，这应责备谁呢？"冉有说："颛臾城墙坚固，离季氏采邑很近。现在不把它占领，日后会给其子孙造成威胁。"孔子说："冉求！君子最痛恨那种有意不说自己私念贪欲，却一定另找借口的态度。我听说过有国有家的人，不忧虑贫穷，而忧虑财富不均；不担忧民众太少，而担忧国家不安定。因为财富分配均匀，就无所谓贫穷；百姓安定，国家就不会倾危。如果这样，远方的人还不归服，那就要修明礼乐仁德来感化他们。像颛臾这样已经归顺的附属小国，便要尽力保护他们，使他们安居乐业，而不是去攻伐。现在你们两个相辅季氏，远处的人不来归服，不但没有向季氏灌输'礼乐仁义'思想，反而想在国境以内使用武力。这是在其位而不谋其政、不履行自己职责的表现啊。"

孔子讲求仁、克己、公正、无私，是圣人、君子应必备的德性修养。一次，子夏问孔子说："三王之德，参与天地，敢问何如斯可谓参天地矣？"孔子说："与天地参，故德配天地，兼利万物，与日月并照，照明四海而不遗微小。此谓奉三无私以劳天下。"子夏说："敢问何为三无私？"孔子说："天无私覆，地无私载，日月无私照。奉斯三者以劳天下，谓之'三无私'。其在《诗》曰：'帝命不违，至于汤齐。汤降不迟，圣敬日跻。昭假迟迟，上帝是祗，帝命式于九围。'是汤之德也。"子夏蹴然而起，负墙而立，说："弟子敢不志之！"孔子所提出的三无私精神，是天人合一的理想境界，是对古代圣人的德行与德政的总结。圣人治理天下，以天下为天下人之天下，克己奉公，想方设法为天下人民谋福。

● 因公废私

现代社会，人与人之间你争我夺、尔虞我诈，为了蝇头小利，不择手段。有些人更是为了一己私利，以公谋私，以私害公，甚至是因私废公、挟私报复。相比之下，中国历代先贤克己奉公，坚守节操，一心为民、为公、为国，堪称后人楷模。举几个例子，看看古人的为公之心。

春秋时期，有一次晋平公问祁黄羊："南阳县目前缺个县长，依您的高见，应该派谁去担任较合适呢？"祁黄羊毫不迟疑地回答说："叫解狐去担任最合适了。我相信他一定能够胜任！"

平公惊奇且不解地问他："奇怪了，解狐不是你的仇人吗？你为什么还要推荐他呢？"祁黄羊说："您只问我什么人最能够胜任，您并没有问我他是不是我的仇人呀！"

于是，晋平公就派解狐到南阳县去上任。解狐到任后，果然替那里的百姓解决了不少事，大家也都感谢他、称颂他。

过了一些日子，晋平公又问祁黄羊说："现在朝廷少一个法官。依您看，谁最能胜任呢？"祁黄羊说："我想祁午应该是能够胜任的。"这时候平公又奇怪起来了，他不解地问道："祁午不是您的儿子吗？您推荐自己的儿子，难道不怕别人说您自私吗？"

祁黄羊说："您只问我谁可以胜任呀！您并没问我祁午是不是我的儿子呀！所以我推荐了他。"平公最后还是派了祁午去做法官。的确，祁午当上了法官，大公无私地替百姓解决了许多诉讼案件，因此深受人们的欢迎与爱戴。

孔子听到这两件事，非常赞赏祁黄羊，说："祁黄羊说的真是太好了！他推荐人的标准，完全是适才而用，不会因为他是自己的仇人因此心存偏见而不推荐，也不会因为祈午是自己的儿子怕人议论而不推荐。像黄祁羊这样的为人，才真的够称得上是'大公无私'啊！"

宋朝御史赵抃，二十七岁中进士，历经宋仁宗、宋英宗、宋神宗三朝。他重视自身的修为，刚正无私，爱民惠民，声誉远播。

赵抃任殿中御史时，恪尽职守，"弹劾不避权幸，声称凛然，京师称为'铁面御史'"。宋仁宗任命好奉承拍马的陈旭担任枢密副使（相当于副宰相），赵抃立即上表弹劾，指出陈旭"欺君罔民，损公利己，专务谄悦陛下左右"。他见仁宗不予理会，几月间连续上了十七本奏章，反复向仁宗讲述治国和用人的道理，并举出大量事实说明陈旭贪渎不公，担当此要职必贻误国家，直至仁宗将陈旭罢免。赵抃这种坚持正义不达目的不罢休的韧劲、一追到底的精神，令人钦佩。

赵抃办事秉公无私，处处以国家大局为重。在议论朝政时，大臣范镇经常和他发生争议，人们都认为他二人不和。一次，范镇因有过失受到宋神宗指责，神宗问道："范镇为人到底怎样？"赵抃首先说："范镇是忠臣。"神宗再问道："你何以知道？"赵抃说："仁宗皇帝有一次身体失调卧病在床，范镇就率先上奏，请求仁宗皇帝立太子以安定社稷民心。奏章一百天后才批下来，范镇为这事急得头发和胡须都白了，他不是忠臣是什么？"退朝后，有人问他说："范镇总是反对你，你为何替他说话？"赵抃说："我和范镇之争乃为公不为私，岂能因一己之私而废弃公道？！"

明朝兵部尚书金忠，他为人宽容，大公无私。只要看到别人有一点长处，他都予以称道。即使有人平常与他有矛盾，但如果这人有长处，金忠仍旧对其称赞有加。

金忠还没有显贵时，同乡有个人曾凌辱过他，让他很难堪。后来金忠当了尚书，这人以下属官吏的身份来到京城，当得知尚书就是先前被自己凌辱过的金忠时，吓得面无人色。可金忠仍旧举荐任用了他。

有人问金忠："您与他之间不是有怨恨吗？"金忠说："我是看到他有才能才任用他，怎么能以个人的私怨来掩盖他人的长处呢？"

能够"忍辱不怨"是备受圣贤大德们所推崇和提倡的，是一种了不起的德行。孔子曾讲"以直报怨"，直就是公平正直的意思，金忠的所作所为不就是这样吗？而更高层次的老子则讲"以德报怨"，这对人的要求就更高了。

● 大公无私

人非圣贤，或多或少皆有私心，这是人之常理。但是为了一己之私，或者是一个家族的私利、一个小集团的私利而损害国家民族的利益，那就是国家民族的罪人。其中，他们的"贤内助"起了很大的作用，让我们看看古代"贤内助"是如何一心为国为民，替君分忧的吧。

有人曾用"上马能战下马能谋""嫁给了绝世帝王""一代贤后"来形容长孙皇后短暂的一生。也有人评价说，唐太宗大治天下，除了依靠他手下的一大批谋臣武将外，也与他贤淑无私的妻子长孙皇后的辅佐是分不开的。

关于任贤纳谏，唐太宗深受其益，他常对左右说："人要看到自己的容貌，必须借助于明镜；君王要知道自己的过失，必须依靠直言的谏臣。"他手下的谏议大夫魏征就是一个敢于犯颜直谏的耿介之士。魏征常对唐太宗的一些不当的行为和政策，直截了当地当面指出，并力劝他改正，唐太宗对他颇为敬畏，常称他是"忠谏之臣"。但有时在一些小事上魏征也不放过，让唐太宗常觉得面子上过不去。一次，唐太宗兴致突发，带了一大群护卫近臣，要到郊外狩猎。正待出宫门时，迎面遇上了魏征，魏征问明了情况，当即对唐太宗进言道："眼下时值仲春，万物萌生，禽兽哺幼，不宜狩猎，还请陛下返宫。"唐太宗坚持出游，魏征却不肯妥协，站在路中坚决拦住唐太宗的去路。唐太宗怒不可遏，下马气冲冲地返回宫中。

唐太宗回宫见到了长孙皇后，犹自义愤填膺地说："一定要杀掉魏征这个老顽固，才能一泄我心头之恨！"长孙皇后问明了缘由，也不说什么，只悄悄地回到内室穿戴上礼服，然后面容庄重地来到唐太宗面前，叩首即拜，口中直称："恭祝陛下！"她这一举措弄得唐太宗满头雾水，吃惊地问："何事如此郑重？"长孙皇后一本正经地回答："妾闻主明才有臣直，今魏征直，由此可见陛下明，妾故恭祝陛下。"唐太宗听了心中一怔，觉得皇后说得甚是在理，于是满天阴云随之而消，魏征也就得以保住了自己的地位和性命。由此可见，长孙皇后不但气度宽宏，而且还有过人的机智。

长孙皇后与唐太宗的长子李承乾自幼便被立为太子，由他的乳母遂安夫人总管太子东宫的日常用度。当时宫中实行节俭开支的制度，太子宫中也不例外，费用十分紧凑。遂安夫人时常在长孙皇后面前嘀咕，说："太子贵为未来君王，理应受天下之供养，然而现在用度捉襟见肘，一应器物都很寒酸。"因而屡次要求增加费用。但长孙皇后并不因为是自己的爱子就网开一面，她说："身为储君，来日方长，所患者德不立而名不扬，何患器物之短缺与用度之不足啊！"她的公正与明智，深得宫中各类人物的敬佩，谁都愿意听从她的安排。

长孙无忌是长孙皇后的哥哥，文武双全，早年即与李世民是至交，并辅佐李世民赢取天下，立下了卓卓功勋，本应位居高官，但因为他的皇后妹妹，反而处处避嫌，以免给别人留下话柄。唐太宗原想让长孙无忌担任宰相，长孙皇后却奏称："妾既然已托身皇宫，位极至尊，实在不愿意兄弟再布列朝廷，以成一家之象，汉代吕后之行可作前车之鉴。万望圣明，不要以妾兄为宰相！"唐太宗不想听从，他觉得让长孙无忌任宰相凭的是他的功勋与才干，完全可以"任人不避亲疏，唯才是用"。而长孙无忌也很顾忌妹妹的关系，不愿意位极人臣。万不得已，唐太宗只好让他作开府仪同三司，位置清高而不实际掌管政事，长孙无忌仍要推辞，理由是"臣为外戚，任臣为高官，恐天下人说陛下为私"。唐太宗正色道："朕为官择人。唯才是用，如果无才，虽亲不用，襄邑王神符是例子；如果有才，虽仇不避，魏征是例子。今日之举，并非私亲也。"长孙无忌这才答应下来，这兄妹两人都是那种清廉无私的高洁之人。

长乐公主是唐太宗与长孙皇后的掌上明珠，从小养尊处优。将出嫁时，她向父母撒娇提出，所配嫁妆要比永嘉长公主加倍。永嘉长公主是唐太宗的姐姐，正逢唐初百业待兴之际出嫁，嫁妆因而比较简朴；长乐公主出嫁时已值贞观盛世，国力强盛，要求增添些嫁妆本不过分。但魏征听说了此事，上朝时谏道："长乐公主之礼若过于永嘉长公主，于情于理皆不合，长幼有序。规制有定，还望陛下不要授人话柄！"唐太宗本来对这番话不以为然，回宫后随口把魏征的话告诉了长孙皇后。长孙皇后却对此十分重视，她称赞道："常闻陛下礼重魏征，殊未知其故。今闻其谏言，实乃引礼义抑人主之私情，乃知真社稷之臣也。妾与陛下结发为夫妇，情深意重，仍恐陛下高位，每言必先察陛下颜色，不敢轻易冒犯。魏征以人臣之疏远，能抗言如此，实为难得，陛下不可不从啊。"于是，在长孙皇后的操持下，长乐公主带着不甚丰厚的嫁妆出嫁了。

此后，长孙皇后还派中使赐给魏征绢四百匹、钱四百缗，并传口讯说："闻公正直，如今见之，故以相赏；公宜常秉此心，不要转移。"魏征得到长孙皇后的支持和鼓励，更加尽忠尽力为国。也正因为有他这样一位赤胆忠心的谏臣，才使唐太宗避免了许多过失，成为一位圣明君王，说到底，这中间实际上还有长孙皇后的一份功劳呢！

贞观八年，长孙皇后随唐太宗巡幸九成宫，回来路上受了风寒，又引动了旧日痼疾，病情日渐加重。太子请求以大赦囚徒并将他们送入道观来为母后祈福祛疾，群臣感念皇后盛德都随声附和，就连耿直的魏征也没有提出异议，但长孙皇后坚决反对。她说："死生有命，富贵在天，非人力所能左右。若修福可以延寿，吾向来不做恶事。若行善无效，那么求福何用？赦免囚徒是国家大事，道观也是清静之地，不必因为我而搅扰，何必因我一妇人，而乱天下之法度！"她深明大义，终生不为自己而影响国事，众人听后都落下了眼泪。唐太宗也只好依照她的意思而办。

长孙皇后的病拖了两年时间，最终在贞观十年盛暑中崩逝于立政殿，享年仅三十六岁。她在弥留之际尚殷殷嘱咐唐太宗善待贤臣，不要让外戚位居显要；并请求死后薄葬，一切从简。

唐太宗并没有完全遵照长孙皇后的意思办理后事，他下令建了昭陵，气势十分雄伟宏大，并在墓园中特意修了一座楼台，以便皇后的英魂随时可以凭高远眺。这位圣明的皇帝想以这种方式来表达自己对贤妻的敬慕和怀念。

长孙皇后以她贤淑的品性和无私的行为，不仅赢得了唐太宗及宫内外知情人士的敬仰，而且为后世树立了贤妻良后的典范，到了高宗时，尊号她为"文心顺圣皇后"。

儒家强调的"大公无私""德配天地"等道德理念，成为历来人们所追求的美德和理想人格。只有道德高尚的人才能够承担起维护真理和正义的历史使命，才能够以无私的境界和仁德的胸怀感化四方。

十八讲　克己

● 克己复礼为仁

君子是人们所追求的一种理想人格的化身。孟子提出"吾善养吾浩然之气"，曾子说"士不可以不弘毅"，都是指君子任重而道远，要有坚定的信念和浩然正气，始终坚守道义，不随物流，不为境转，顺逆一如。孔子在《论语》一书中多次提到"君子"，对其道德内涵进行了多方面、多角度的阐释，提出要达到君子的标准，首先要做到"克己"。

"克己"是指培养节制自己的能力。在中国，自古以来人们把"克己"作为极其重要的道德修养内容。孔子说"克己复礼为仁"，意思是说人们只有克制自己的欲望和不正确的言行，自觉遵守道德规范，才能达到仁的境界。做到"非礼勿视、非礼勿听、非礼勿言、非礼勿动"，使自己的视、听、言、行，一举一动都符合礼的规定，认为只要每个人都能以礼约束自己，就可以使人人成为君子，社会仁道得以弘扬。

儒家认为，人之所以为人者，在于人能克己修德，德是人的立世之本。孔子说："一日克己复礼，天下归仁焉。"他的学生樊迟请教什么是"仁"，孔子回答说："爱人。"颜回问怎样才能做到"仁"，孔子说："如果你能够战胜自己的私欲而复归于天理，那么天下人都会称赞你是个仁人。"这里孔子提出了君子应"克己复礼"，只有能真正节制自己才能以仁德的胸怀面对世事，才能够达到爱他人、爱生命、爱天地万物，而成就"博施于民而能济众"的普遍的仁爱。

《大学》的首条要求人修明其德，而且是先修己德，再是由自己的修德理性推及于人，"修身而后家齐，家齐而后国治，国治而后天下平。自天子以至于庶人，一是皆以修身为本"。儒家的经世济民学说和修身传统，是我国传统文化中的宝贵财富，成为社会所维系的道德观和价值观，使社会道德维持在较高水准。

《诗经》说："上天生育了人类，万事万物都有法则。老百姓掌握了这些法则，就会崇尚美好的品德。"孔子提出了"以德配天"，要遵循仁、义、礼、智、信及"克己复礼"的道德原则，强调注重调整天人关系、人际关系和各种意识形态的关系，以建立起宽容的、安定的、和谐的社会秩序，倡导人们修成君子以至成贤成圣。孔子还说："修己以敬，修己以安人，修己以安百姓。"德治与仁政也是以个人修养为前提的，立德和修身是摆在第一位的。修身是方式，立德是目的。立德修身是进行道德修养、完善人品操行的重要途径和方法。

那么，"克己"的内涵是什么，是简单的克制、强忍自己的欲望吗？当然不是，简而言之，包括自我反省、自谦和宽人。

● 君子自省

孔子认为君子应通过修身完善自我修养，能够不断反省自己，真正认识到自己的不足，在仁德的追求中锲而不舍，才能达到"仁"的境界。

孔子说："君子求诸己，小人求诸人。"意思是说，君子哪儿做得不对，会从自己内心去查找原因，要求自己做好，从而修正自己；小人则是向外去查找原因，要求别人做好。遇到问题找自己的原因是区分君子与小人的主要标志。君子反省自己，从思想意识、言论行动等各方面去审视自己是否遵从道义原则。孟子说："如果关爱别人，可是别人却不肯亲近，那首先反问自己，自己的仁爱之心够不够？如果劝谏别人，可是没有成功，那就要反问自己，自己的智慧够不够？如果有礼貌地对待别人，可是得不到相应的回答，就要反问自己，自己的真诚够不够？当行动未得到预期效果时，不要埋怨别人，首先应当反躬自问，从自己身上找原因。"曾子说："我每天多次反省自己：为别人办事是不是尽心竭力了？和朋友交往是不是做到诚实了？老师传授的学业是不是认真复习了？"自省是理性的智慧，是自己真正主宰自己。君子要通过时时内省不疚，逐步完善修养以成就高尚德操，"苟日新，日日新，又日新"，开明德性，以达至善。

孟子提出道德是天赋，是人心所固有的，且天心与人心相通，认为每个人都具备善良天性和品德，如果能够保持德性和努力提高自己的修养，那么"人皆可为尧舜"。这里孟子指出做人应有的四种德行："恻隐之心，仁之端也；羞恶之心，义之端也；辞让之心，礼之端也；是非之心，智之端也。"此"四端"正是仁、义、理、智"四德"的基础，是人与动物的根本区别，是人皆具有的善德渊源，也是人性的价值所在。君子要"尽其心者，知其性也。知其性，则知天矣。存其心，养其性，所以事天也"，即修身是知天、敬天，达到崇高境界、具有博大仁爱胸怀的必由之路。孟子提出了内向修养理论，而不是向外找，要坚守自己

126

的良知、本心，做人做事讲原则、讲正气，就能做到"充实而有光辉"，感化别人一道行善，以达到至善的境界。

孔子说君子能"内省不疚"。小人有错总要推诸他人或文过饰非，无法面对自己的缺失。然君子则不同，过而能改，方能提升自己。一次，宋国遇到了水灾，鲁国派使者前往慰问，宋国国君回应说："寡人不仁，因为斋戒不够诚心，徭役扰乱了百姓的生活，所以上天降下此灾，又给贵国国君增加了忧虑，以致劳烦先生前来。"孔子知道后说："看来，宋国会很有希望的。"学生们问为什么，孔子说："当初桀、纣有过错却不承认，很快就灭亡了。商汤、周文王知道承认自己的过错，很快就兴盛起来了。过而能改，君子之道，善莫大焉。"宋国后来果然成为国富民强的国家。

孔子说："躬自厚而薄责于人，则远怨矣。"意思是说：多回过头来检讨自己的过错（反躬自省）而少责备别人，就能远离怨恨了。如果世人能注重自己的品德修养，勤于改正自己的心性缺点，管好自己，碰到什么不如意事，就不会一味地往外推责任、苛求别人、管别人，反而会体谅别人、宽恕别人。这样自然能减少很多纷扰和怨恨。

在很久很久以前，因为有许多猛兽出没在人们生活的环境周围，因此大家就组成部落，共同防卫，没想到，赶走野兽，洪水却又淹没了人们住的草屋，大家都不知道怎么办。

有一个聪明的人叫大禹，他使用疏通的方法，经历了十三年，才逐步将漫天大水化为小河，百姓的生活又恢复了平静。

大禹治水成功，百姓们都高兴极了，因为他们又可以恢复正常的生活了，许多诸侯认为他是明君，于是前来归顺。只有诸侯中的"有扈氏"因故起兵叛变，于是大禹便派他的儿子伯启去制服他。两方大军在"甘"这个地方打了起来，伯启的部队大败而逃。

跟在伯启身边的将领们要求伯启稍做整顿后再出兵还击。伯启摆摆手说，不用再战了。将领们都觉得奇怪，伯启为什么说不用再战了呢？

伯启顿了顿，说："有扈氏扰乱老百姓的生活，我才奉命来围剿他。大家想一想，我的地盘不比他小，率领的部队也是最精良的，结果我却不能完成任务。这是什么原因呢？因为我还有需要改进的地方，譬如我没有以身作则带领属下，管教部属的方法也不如他。所以，如果我要让老百姓恢复安居乐业的生活，我必须先纠正自己的错误。"

此后，伯启认真要求自己，与一般的兵士一同作息，天还未亮，就起来操练，生活变得朴实，并选用有品德和才能的人来商讨国家大事。有扈氏从其他诸侯那里知道了伯启的改变，不但不敢举兵来犯，反而带兵前来归顺了。

发生冲突矛盾、出现麻烦事，为何要找自己的原因、修正自己呢？其实冷静地想想：真有心要升华自己的话，从千变万化的人情世故中，抓住不如意事发生的瞬间，去领悟因果关系，不也是绝佳的、难得的机会吗？就算不是我们的错，养成"凡事先找自己的原因"这样的习惯也是自我负责的态度。

但绝大部分的不如意事，都有自己的原因在里面，更多的是表面意识不到的深层原因，如果没有深入查找自己的修养，怎能发现不足、修正自己呢？自己的身体、精神难道不是个小世界吗？难道不是归自己管的吗？那么自己遇到不如意事必有原因，怎能说没有自己的原因呢？自己思想意识中的不足，支配着偏差的言行，造成不好的结果，这其中的因果报应，就是自己修养的不足造成了不如意事。小人缺少查找自己不足的修养，意识不到自己的不足，当然就会盯着别人的不足，一味地要求别人了。

在物欲横流的社会中，有些人迷失了自己的本性。君子每天都要省察自己的一言一行和起心动念是否符合天理，如果不修德，就会放纵个人的欲望，就会因迷失自己而堕落。因此，先贤们认为学习的根本目的就是要找回人们迷失的善良本性。每个人都有善恶两种因素，抑恶扬善就要严以律己，绝不能随波逐流。通过教化，善性是完全可以回归的。因此，君子的责任就在于帮助、唤醒人们找回良知本性，使他们回到正道上来。立德修身的要求是做人要诚实守信、正直善良、谦虚忍让。因此，要倡导多读圣贤书，修去个人私欲和一切不正的因素。儒家修持身心所体现的更高人生价值，目的是兼济天下，经国治世，造福于民。

历史上的贤德之士都是修身自省的典范。如尧、舜、禹、汤、文、武、周公等都是古代圣人，他们都是经过严格修身而具有高尚品德的人，同时他们的道德践行又建树了"博施于民而济众"的功业。使民风淳厚，是人心向善的结果。

孔子和他的学生都非常重视反省自身。孔子说："吾十有五而志于学，三十而立，四十而不惑，五十而知天命，六十而耳顺，七十而从心所欲，不逾矩。"孔子始终重视修身，最后才达到"从心所欲，不逾矩"的境界。孔子还说："见贤思齐焉，见不贤而内自省也。"见到有德行的人就要向他看齐，见到有人做得不好，也要反省一下自己有没有类似的情况。他强调有过必改，主张"过则勿惮改""择其善者而从之，其不善而改之"，他本人非常欢迎别人指出自己的过错并认真改正，"丘也幸，苟有过，人必知之"。他看到颜回"不迁怒，不贰过"，非常赞赏这种闻过则喜、知过必改的可贵品质。扎实的修身基础，正是孔子及其学生们在任何环境中能够矢志不渝的实践和弘扬道义的原因所在。

● 君子不如人

君子又被称为"谦谦君子"，传统文化中，谦虚好学自古以来都作为君子的美德。孔子说："三人行，必有我师焉。"他认为身边的人，必定有可以学习、借鉴的地方。也就是说当看到别人的优点、良好的品德行为时，要能虚心向别人学习；看到别人不好的地方，也要向内找找自己是否也有相同的或类似的行为，若有则改之。他认为君子随时随地都用心观察别人的言行，以求进步。

"三人行，必有我师焉"这句话，是古今知识分子极力赞赏的座右铭之一，对于我们修身养性、待人处事、增长知识，都是有指导作用的。中国历代先贤大家都是谦虚好学的。

清初一代鸿儒顾炎武，学者尊称其"亭林先生"。他曾经自己说道："学究天人，确乎不拔，我不如王锡阐；读书为己，探赜洞微，我不如杨雪臣；独精三礼，卓然经史，我不如张尔岐；萧然物外，自得天机，我不如傅山；艰苦力学，无师而成，我不如李容；险阻备尝，与时屈伸，我不如路安卿；博闻强记，群书之府，我不如吴任臣；文章尔雅，宅心仁厚，我不如朱彝尊；好学不倦，笃于朋友，我不如王宏撰；精心六书，信而好古，我不如张弨。"

明朝以诗文而著称的文学大家李文胤，别号杲堂，他非常佩服万氏家学，曾说："猝然有得，造次儒者，我不如公择；事古而信，笃志不分，我不如季野。"

杭世骏，是清代乾隆时期著名的史学家和诗人，字大宗，学识渊博，被授编修。他也自谦道："我经学不如吴东壁；史学不如全谢山；诗学不如厉樊榭。"

清朝著名的经学家刘逢禄，字申受，嘉庆十九年进士，官至礼部主事。他曾经对人说："敦行孝友，厉志贞白，我不如庄传永；思通造化，学究皇坟，我不如庄珍艺；精研易、礼，时雨润物，我不如张皋文；文采斐然，左宜右有，我不如孙渊如；议论激扬，聪敏特达，我不如恽子居；博综古今，若无若虚，我不如李申耆；与物无忤，泛应曲当，我不如陆邵闻；学有矩矱，辞动魂魄，我不如董晋卿；数穷天地，进未见止，我不如董方立；心通仓籀，笔勒金石，我不如吴山子。"

能够时时自谦，何愁学业德行不日新又新呢？这些名儒大哲能够有如此成就，也得益于这谦虚好学的美德吧！这令那些凭一点成就便骄躁不可一世，只知看别人不如自己的人汗颜。

● 君子宽人

在处理人际关系时，孔子倡导忠恕的道德原则，说："躬自厚，而薄责于人""己所不欲，勿施于人。"朱熹说："尽己之谓忠，推己之谓恕。"这里指凡事要推己及人，将心比心，设身处地为他人着想。即君子对自己要严格要求，而对于他人，则要宽以待人。

人己关系如何摆正？平和的状态如何可得？忠恕是与人沟通交往不错的原则。认同真诚、善良、宽容谅解等纯真本性的一面，明白那才是真正的自己，愿意尽心守护忠于本性（忠）。以纯真本性才是人真正的自己这样的原则，善待别人。受到别人不公平的对待，也还能以这样的原则忠告善导、宽容谅解别人，没有生出不合于纯真本性的怨恨、委屈、不平、报复等种种心态，没有和对方一样对待、一般见识，只是希望对方也能舍弃后天形成的种种不纯，明白纯真本性。道德、天地、忠恕似乎有所对应，忠恕大致指出合理对待天道、人的方式。恕的另一层面，"己所不欲，勿施于人"，将心比心，自己管好自己，避免言行结怨。

东汉时颖川太守寇恂是一个很懂得顾全大局而又非常聪明的人。有一次，大臣贾复从京城洛阳去汝南郡，他手下的一个小军官在颖川杀了人。寇恂派人把那个军官抓起来，在大街上砍头示众。贾复在汝南郡听到这件事，气得大骂，认为这是寇恂故意扫他的面子。不久，贾复要回洛阳，快到颖川时，对左右的人说："我见到寇恂，一定要亲手杀了他！"

寇恂知道贾复不会放过他，决定躲开，不与贾复见面。他手下的一个武官对他说："您怕贾复吗？我带着剑跟在您身边，他要动手，我就不客气！"

寇恂语重心长地说："你知道廉颇和蔺相如的故事吗？蔺相如那么有勇有谋，连秦王都怕他，可廉颇为难他时，他却让着廉颇。为什么呢？他是为国家着想啊！他能做到的，我寇恂难道做不到吗？"

可是，贾复是京城来的大臣，他从颖川路过，太守避开不见也不行。寇恂便吩咐人备下丰盛的酒饭，等贾复和他的随从们来了，寇恂手下的官员们就热情地迎上前去，献上好酒好饭。等他们吃饱了，寇恂突然赶来，表示欢迎，然后推说有事，就匆忙离去。贾复急忙叫人去追，但手下一个个喝得醉醺醺的，只好眼看着寇恂走远了。

寇恂不计个人恩怨，以大局为重，清醒地对待别人对自己的怨恨，不与他人去争长论短，而是机智避退。寇恂不争、不斗并不是他软弱无能，而是一个心胸博大、忠直之人的过人之处。如若不忍，与贾复刀枪相向，只能仇更深，怨更大，解决不了任何问题。退一步却海阔天空，对自己、对国家都有利，何乐而不为呢？

恕的内涵很深，层面很广，是心性提高的途径，值得一生去实践领会。人与人之间冤怨难解，冤冤相报，就是因为人不明道理，不识善良的本性，没有本着忠恕原则待人，人己关系才无法摆正，而有纠缠、孽缘、矛盾。争斗、妒嫉非人的本性，退一步海阔天空，以忠恕待人，必定会否定争斗、妒嫉，知道那是人后天形成的种种不纯，是应该去掉的东西，就算遭受打击，也能忍住不被带动，那么渐渐地也就能远离争斗、妒嫉，消除造成人己关系紧张的这些东西，这也就体现了忠恕升华的境界。

"己所不欲，勿施于人"、不迁怒，和以牙还牙、以暴易暴是相反的，体现的是能忍、不能忍，动心、不动心的差别，如果能明白道理、度量大、心平气和，自然就能忍住不动心，所以想法、心态不改变，光靠强忍是不行的。

想想看：如果自己最喜欢的东西不能得到，是不是很痛苦？你能忍得住痛苦而不去想吗？相同的，一个人习惯受了气要出气要报复，他能那么容易忍得住而不出气、不报复吗？所以那个"喜欢""习惯"的想法和执著心是不是要改变才行呢？

一个人想提高道德修养，须有很好的忍的功夫，如果能配合勤于自省和学习道理，那会更好。说说看自己对于恕的理解，也自省看看近日有没做到恕？什么事忍不住？分析一下原因，并设法提高自己对恕的认识，如此这般改善之。

君子"克己"的目的在于修身养德，"行义以达其道"。通过"克己"获得思想境界的提升，从而传播道义，德化民众，济世安民。孔子所说的"修己以敬""修己以安人""修己以安百姓"，是说克制自己的欲望，修养自己的德行，善待他人，使自己能够严肃、庄重、恭敬地去做事；使天下所有的百姓都得到安宁和太平，这在《大学》中被概括为"修身、齐家、治国、平天下"。君子克己修身，净化心灵，与道相合，与德相应。只有道德高尚的人才能胸怀坦荡，与人为善，才能够承担起维护真理的社会责任和使命。

在我国传统文化中，君子是有着崇高的信念，集仁、义、礼、智、信各种高尚品质于一身的道德楷模，千百年来一直受到人们的推崇。他们以弘扬道义和善化民众为己任，有着谦逊的气质和宽广的胸怀，能够承担起维护真理和正义的重大使命和责任！

第十九讲　制怒

● 宽人制怒

喜怒哀乐乃人之常情，在祖国医学中，怒乃"七情"之一，而且是七情中表现最为强烈的有害于身心健康的一种不良情绪。"怒"这种有害情绪还是多种疾病的重要诱因，这在祖国医学典籍中早有记载。如《内经》中指出，"怒伤肝""百病生于气也，怒则气上""大怒则形气绝，而血菀于上，使人薄厥"。

佛家认为人之烦恼根源在于贪、嗔、痴，其嗔即是愤怒。佛家称嗔为三毒之一，也是三火之一，原因是嗔火不只燃烧自己，同时也伤害别人，小至人与人之间的仇恨、斗争，大至国家之间的征伐，战争莫不由愤怒、憎恨而起。

因而，在中国传统文化中，克己、宽人、制怒是君子个人修养和处理人际关系的道德准则之一，是一种力行道义、修身重德的美好人格特质，是君子美德的一个重要方面。君子待人宽厚、仁爱，有宽广的胸怀和包容的气度，克制自己的欲望和不正确的言行，自觉遵守道德规范。

正所谓：急则有失，怒则无智。《三国演义》中的张飞，是一员猛将，其人性情暴烈。书中描写他即使睡着时，也双目睁如铜铃，令人望而生畏，可想他发怒时的尊颜了。这样一位叱咤风云的大将，最后不是死在两军阵前，而是被自己的部下刺杀。问题正是出在一个"怒"字上。当张飞听到他的结义兄长关羽被东吴杀掉后，怒不可遏，当即命令两个部将在三天内，为全军制办白衣白甲，挂孝东征。这两个部将明知不可为，又不赶顶撞。三天后，由于没有完成任务，张飞一怒之下，将两个部将打得皮开肉绽。这两个部将怀恨在心，夜间趁张飞酒后在大帐中熟睡，将其刺死。哀哉！惜哉！赫赫英名，只因一怒，断了性命。而他的兄长刘备，也是因怒而误国。当刘备得知二弟关羽被东吴所害，悲愤之下，不听军师诸葛亮联吴抗曹大计，不顾三国争霸的大局，举全蜀之兵讨伐东吴，结果，刘备急怒之下，落入东吴大将陆逊的圈套，火烧连营八百里，从此蜀国一蹶不振，直至被魏所灭。可见，由怒造成的失误，足可亡国。

人在发怒时缺乏理智，往往出现过激的言辞和行为，做出一些愚不可及的行为。几年前，有这样一则新闻报道，就是有两个男人在火车站台上，因为无意碰到了对方，两人最初是发生口角，继而动武，结果其中一人将另一人当场打死。试想下，如果平常习惯一感到愤怒就用武力解决问题，最后必定铸成大错。

心理学家认为，人受到委屈、诽谤，不被他人理解，或遇到挫折、失望时，通过适当的发怒，以排遣烦恼，发泄不满，寻求自我解脱，达到心理平衡，于身心健康是有益的。但在大多数情况下，对大多数人来说，比之"火冒三丈，怒发冲冠"，学会制怒，更有益于身心健康。

● 克己制怒

孔子曾教诲弟子："一朝之忿，忘其身，以其亲，非惑与？"意思是说，发怒会使人失去理智，影响对事物的正确判断和对问题的处理。古今中外许多名人都提倡制怒。

东晋时的王述是个有名的急性子。后来，他意识到容易生气动怒是人格不完善的表现，是严重的人格缺陷，因此下决心自制，处处磨炼自己的性格。有一回他与谢奕发生矛盾，谢在盛怒之下对他"肆言极骂"，王听之泰然，表现得非常大度，一时传为美谈。

胡安国是宋朝著名的理学家和文学家，一生遵循学习圣人的德行，官至宝文阁直学士。他年轻时性格特别急躁，有一次对一小兵发怒，并动手打了他，小兵还了手。胡安国心想发怒生气这并不能解决问题，于是就做了本小册子，专门从经书典籍中摘录些有关忍的故事来学习，后来慢慢性格变得不急躁了，心胸也变得开阔了。

夏原吉是明朝户部尚书，为人非常有雅量。有人问他："这种雅量可以学习吗？"夏原吉说："我年幼时，遇到有人冒犯我也必定要发怒。后来我先在脸色上忍，再慢慢忍于心中，久而久之就没有什么事不能忍了。"

李天馥是清朝时合肥人，为人宽厚谦和，累官至武英殿大学士。每次在朝廷上商讨事情，他总是持守公平，同列官员如果有严厉的言辞或神色，他总是笑着对他们说："你何必这样呢？无论什么事，平心静气都可以解决。我以前也像你一样，后来慢慢约束、克制自己，渐渐就能够平静下来了。"

民族英雄林则徐自少年起一生遵循的座右铭是"制怒"。林则徐四岁读书习字，七岁就能写出好文章，十三岁中举人，二十七岁高中进士，在家乡素有"神童""才子"之美誉。林则徐幼时聪慧但脾气暴戾，小小的年纪却喜怒无常，顺利时洋洋自得，遭受挫折时便烦躁不安。

有一天，父亲回到家脸色与往日不同，林则徐问父亲今天遇到了什么不顺心的事情，何以面无喜色。父亲借机给他讲了一个"急性判官"的故事：某官以孝著称，对不孝之子绝不轻饶，必加重处罚。一日，二贼入户盗得一头耕牛，又把此家的儿子五花大绑押至县衙，向县官诉其打骂父母不孝之罪。该官一听儿子竟然打骂父母，犯下不孝之罪，于是不问青红皂白喝令衙役杖责五十大棍。正在此危急关头，这家老母跌跌撞撞赶来，跪在县官面前，声泪俱下央求县太爷棍下留人，并说自己还要靠儿子养老送终呢。老母把儿子的孝道说给县太爷听。县官听罢，追悔莫及。这时才想起找两贼人算账，可两贼人早已逃得无影无踪了。

这个故事给林则徐留下了刻骨铭心的印象。其父林宾日还亲笔写下"制怒"二字悬于林则徐书房之上，为其取名"则徐"也是克暴制怒之意。

林则徐在江苏任职时，曾经亲自书写"制一怒字"的匾额挂于厅堂之中，时时警惕和鞭策自己。

因为林则徐深知为官既要行政百事又要坐堂审案，要把百事做好即不能高高在上，就要走下去通民情。万般民情错综复杂，费时费神难免生烦；烦久必怒，怒即易错，错即误民误国家，所以不能怒。而且，坐堂审案，公说公有理，婆说婆有理，各不相让也易生怒；怒即易错，错

135

即有冤，有冤难伸，冤民造反岂不乱了朝纲。综合这两条，林则徐"制怒"的宗旨乃是时刻警示自己不要轻易发怒，要做一个合格的"好官"。时间久了，人们都很佩服他的雅量。

由此可见，那些贤士君子并不是一开始就有"海量"，而是他们时时注重修养自身德行的结果。人发怒很难控制，这对自己的身心都非常有害，是一种没有德行的表现，而且会严重地伤害到他人，以至酿成大祸，所以必须加以克制，而"忍"就是一剂最有效的良方，时时事事注意克制约束自己，这样慢慢就会达到"制怒"的目的。

有这样一个故事，一个男孩，他很任性，常常对别人乱发脾气。一天，他的父亲给了他一袋钉子，并告诉他："你每次发脾气的时候，就钉一根钉子在墙上。"第一天，这个男孩发了三十七次脾气，所以他钉下了三十七根钉子。慢慢的男孩发现控制自己的脾气比钉钉子要容易些，所以他每天发脾气的次数就一点点减少了。终于有一天，这个男孩能够控制自己的情绪，不再乱发脾气了。父亲又告诉他："从现在开始，每次你忍住不发脾气的时候，就拔出一根钉子。"过了很多天，男孩终于把所有的钉子都拔出来了。

父亲拉着他的手，来到墙边，说："孩子，你做得很好。但是现在看看这布满小洞的白墙吧，它再也不能回到从前的样子了。你生气时说的伤害人的话，也会像钉子一样在别人心中留下伤口，不管你事后说多少对不起，那些伤疤都将永远存在。"

"制怒"就是克服情绪急躁，防止大脑发昏。"制怒"才能保持清醒的状态，冷静的思考；才能做出正确的判断，合理的把握，才能大行中庸之道。

● 不迁怒

"不迁怒"是孔子的学生颜回的行为准则。颜回在《论语》中多次受到孔子的夸奖，是孔子最欣赏的学生，孔子夸赞颜回好学，特举其不迁怒之事。后来，颜回年纪轻轻就离开了人世，孔子极为痛心："有颜回者好学，不迁怒，不幸短命死矣。今也则亡。"意为：有个叫颜回的最好学，（他）从不把脾气发到别人的身上。不幸年纪轻轻死了，现在没有（像颜回那样好学的人）了。

宋代理学大家朱熹对不迁怒的解释是"怒于甲者，不移于乙"。还有一种解释：不迁怒是指修道而言，不是讲普通人的修养。《中庸》讲：率性之谓道。率是循的意思，循即依顺。性是人的天性，人人天然而有此性，具足一切智能道德能力。依顺此性，则一切智德能力自然现前。率性率到极致，便为圣人。但因吾人举心动念，昧于此性，转为俗情，依顺喜怒哀乐种种情绪，任其发展，遂使智德能力不能发生作用，于是乃有种种愚昧之举。颜子能在动念之际，一见喜怒哀乐等情绪之起，即能克制于第一念，不使其移于第二念。如此不迁怒，才能控制情绪，才能率性。

不迁怒需要人有很高的修养才能做得到。一个人一生难免会遇到不公平的事情，有不公平的事人就会有情绪，有情绪就要发泄，发泄一半就会迁怒于他人。如一个人把自己的不幸迁怒给社会，迁怒给父母等。迁怒在我们的生活中是经常存在的，它的危害是很大的。

当一个人有了负面情绪，一般来讲，要宣泄这些坏情绪有两个途径：一个途径是迁怒给别人，去伤害别人；一种是迁怒给自己，去伤害自己。1936年9月7日，世界台球冠军争夺赛在美国纽约举行。路易斯·福克斯如有神助，得分一路遥遥领先。此时，他只要正常发挥就可稳拿冠军了。然而就在这个时候，一只苍蝇落在了主球上，他挥手将苍蝇赶走了。可是，当他俯身击球的时候，那只苍蝇又飞回到主球上来了，他再一次起身驱赶苍蝇。这只讨厌的苍蝇破坏了他的情绪，而且更为糟糕的是，苍蝇好像是有意跟他作对，他一回到球台，它就又飞回到主球上来，近处的观众哈哈大笑。使福克斯的情绪恶劣到了极点，终于失去理智，愤怒地用球杆去击打苍蝇，球杆碰动了主球，裁判判他击球，他因此失去了一轮机会。接下来，情绪很糟糕的他方寸大乱，连连失手。而对手约翰·迪瑞则抓住这个机会，奋起直追，终于夺走了桂冠。第二天早上人们在河里发现了路易斯·福克斯的尸体，他投河自杀了。迁怒不管伤害谁都是不可取的。

"不迁怒"，简简单单的三个字，寓意深刻，说起来容易，做起来难。人或多或少都有自私的心理，在情绪的宣泄上，男人、女人、为官者、拥有权利者，市井小民……大多图了自己的一时之快，把不快之情绪带给了周围的人，无意则罢，有意者实为不妥。自己拥有快乐时，与大家一起分享，快乐分成了多个，而有怒者，怒气发散开来，周围的人便遭了殃。怒气是人体内的毒气，需要发泄，但是一定不能迁怒，那是对自己的不负责，对周围人群的不负责，是一种利己的思想。迁怒有时候并不能分散开怒气，只能扩散到空气里，空气里也被这有毒气体侵蚀、变了味。太多的场合下，需要克己，克制自己的欲望、克制自己的怒气，把怒气选择另外一种不伤害到别人的方式去宣泄出来，怒火是需要燃烧和发泄的，但是决不能殃及别人。好学之人，必定是有素养之士，应该虚怀若谷。一旦发现自己的过失，不管别人是"善意批评"，还是所谓恶意嘲讽，他都不会迁怒于人，更不会为自己的错误找出许多辩解的理由。

● 嫉妒生怒

在当今的中国社会，由于历史因素和现实情况的特殊性，使得社会人际关系十分复杂，人与人之间的矛盾更加突出。

改革开放以前，中国社会普遍实行平均主义的"大锅饭"，无论干多干少、干好干坏，大家的待遇都一样，虽然整个社会都处在一种并不富裕的生活条件下，但因为大家"均贫"，所以都没有怨言，人际关系都很"和谐"。

相反，改革开放至今，经济飞速发展，社会整体物质生活迅速提高，由经济生活的变化引发了诸多社会问题，其中最突出的问题就是贫富差距拉大，民众"不患贫而患不均"。加之社会风气、道德伦理的普遍下滑，很多人为了"发财致富"不择手段，更加剧了这一矛盾，社会心理普遍不平衡。

而中国传统文化中的"讲涵养""内秀"等，在这种社会矛盾下，被严重扭曲了，使得现代中国社会中的人形成了极其强烈的嫉妒心和自私心，人与人之间由嫉生恨、因妒生怨的矛盾尤其严重，嫉妒有能力和有钱的人。

在个人利益的争夺当中，因一己之私而迁怒他人，"城门失火，殃及池鱼"的现象，无处不有。夫妻不和迁怒孩子、暴躁母亲打死六岁亲生女儿、老太因儿子不孝迁怒虐待孙女、开店赔钱迁怒同行连砸四店等类似新闻，遍布媒体，这是因为自私嫉妒迁怒他人而触犯了法律。其余小型或隐性的迁怒，更是时时处处地发生着。

其实，嫉妒是以自我为中心，是自私自利的一种表现。个人的嫉妒心，伤害着自己又伤害着别人。但拥有强烈而偏执的嫉妒心的人一旦拥有一些能力或大权在握，偏执的嫉妒会使人变得恶毒，在妒忌心的驱使下，失去理智的人往往会由暴怒转向恶毒，甚至残暴，最终会给整个社会带来灾难。

同时，从医学的角度看，发怒不利于身心健康。"怒不可遏"的人呼吸急促，心跳加快，血压升高，处于一种极不健康的心理状态。此时，体内肾上腺素分泌增加，心脏血管处于紧张状态，有时甚至会置人于死地。

一个寓言故事说的就是典型的妒忌心害己的故事：河边有一只青蛙，它喜欢在石上跳来跳去。有一次，它不小心，迎头撞到另一只青蛙，它便怒气勃发，无论如何都不肯走开，它怨恨对方比自己跳得高，于是，它满肚皮充满了怒气，越鼓越大，突"嘭"的一声，肚皮爆开了，它便一命呜呼了。

《三国演义》中，诸葛亮"三气周瑜"的故事，恐怕是老百姓最熟知的。周瑜是一位年轻得志、文武双全的雄才，二十四岁就被授予建成中郎将，三十四岁率军破曹，以少胜多，取得了历史上有名的赤壁之战的辉煌胜利。然而他有一个致命的弱点，就是性格暴躁、好胜心太强、心胸狭隘、骄傲轻浮、嫉妒贤能、情绪容易激动。对于才能胜过自己的孔明，总是耿耿于怀，不是虚心请教，而是伺机陷害。

赤壁大战后，孙、刘两家争夺战略要地荆州。当时周瑜认为荆州垂手可得，答应刘备如自己取不了便给他取。谁知周瑜与劲敌厮杀时，中了箭伤，后又经几次恶战，才战败曹仁，但荆州却被孔明诈用曹军兵符，派张飞袭取了。气得周瑜大叫一声，箭疮迸裂，此为一气。第二次周瑜设计的"美人计"，以招亲为名，叫刘备到江东与孙权妹妹成亲，然后刺杀之。谁知孔明应用"弄假成真"之计，使刘备既讨了夫人，又保住了荆州。当周瑜追赶回蜀的刘备时，又被蜀将杀败。望着刘备的船远去，周瑜已气极。此时孔明又叫士兵齐声高叫"周郎妙计安天下，赔了夫人又折兵"，更大大刺痛了周瑜，气得他大叫一声，金疮迸裂，倒在船上。这是"二气周瑜"。第三次是周瑜"假途灭虢"，以夺荆州之计，即以收西蜀为名，欲夺荆州。但又被孔明识破，揭穿了其把戏，还大大羞辱了他一场，此次周瑜被气得大叫一声，怒气填胸，倒于马下，不久便一命呜呼了。临死前，他还仰天长叹"既生瑜，何生亮！"显示出他只能天下第一、不能天下第二的高度虚荣心及对孔明的嫉妒。

而孔明的性格则比周瑜好得多。他为人宽宏大量、谦虚谨慎、勤奋好学、目光远大。为顾全大局，他帮周瑜取得赤壁之战的胜利，但周瑜逼他太甚，一次又一次设计杀他，孔明才将计就计，使周瑜的毒计一个个破产。

由此看来，因妒生怨是一柄双刃毒剑，既威胁别人，又毒害自己。医学家分析，嫉妒愤怒作为一种不良心理，极易引发心血管疾病。所以有后人推测，周瑜骄傲自大、心胸狭窄、嫉妒心强，造成了周瑜的心绞痛频频发作，一次次强烈的心理刺激，最终导致他急性心肌梗塞而死。

研究表明，当我们不愉快时，更容易被一些琐事激怒。当我们被激怒时，大脑功能就会发生紊乱，理智的分析能力受到抑制，导致处理事情能力失常。夫妻间因家事而争吵，若双方互不相让，就可能因怒而动手。在公共场合，人们则可能因为拥挤、碰撞而动怒，因出言不逊而对骂，甚至大打出手。

怒在某些情况下虽有一定的发泄作用，在一定程度上有助肝气的疏泄通达，但若大怒不止，则会导致肝气上逆、血随上溢，出现面赤、头晕目眩、胸胁疼痛、吐血、呕血、鼻衄、血压升高，甚至昏厥猝倒，诱发中风。所以，从古至今，善养生的人都把"制怒"放在重要的地位，正如两句诗中说得好："长寿应止雷霆怒，求健须息嫉妒火。"

当然，发怒也不全都是坏事，当英国殖民主义的坚船利炮肆虐中国海疆时，当日本军国主义的铁蹄践踏中华民族的尊严时，当美帝国主义将战火烧到我东北边陲时，华夏儿女一怒冲天，奋起反击，这是中华民族的浩然正气。正由于这天地正气，激发了千百万热血男儿的爱国豪情，奋勇杀敌，从而出现了无数精忠报国的民族英雄。南宋著名民族英雄岳飞一首《满江红》，慷慨激昂，荡气回肠，世代流传。词的开头一句就是"怒发冲冠"，振聋发聩。正是由于这一"怒"字，才引发出词的下半阕"驾长车，踏破贺兰山缺。壮志饥餐胡虏肉，笑谈渴饮匈奴血。"这是国家存亡、民族危机的大是大非的问题，为了正义事业而斗争，爱憎分明，怒不可遏，气冲霄汉。这种情感上的激越冲动是建立在爱国主义基础之上的，是难能可贵的、高尚的。

第二十讲　慎独

● 君子慎其独

儒家修身养德，首先要求一个人要"诚其意"，也就是使他的心意真诚。这不仅指不欺骗别人，更要能做到不欺骗自己，这就是儒家思想中所强调的"慎独"。

孔子说："君子慎其独。"古人在室内的西北角设置小帐，放置神主。《诗经·大雅》中的"尚不愧于屋漏"，也就是无愧于祖先的意思。屋漏地方偏僻，是不容易被人看到的地方。屋漏（慎独）功夫，说的是君子在不被人看到的地方，做事仍当谨慎，不能因为别人看不到就为所欲为。

即一个人内心的想法，如果不说出来，别人自然无从知晓，只有自己明白。所以追求道德修养的君子，哪怕在独自一人时，也要谨言慎行，不要使自己的行为有违背礼仪之处。因为独处时最能考验人的道德修养，而且修身者在独处之时，也最容易松懈。所以做好了"慎独"功夫，说明一个人的修养已经到了相当高的境界。

《礼记》里也说："莫见乎隐，莫显乎微，故君子慎其独也。"独处时没有旁人的监督，最容易疏忽，所以要格外注意，不可忘形逾矩。

《弟子规》中说："入虚室，如有人。"进到空无一人的屋子，要像屋内有人一样，保持恭谨的态度和言行。"勿轻略"，言行举止不要轻视忽略不以为意，要做到敬慎、威仪。敬慎，是说要恭敬谨慎；威仪，是指庄重的仪容举止。为了规范人们的行为举止，在传统经典中，有"礼仪三百，威仪三千"的说法。

● 谨言慎行　立身处世

一个人自幼年就要开始学习应遵守的礼仪规范，从"站立坐卧"到日常生活的细节都有十分明确的要求。人除了不断增加自己的德行操守外，外表穿戴整洁，使自己的言行和容貌举止符合礼节也十分重要，这样才能得到他人的尊重，同时也是一种有修养的体现。对待违背礼仪的行为，就好像厌恶污秽的气味一样躲避它；对待符合道德礼仪的行为，则设法去亲近它。只有这样，一个人才算是心意真诚。

南宋著名的学者和教育家朱熹，字符晦，号晦庵，后人尊称其为"朱子"。朱熹为人端庄稳重，即使在日常生活中，也十分注重自己的威仪和容貌举止。他平常在家的时候，每天天色没亮就起床，穿戴好衣服鞋帽之后，就到家庙及先圣的神位前敬拜，然后再回到自己的书房里。而他书房的书桌总是摆得很正，书籍器具也必定整理得整整齐齐。观察朱熹平日的容貌举止，没有不合于礼的。他对于威仪和容貌举止的表现，在一生中没有片刻松懈过，一直以"敬慎"的态度要求着自己。

而小人就不会慎独，以为自己一人独处时，别人看不到自己的行为，听不到自己的言语，就可以无恶不作，毫不顾忌是否违背了礼仪。一旦见到心意真诚的君子，又立刻装模作样，掩饰自己的丑态，装作善良本分的样子。其实，他哪里知道，自己在别人眼中，就像被透视一样被看得清清楚楚，哪里能掩饰住自己的丑态呢？

曾子曾说："大家的眼睛都看着我，大家的手指都指点着我，这真是严格而可怕的监督啊！"

颜回将西行时，问孔子如何立身处世，孔子告诉他："恭敬忠信而已矣。"并告诉他"恭"可以让人远离祸患，"敬"则可以令人喜欢。

成回跟从子路求学三年，一直都非常恭敬，子路问他这是为什么，成回说："我听说做人应像飞鸟一样，上怕鹰鹯，下怕罗网。现在的人做好事的少，进谗言的多，自己没有死，怎么知道有没有祸罪呢？我已经七十岁了，常常害怕自己德行节操方面有缺失，我是以恭敬持身等待天命啊！"子路向他行礼说："你真是位君子啊！"现在成氏宗祠中的堂号"永敬堂"，就是来源于此。

鲁国有一个人叫机泛，以恭谨出名，七十高龄了，仍旧恭谨有加。鲁君问他："你年纪已经很大了，难道不可以不这么恭谨吗？"

机泛回答说："君子注重恭谨才能成就声名，小人注重恭谨才能避免刑罚。坐在这里非常舒适，尚且要防止跌倒；吃着这些美味，尚且要防止噎到。现在像我这样所谓幸运的人，未必就是幸运。鸿鹄一飞冲天，难道不高吗？可是用短箭就可以将它打下来；虎豹虽然凶猛，但人却可以吃它的肉，坐它的皮。现在赞美他人的人少，毁谤他人的人多，我已经七十岁了，常常害怕灾祸降临到我身上，怎么能不恭谨呢？"

心意真诚，本就是蕴藏在内心深处，在行动上一定会表现出来。所以，君子不可不慎独啊！

南北朝时期的褚彦回，是宋朝太常褚裕之的孙子。褚彦回自小便能处变不惊，胸怀大度，注重礼仪法度和德行修养，官至司空、骠骑将军。

景和年间，山阴公主放任淫逸，她看到褚彦回后很喜欢，便告诉了皇帝。皇帝将褚彦回召入内宫住了十天，公主晚上总来见他，倍加逼迫，而褚彦回总是正襟而立，从天黑一直站到天亮，丝毫不为之动心。公主对他说："您的胡须像戟一样，为什么没有男人的情意？"褚彦回说："我虽然不聪明，但怎敢自惹祸端？"

宋明帝即位后，非常信任和依赖褚彦回，迁任其为吏部尚书。有人求官，在袖子里秘密藏带了一个金饼，请求同褚彦回单独谈事，然后拿出金饼说："没有人知道。"褚彦回说："你自然应该得到官，不需要靠这个东西。如果一定要给，我不得不向上面报告。"那人非常害怕，收起金饼走了。褚彦回后来向人说起这件事，但始终没有泄露这人的名字。

虽然没有人知道和看见，但面对女色和不义之财，褚彦回却能够坚守道义和节操，拒色轻利，这就属于我们传统文化中讲的"暗室慎独"的功夫。越是没人知道越应该严格要求自己，这种环境更能体现出自己修德修身的功力扎实与否。

所以说，人在德行修养方面，要一思一念事事严格谨慎地要求和克制自己才行。仔细想来，就像人生病一样，轻微时不知道采取对策抑制，等到重了再想治就困难了，甚至会有性命之忧。

● 不拘小节　终为大患

明初著名理学家、文学家方孝孺，字希直，又字希古，宁海县北乡溪下村人。他通经史，擅诗文，博学多，因其生性耿直，又被人称为"正学先生"。洪武年间，被聘为世子之师。后来被召为翰林侍讲，迁侍讲学士，改文学博士。方孝孺曾写有《指喻》一文，以此说明"天下之事发于至微而终为大患"，劝喻人们要防患于未然。

方孝孺在《指喻》中谈到，浦阳的郑君身体强健，脸色红润，从没有得过疾病。有一天，他左手拇指上突然出现红色小点，鼓起来有谷粒那么大。他怀疑生病了，于是给人看。看的人都笑他，说这根本不足以称为病。过了三天，左手拇指上的红色小点已经变成铜钱那么大了。他很忧虑，于是又给人看，那些人还是像上次那样笑他。又过了三天，拇指已经有四寸粗了，非常疼痛，好像针刺一样，全身内外没有不痛的。

他害怕了，于是找医生看。医生看后吃惊地对他说，这种病很怪，虽然病只在手指上，其实是全身都生了病，不赶快治，可能会伤及性命。刚开始生病的时候治疗，一天就可以痊愈；生病三天，十几天就可以痊愈；现在病已经生成，少于三个月不能病愈了。一天痊愈时，用艾草就可以治；十几天痊愈时，用药就可以治；至于已经病成，将蔓延到肝脏，不单是一只手臂的事了。如果不从里面调理，不能制止病势蔓延，如果不从外面施治，病很难治愈。

郑君听从了医生所说的，每天内服汤剂外敷良药。果然到两个月后病愈了，三个月后神色恢复到原先状态。

方孝孺由这件事感悟到：天下的事，都是起始于微小之处，而后成为大患。开始以为不值得治，最终到了不可治的地步。当初很简单，只要一天的工夫，然而却忽视不管。等到大了，需要很多时间，劳累忧虑，也只能抑制住而已。像郑君这样的人太多了。能够发现才能治疗，因此病势虽然危险但不必很害怕。只有刚开始时不担忧，寄托于看不到，众人取笑时又忽视，这才是君子所要深深畏惧的。

《指喻》一文以指病为喻，写得非常通俗浅显，寓意改过时要"内外兼治"。看一看我们自身的一些缺陷或过失，何尝不都是从放纵忽视小毛病和小失误发展而来的呢？所以要从小处着手，严格要求自己，那个时候既简单又容易。如果任其发展蔓延，再想去掉和改正就不容易了。

待人恭敬是一种礼貌、修养，是对人的一种尊重，从而也会得到他人对自己的尊重，而且可以避免与人结怨。遇事恭敬谨慎，可以避免唐突冒失和马虎，铸成大错，的确是避免祸患的良方。

我们都知道商纣王无道的事情，其实纣王在一开始也不是那么坏的。《史记》中有一个故事，叫箕子见微知著。说的是纣王有一次得到了一双象牙筷子，很是喜欢。箕子看到了，就感叹说："象牙筷子肯定不能配土瓦器，而要配犀角雕的碗、白玉琢的杯。有了玉杯，其中肯定不能盛野菜汤和粗粮做的饭，而要盛山珍海味才相配。吃了山珍海味就不愿再穿粗葛短衣，也不愿再住茅草陋室，而要穿锦绣的衣服，乘华贵的车子，住高楼广室。这样下去我们商国境内的物品将不能满足他的欲望，还要去征收远方各国珍贵奇怪之物。从象牙筷子中，我看到了以后发展的结果，禁不住为他担心。"

果然，箕子的担心成了现实，纣王的贪欲果然越来越大。他建摘星楼和鹿台，以酒为池，悬肉为林，网罗四方的珍宝玩物。搞得民怨沸腾，最后周武王兴兵伐纣，纣王兵败后，自焚于鹿台的熊熊烈火之中。

所以古人说：防微杜渐。不要看到一件事情小，就觉得无所谓。刘备在他的遗诏中曾说："勿以善小而不为，勿以恶小而为之。"就是说不要因为一件善事小，就不去做；也不要看到一件恶事小，觉得做了也无所谓，结果就做了。无论是恶事，还是善事，总是不断地积累。积累多了，就会发生质的变化。

有的时候，一件很小的事情在关键的时候都能起到决定性的作用。战国时期，中山国是一个小国，其国君中山君有一次宴请国都里的士人，大夫司马子期也在其中。由于中山君唯独没有分给司马子期羊羹，司马子期便一怒之下投奔了楚国，并劝楚王攻打中山。楚国对中山国进行了攻打，中山君逃亡。这时，有两个人提着戈跟随在他身后。中山君回头对这两人说："你们是干什么的？"两人回答说："臣的父亲有一次饿得快要死了，您赏给一壶熟食给他吃。臣的父亲临死时说：'中山君有了危难，你们一定要为他而死。'所以特来为君而死。"中山君仰天长叹，说："施与不在多少，在于正当人家困难的时候；仇怨不在深浅，在于是否伤了人家的心。我因为一杯羊羹亡国，因为一壶熟食得到两个勇士。"或者是疏忽，或者是没有在意，但一杯羊羹却令中山君付出了如此惨重的代价。

由此可见，事不在大小，话不在轻重，都会伤到人，所以平常待人处事不谨言慎行怎么能行呢？自己的举手之劳，在需要的人来说可能就是"雪中送炭"。一时的戏言，也可能酿成大的祸患。

春秋的时候有一个"染指"的典故，就是因为一句戏言，大臣谋逆，国君被杀。春秋年间，郑国有两个贵戚，叫做公子宋和公子归生，国君叫郑灵公。有一天，公子宋和公子归生去见郑灵公的时候，忽然公子宋的食指，就是拇指旁的指头在不停的跳动。公子归生看了非常奇怪。公子宋说："我往常食指跳动的那一天一定会吃到特别的美食。以前跳动过几次，一次是出使晋国的时候吃到了石花鱼，第二次是出使楚国的时候，吃到了天鹅，还有一次吃到了合欢橘，没有一次不应验的，不知道今日会吃到什么美食。"

两个人一边说着就看到内侍在很着急地传厨师进见。公子宋问内侍发生了什么事。内侍回答说，有客人从汉江来，捕获了一个大鼋（就是鳖），重达二百多斤。主公要让厨师赶紧烹调，准备招待大夫们一同享用。公子宋听了，就对归生说，"怎么样，我的食指跳动，这就要应验了吧？"

两个人笑着进去拜见郑灵公。郑灵公说："今天你们看着很高兴啊。"公子归生就把公子宋食指跳动的事情说了。郑灵公想开个玩笑，就说："应验还是不应验，那还是寡人我说了算呢！"

当天，郑灵公遍招诸大夫，设下酒宴。公子宋和公子归生都是贵戚，坐在上首。郑灵公说："我得了美味，不愿独享，希望与大家同乐。"不一会儿，厨师上来说鼋羹已经做好了。郑灵公尝了一口，夸赞不已。吩咐每人赐象牙筷子一双，鼋羹一鼎。

但是要从下大夫派起。按照礼节，总是国君第一，然后从上大夫派起，最后才到下大夫。因此郑灵公的命令是违礼了。

结果鼋羹分来分去，分到上席的时候，还有公子宋和公子归生没有分到，但是鼋羹只剩下一鼎了，厨师问灵公应该给谁，灵公说给公子归生。然后灵公笑着对公子宋说，我想赐鼋羹给所有的大夫，但是偏偏到了你这里就没有了。看样子你的食指跳动，也不灵嘛！原来灵公故意吩咐厨师，少做了一鼎，和公子宋开个玩笑。但是公子宋在归生面前说了满话，脸面上实在挂不住。

于是，公子宋就冲到了郑灵公的面前，把手指伸到了灵公的鼎中，取出一块鼋肉吃了，然后恨恨地说："我已经吃到了，我的食指怎么没有应验。"说毕拂袖而去。这就是"染指"的典故，把手指伸到别人的碗里拿吃的，现在比喻收获不应得到的利益。

郑灵公看到公子宋如此无礼，气得把筷子扔到地上说："宋欺人太甚，难道郑国就没有王法去砍了他的头吗？"公子归生说"公子宋仗着您宠爱他，所以跟你开这个玩笑，怎敢在国君面前无礼，请您宽恕他吧！"灵公恨恨不已，筵席不欢而散。

归生立刻赶到公子宋家里说："国君很生气，明天可入朝谢罪。"公子宋说："是他先对不起我，他干吗不自责，却来责备我呢？"第二天上朝的时候公子宋随班行礼，全无谢罪之语。倒是归生心上不安，对灵公说："公子宋害怕主公责备他昨天染指的过失，特来告罪。但战战兢兢，不能措辞，望主公宽容之！"灵公说："寡人害怕得罪宋，宋才不怕得罪寡人呢！"公子宋出朝后，思来想去说："主公怒我甚矣！恐怕他要杀我了，不如我先动手。"于是设计杀了灵公。

这件事情后来发展到君臣反目成仇，起因却是因为一件小事。公子宋与归生如果能在面见国君的时候庄重有礼，国君就不会问起二人为什么会笑。在灵公知道食指跳动的事情后，如果不想开那个玩笑，公子宋就不会下不来台。公子宋如果谨慎守礼，就不会染指国君的食物。矛盾就从一件小事开始不断激化下来了。

唐朝大将军郭子仪，曾在平定安史之乱中立过大功，得到肃宗的赞赏，晋封为汾阳郡王，朝中大臣也都很佩服他。郭子仪做了大官之后，不仅妻妾成群，而且拜访他的人也多了。在每次会见客人时，都有一大帮爱姬侍女相伴。但是每次卢杞来他都回屏退掉所有陪侍的美女。

留在郭子仪身边的几个儿子对此都感不解，问："以往父亲会见客人，总是姬妾满堂谈笑风生，为什么今天听说来人是卢杞，便赶走了所有的侍女？"

郭子仪告诉他们："你们不知道，卢杞这个人生来相貌丑陋，面色发蓝，我怕她们见了他会因此讥笑。卢杞为人阴险狡诈，要是有一天他得了志，一定会为了报这一笑之仇，将咱们全家斩尽杀绝。"

后来卢杞当上了宰相，果然谋杀了不少人，唯独郭子仪一家例外。

其实我们在修身和学习方面同样要"防微杜渐"。如果细微小节方面的缺陷和毛病不赶快加以重视改正，最终会成为大患。古时的明君圣主把能够直言进谏，指出自己错误和过失的人称为"忠臣"，而我们现在应该怎样对待批评自己，给自己提意见的人呢？只有善于接受他人的意见和批评，这样我们才可以取众家之长，避免造成失误。

欧阳修说："祸患常积于忽微。"老子说："合抱之木，生于毫末；九层之台，起于累土；千里之行，始于足下。"这里也有防微杜渐的内涵。君子要"怀大志而拘小节"，这样才可以做到长久的安身立命。

第二十一讲　尊师重道

● 学师德　谢师恩

尊师重道是我们中华民族的传统美德。一般人认为"师"就是传授知识的老师。韩愈在《师说》中说："师者，所以传道、授业、解惑也。……道之所存，师之所存也。"老师授人以"德""才"，教人做人之道、学业、技能及为人处世的行为规范，使其一生受益，是道德的表率。

从《说文解字》中的"师"字看，活活勾画出一个人的脸部线条，旁边两个朝下的小三角形如其双目，中间一个朝上的大三角形如其口，该人多须。该字中间是"木"字和"本"字叠在一起。所以这个古文"师"字从"木"、从"本"。老师有如树木之根，为后人知识的根本和来源。因此，古训中有"一日为师，终身为父"之说。

《礼记·学记》中说："凡学之道，严师为难。师严然后道尊，道尊然后民知敬学。"凡是为学之道，以尊敬老师最难做到。老师受到尊敬，然后真理才会受到尊重；真理受到尊重，然后民众才懂得敬重学业。换言之，维护师道尊严，不仅要求学生的言行举止体现出对老师的尊敬和礼貌，更要从内心里敬重老师，并严格按照老师的要求去做。

因此，古人非常注重品行修养，学师德，谢师恩，留下了许多感人的故事。

● 帝王尊师

古人云："三教圣人，莫不有师；千古帝王，莫不有师。"人不敬师是为忘恩，何能为人？自古之先哲圣贤以身作则，虚怀若谷，不仅如此，中国历代不乏贤明君主、帝王，虽身为九五之尊，仍能尊师敬师，《吕氏春秋》卷四《劝学》篇说："古之圣王未有不尊师，尊师则不论其贵贱贫富矣。"其尊师重道的风范堪为后世楷模，令后人学习和景仰。

商朝末年时，西部诸侯国之长周文王以德化民，推行仁政，深明要治理好国家就要任用贤德之人。他思贤若渴，听说姜子牙道德高尚、学识渊博，是当世大贤，就选定吉期，斋戒熏沐，极其精诚地亲自率众到磻溪去请。谈话中，文王看姜子牙胸怀博大，有经天纬地之才，济世安民之志，便高兴地说："我祖父在世时曾对我说：'将来一定会有位圣人至周，帮你把周兴盛起来。'您就是我祖父说的圣人啊。"说罢就请姜子牙与他同车而归。文王任姜子牙为丞相，请他当自己的老师，向他请教治国安民的方略，西周更加强盛起来。文王临终前把儿子武王托付给姜子牙，文王嘱其子："以父事丞相，早晚听训指教。可请丞相坐而拜之。"武王于是尊姜子牙为相父，又尊为"师尚父"。姜子牙不负众望，励精图治，辅佐武王伐纣，一统天下，为后世开辟了治国兴邦之正道。

《礼记·学记》中说："是故君之所不臣于其臣者二：当其为尸，则弗臣也；当其为师，则弗臣也。大学之礼，虽诏于天子无北面，所以尊师也。"意思是说，国君不以对待臣下的礼节来对待下属的情形只有两种：一种是在祭祀中臣子担任祭主时，不应以臣下之礼来待他；另一种是臣子当君主的老师时，不应以臣下之礼来待他。在大学的礼仪中，老师虽然接受国君的召见，也不必按臣礼面朝北，这是为了表示尊敬老师。

刘庄是东汉光武帝刘秀的第四子，刘庄被立为皇太子后，光武帝拜谦恭有礼、宽厚有涵养、学识渊博的桓荣为太子少傅，负责教授太子。

后来刘庄登基即位，就是汉明帝，他依旧待桓荣以师礼，对其非常尊敬。桓荣当时任太常之职，掌管宗庙礼仪和选试博士，已经年逾八十了，自认为已经衰老，多次上书请求辞职。汉明帝总是不允许，并且每次都对他增加赏赐。

汉明帝到太常府时，总是让老师桓荣坐西面东，以示对老师的尊敬，因为当时视居西面东为尊位，并且设置好几案手杖，像以前一样聆听老师教诲。这也是后来很多人又将授业之师尊称为"西席"的原因。

汉明帝还召集文武百官以及桓荣教过的数百名学生到太常府，并且汉明帝亲自捧书向老师恒荣求教，每次开口总是先说："大师在此。"请教完毕，会将太官贡品用具全部都赏赐给恒荣家。

永平二年，汉明帝为照顾年老致仕的恒荣，拜其为五更，每次祭祀礼仪完毕，汉明帝总是请桓荣和其弟子升堂，然后自己捧着经书以自问自答的方式向桓荣求教。后来又封桓荣为关内侯，封邑五千户。

每次桓荣生病，汉明帝都专程派使者前去慰问，以至在通往桓荣家的道路上经常能看到太官和太医。桓荣病重时，汉明帝亲自到他家中探望他的起居情况，在走到桓荣家所在街道时，便下车步行，以示尊敬。进门后，捧着经书来到桓荣面前，流着眼泪抚慰桓荣，并赐给他床褥、纬帐和衣被等物品，很长时间才离去。从此以后，文武百官来询问病情的，都不敢再乘车到桓荣家门前了，并都在床下拜见。

桓荣去世后，汉明帝亲自穿起孝服，亲临丧礼并送葬，将首山的南面赐给他作为墓地，并且安置善待他的子孙和家人。

唐太宗是我国历史上的一代明君，他非常重视对子女的教育，他给几位皇子选择的老师都是德高望重、学问渊博之人，如李纲、张玄素、魏征、王圭等，而且一再教导子女一定要尊重老师。有一次，李纲因患脚疾，行走不便，当时皇宫内制度森严，官员不要说坐轿，就是出入也是诚惶诚恐的。唐太宗知道后竟特许李纲坐轿进宫讲学，并诏令皇子迎接老师。还有一次，唐太宗听到有人反映皇四子李泰对老师王圭不尊敬，他当着王圭面批评李泰说："以后你每次见到老师，如同见到我一样，应当尊敬，不得有半点放松。"从此，李泰见到王圭，总是好好恭迎，听课也认真了。由于唐太宗家教很严，他的几位皇子对老师都很尊敬。

他一方面强调尊师重教，专门下诏书规定了对待老师的礼遇，并教诫皇子们见师如见父；另一方面鼓励老师对皇子的过失极言劝谏。各位老师都能够严格地履行职责，与唐太宗的理解、支持和鼓励是分不开的。九皇子李治被立为太子后，唐太宗对他更加严格要求，李治每次听了父亲和老师的教导，都是毕恭毕敬地肃立，然后感激赐教，表示一定"铭记在心""永志不忘"。

唐太宗曾下诏说："上古历代明王圣帝，都不曾没有师傅！黄帝师从太颠，颛顼师从绿图，尧学尹寿，舜学务成昭，禹学西王国，汤学威子伯，文王学子期，武五学虢叔，……君王不学，则不明古道，不明古道则无以致太平盛世。"

古代帝王尊师敬师之道，足以被后世传为佳话。

● 师道尊严

在我们中华民族五千多年的悠久文明中，尊师是人们代代承传的优良传统和道德风尚。

春秋时期的孔子，是我国古代著名的思想家、教育家，一生桃李满天下，相传有弟子三千，贤弟子七十二人。他对学生言传身教，他对真理、对理想、对完美人格的追求，他的正直、善良、谦虚、有礼，他对国家的忠诚和对百姓的关心，都深深地感染着他的学生与后人。他的学生们衷心地尊敬老师，以对父亲之礼对待孔子，视师志为己志，实践和传播道义，把行义作为人生的最高价值。

孔子的学生子贡，聪颖好学，克己自律，对老师毕恭毕敬。不仅是孔子儒家学说的传播者，而且还是其坚定的捍卫者。他视师志为己志，弘扬道德仁政思想，时时处处维护着老师的尊严和声誉。

陈子禽问子贡说："孔子的学问是从哪儿得来的？他周游列国，了解了各国的政事，是请求人家告诉的，还是人家主动说的呢？"子贡说："文王、武王的仁义之道流传在世间，贤能的人知道它的内涵，缺少贤能的人只知它的皮毛，道义公理无处不在，夫子在哪里不能学习呢！夫子打听消息的方式也和一般人不一样，他是凭着温和、善良、恭谨、俭朴、谦让的美德得来的。"齐景公向子贡询问孔子的贤能时，子贡马上回答说："夫子圣人也，岂直贤哉。"鲁国大夫叔孙武叔毁谤孔子，子贡义正辞严地说："这样做是没有用的！夫子是毁谤不了的。别人的贤德好比丘陵，还可超越过去，夫子的贤德好比太阳和月亮，是无法超越的。虽然有人要自绝于日月，对日月又有什么损害呢？只是表明他不自量力而已！"

子贡这样做是源于他对孔子的敬佩和对其学说主张的深刻理解，源于他认定追求真理和维护道德是正义的事情。

东汉时期的郑弘，为人刚直不屈、尊师重义。郑弘曾拜同县人河东太守焦贶为师。焦贶后来因事受到牵连而被朝廷抓捕，得了病死在路上，其妻子儿女全都被关入牢狱很多年。

在这种情况下，焦贶的学生和朋友们都怕惹祸上身，都改名换姓逃到其他地方去了。只有郑弘，他剃去头发，背着斩人的刑具来到皇宫大殿门前，上书为焦贶伸冤。汉明帝查明情况，同时也被郑弘大义凛然之正气所感动，便释放了焦贶的家人。郑弘亲自为焦贶送葬，并护送其妻儿回到家乡。

郑弘在危难面前，甚至关系到自己的身家性命时，仍然刚正不阿，一心只为老师伸冤，他尊师重义的品行真是令人钦佩。郑弘也因此而出名，受到朝廷敬重，先后被升任为淮阳太守、大司农、太尉等职。他为官谦逊、正直，心念百姓疾苦，朝廷采纳实施了他很多利国利民的建议。

南宋的婺州义乌香山（今义乌东河乡），有兄弟两人喻侃、喻南强，他们都正直重义，颇有气节。兄弟两人都曾从师于当时的思想家和文学家陈亮。后来，陈亮因被人陷害而入狱，蒙受冤屈。他的弟子们有的很害怕，有的无动于衷，喻南强指责他们说："现在老师无辜受冤入狱，作为弟子的应当义无反顾地去为老师伸冤。现在你们糊糊涂涂不敢出声，这还是人吗？"喻侃也号召同门极力营救老师。

危难之中见真心。喻侃、喻南强兄弟两人四处奔波，多方求援，朝中官员也被他们的义气所感动，纷纷出手相助。在叶适、罗隐、辛弃疾等人的声援营救下，陈亮终于沉冤昭雪，平安出狱。

当时的人们都称赞喻侃和喻南强两人："子真义也！"

● 不忘师恩

血肉之躯乃父母生养，但蒙昧无知，何以为人？因此老师对弟子有传道、授业、解惑之恩，恩同父母，所以自古尊称老师为"恩师""师父""师徒如父子""德业之师，以父道事之"，说的都是这个道理。从师必须尊师。几千年来，我们中华民族保持着尊师的优良传统。

宋代民族英雄岳飞，幼年丧父，家境贫寒，无钱上学。但他非常好学，常在私塾窗外听课，无钱买纸笔，就以树枝为笔，大地为纸。私塾老师周侗很喜欢这个勤学的孩子，就免费收岳飞为学生，教育他如何做人，帮助他树立保国安民、建功立业的远大抱负，每逢单日习文，双日习武。还教会他射箭绝技，能左右开弓，百发百中。岳飞不负师教，勤学苦练，文武双全。后来他率军收复失地，屡建奇功，成为令金兵闻风丧胆的一代英豪。周侗去世后，岳飞披麻衣，驾灵车，执孝子之礼，以父礼安葬他。且在朔望（初一、十五）之日，无论在外行军打仗，还是驻扎营中他都要祭拜自己的恩师，每次痛哭之后，必定会拿起老师所赠的"神臂弓"，射出三支箭。岳飞说："老师教我立身处世、精忠报国的道理，还把他一生摸索的箭法和武艺都传授给我，师恩是我一生都不能忘怀的。"

中华传统文化中"尊师重道"的文化内涵在民间根深蒂固，"程门立雪"表现的就是尊敬老师，诚恳求学。

宋朝进士杨时、游酢，是程门四大弟子中的两位，他们从福建到河南拜师求学，留下"程门立雪"的千古佳话。

程颢、程颐兄弟俩都是宋代极有学问的人。进士杨时，为了丰富自己的学问，毅然放弃了高官厚禄，跑到河南颍昌拜程颢为师，虚心求教。后来程颢死，他自己也已四十多岁，但仍然立志求学，刻苦钻研，又跑到洛阳去拜程颢的弟弟程颐为师。

杨时和游酢初次拜见程颐，程颐正闭目静坐，二人恭敬地站立一旁等候。这时候，外面开始下雪。两人求师心切，便恭恭敬敬侍立一旁，不言不动，如此等了大半天。程颐发觉后，看着他们说："你们还在这里啊？天晚了，回去休息吧！"这时候，门外的雪已经积了一尺多厚了，而杨时和游酢并没有一丝疲倦和不耐烦的神情。后人以"程门立雪"来赞扬那些求学师门，诚心专志，尊师重道的学子。

对于人而言，"师"是个最尊贵的称呼，古人常把"师"称为"师父"。从字面上看，师父就是既是导师又是父亲的意思，所谓"一日为师，终身为父"，其实远不止此也。未遇明师的一般人，他不知道自己为什么活着，浑浑噩噩。师父传道授业是既不讲名，也不图利，完全是一种博大的慈悲。师父并不一定是弟子的生身父亲，但是他启发弟子的心智，如同给予每个弟子以新的生命，所以，师父不是父亲，胜似父亲。

正是由于古人"一日为师，终身为父"的这种尊师重道的精神，使得后世将传统文化、道德理念通过老师的教授和传播、学生的学习和实践得以代代相传，造就出博大精深的传统文化和五千年的文明古国，这是我们中华民族得以生生不息的保障，也是我们绝对不可丢失的瑰宝。追求高尚的道德和树立崇高的信仰，敬师德、学师德和永铭师恩，正是我们后人需要向先贤学习继承之处。

第二十二讲　教子以德

● 养子必教

我们中华民族有着五千年的悠久历史和传统文化，素以重视家庭教育而著称于世。古人追求真理，注重品德和操守，不仅要求自己躬身力行，也非常重视对后代的"德行"培养，教育子女要修身明德，才能"齐家、治国、平天下"。

古代的家庭，既是一个生活单位，也是一个生产单位和教育单位。古人十分重视齐家和治国的关系。

《礼记·大学》中写道："古之欲明德于天下者，先治其国；欲治其国者，先齐其家；欲齐其家者，先修其身。"也就是说，古人认为"身修而后家齐，家齐而后国治，国治而后天下平"。因为"天下之本在国，国之本在家，家之本在身"。这充分说明了个人、家庭和国家的关系，治国应从治家始，治家应从教子始。从"齐家治国"这个目的出发，古人把家庭教育看做是"国之根本"，十分重视家庭教育的作用。

古人把教育子女看成是父母的重要责任，养子必教，养子不教不仅危害自身，也危害他人，更危害国家。宋代程颐说："人生之乐，无如

155

读书；至要，无如教子。"明代方孝孺也说："爱子而不教，犹为不爱也；教而不以善，犹为不教也。"古人的这种看法，在当今社会也是颇具现实意义的。这种言传身教之精神，成为后人正身教子的楷模，为后世留下了很多宝贵的经验。

● 立志教育

"人不立志，非人也"。古人教育子女非常注重树立远大志向，做一个正直的人。颜子推说："有志尚者，遂能磨砺以就素业，无履立者、自兹堕慢，便为凡人。"古人不仅认为立志重要，而且还提出立什么样的"志"最好。明代杨继盛说："人需要立志……你发奋立志要做个君子。则不拘做官不做官，人人都敬重你，故我要你第一先立起志气来。"可见古人并不都看重做官，而是强调要明理，要先做一个正直的君子。

诸葛亮一生为国为民，克己奉公，为后人树立了楷模。他教育子女要有远大的志向，五十四岁时给八岁的儿子诸葛瞻写了著名的《诫子书》，这既是诸葛亮一生经历的总结，更是他对子女的要求："夫君子之行，静以修身，俭以养德，非淡泊无以明志，非宁静无以致远。夫学须静也，才须学也，非学无以广才，非志无以成学。"告诫子女要做到静，不断修身和反省自己；要做到俭，才能培养自己高尚的品德和节操。不清心寡欲就不能使自己的志向明确，不安定宁静就不能实现自己的远大理想。实现理想需要不断学习知识，只有静心、刻苦才能学到真知，没有坚定的意志就不能成功。

诸葛亮对子女寄予着厚望，他的子女后来都淡泊名利，忠心报国，为国家社稷作出贡献，这正是"宁静""致远"的意义和价值所在。

这种"立志"与"做人"联系起来的看法，在今天看来也是难能可贵的。我们经常听到父母对孩子说要如何如何，将来就可成为什么"家"、什么"长"或什么"师"。社会固然需要各种"家"、各种"师"或各种"长"，可要建成一个祥和、安定的社会，更需要胸怀大志、正直明理的人。中国古代有很多辉煌时代，潜心研究就会发现，这与当时古人懂得人生价值和道德教育，重视"先做人才能做事"，是直接关联的。

● 俭朴廉洁

以勤俭为本，爱惜一布一饭，这是人生道德启蒙教育的一部分。中国古代的历史上，很多古人留下过家训教子崇尚勤劳俭朴。

北宋史学家司马光，字君实，世称涑水先生，北宋陕州（今山西夏县）人。正直坦荡，为官俭廉，平生未有不可对人言之事。他教儿子司马康"以俭为美德"，以家书的体裁写了一篇题为《训俭示康》的文章。围绕着"成由俭，败由奢"这个古训，结合自己的生活经历和切身体验，旁征博引了许多典型事例进行教诲。文章一开篇，司马光就说："吾本寒家，世以清白相承……众人皆以奢靡为荣，吾心独以俭素为美。"他感叹当朝"风俗尤为侈靡，但本人应该自身洁好，不要随波逐流"。司马光接连举了李伉、鲁宗道和张文节等官员的俭朴作风事迹，教育孩子力戒奢侈，谨身节用。他说道："平生衣取蔽寒，食取充腹。读书人应志于真理，充实道德，不追求外在浮华。近年风气尤其奢侈浪费，风气败坏，正人君子能助长这种恶劣风气吗？只有道德高尚之人才会有深谋远虑""侈则多欲。君子多欲则贪慕富贵，枉道速祸；小人多欲则多求妄用，败家丧身。"

司马光在工作和生活中都十分注意教育孩子要力戒奢侈、谨身节用。当时，为了完成《资治通鉴》这部历史巨著，他不但找来范祖禹、刘恕、刘攽当助手，还要自己的儿子司马康参加这项工作。当他看到儿子读书用指甲抓书页时，非常生气。因此，认真地传授了他爱护书籍的经验与方法：读书前，先要把书桌擦干净，垫上桌布；读书时，要坐得端端正正；翻书页时，要先用右手拇指的侧面把书页的边缘托起，再用食指轻轻盖住以揭开一页。他教诫儿子：做生意的人要多积蓄一些本钱，读书人就应该好好爱护书籍。

在生活方面，司马光节俭淳朴，"平生衣取蔽寒，食取充腹"，但却"不敢服垢弊以矫俗干名"。他常常教育儿子说，食丰而生奢，阔盛而生侈。他强烈反对当时社会上败坏的风俗，例如：做事讲排场、摆阔气，当差走卒的穿的衣服和士人差不多，下地的农夫脚上也穿着丝鞋。而司

157

马光极力提倡节俭朴实，流传至今最有名的名言就是"由俭入奢易，由奢入俭难"。这句话的意思是说，由节俭的生活变成奢侈很容易，要由奢侈的生活节俭下来就很难了。

在司马光的教育下，儿子司马康从小就懂得俭朴的重要性，并以俭朴自律。他历任校书郎、著作郎兼任侍讲，也以博古通今、为人廉洁和生活俭朴而称誉于后世。

历代先贤大谈简朴，并非他们穷得揭不开锅了，而是清楚地知道很多事"成于俭约、败于奢靡"，把简朴当作人生中一种美德。

这些道理既不深奥，更不新鲜，可如今许多父母似乎知之甚少。现在有的人挂在嘴边的话是："就这么个孩子，钱不花在他身上给谁花？"那些自己含辛茹苦并没有太多钱的父母也这样认为："我们小时候够苦了，让我们的孩子再浪费些也不算过分。"正因为有这样的思想指导他们的家教实践，有不少家庭的教育失败了。这样也就会有十几岁的小学生发脾气撕百元人民币以示威；高等学府的"骄子"多买几两米饭用作洗碗的"抹布"。而受过教育的古人都是懂得"一粥一饭，当思来之不易；半丝半缕，恒念物力维艰"。

另外，现在有不少人丢失了俭朴的传统美德，把让孩子常常得到享乐的体验当作一种"重要责任"。其实这样下去，孩子长大以后，往往心理素质、承受能力、意志力都会比较差，人生的苦头在后面。

古代家教不仅崇尚勤俭，而且还注重正直廉洁的教育，讲求"清白传家"。《汉书·疏广传》记载，疏广告老还乡时，带回不少皇帝和太子赐赠的黄金。他用这笔钱每日宴请乡里亲友，当钱快花完时，疏广的子孙便私下托人劝疏广留点钱为子孙置些田产。疏广听了说，我不是不考虑子孙后代，我想他们如果能够辛勤耕作，家中原有的田产是可以维持一般人的生活水平的，现在如果再多给他们钱财，岂不是教他们怠惰吗？

梁朝时中书令徐勉，一生身居高位，他严于律己，行事公正而谨慎，节俭不贪，不营置家产。平时所得的俸禄，大都分给了亲朋中的穷困者和贫苦百姓，因此家里没任何积蓄。他的门客和老朋友中有人劝他为后代置点产业，他回答说："别人给子孙留下财产，我给子孙留下清白。子孙如有德能，他们自会创家业；如果他们不成材，即使我留下财产也没用。"

徐勉经常教导子女要重品行操守，他曾写信告诫儿子徐崧说："我们家世代清廉，所以平常日子过得清苦。至于置办产业这件事，从来就没有提及过，不仅仅是不经营。古人说：'把整筐的黄金留给子孙，不如教他们攻读一门经书。'仔细研究这些言论，的确不是空话。我虽然没什么才能，但有自己的心愿，幸得遵奉古人这个教训去做，就不敢半途而废。自从我身居高位以来，将近三十年，一些门人和老朋友都极力劝我趁有职有权时见机行事，购置田园留给你们，我都拒绝未采纳。因为我认为只有将宝贵的清白留给后代，才能让后人享用无穷。"徐勉的子女后来都成为远近闻名的贤士。

在"开眼看世界第一人"林则徐的祠堂有一副对联："子孙若如我，留钱做什么？贤而多财，则损其志；子孙不如我，留钱做什么？愚而多财，益增其过。"这些事例都告诉我们，真正为子孙的长远利益着想，就应该喻之以义，遣之以义，而不遗之以利。

● 人品学问教育

家庭教育的特点是言传身教，潜移默化。由于孩子的可塑性大，所以古人对子女品行的教育尤为重视。

南宋杰出的诗人陆游，刚正不阿，心系百姓，因不事权贵而屡遭贬谪。他有六子一女，他非常重视对子女做人的教育。他告诫孩子们说："但愿你们长大成人之后，乡亲们称赞你们是有道德的人。即使做一个老百姓，与那些高官显爵相比，也是无愧的。"他教育子女要"学贵身行道"，知书达理，在《五更读书示子》中写道：你们现在正是读书的好时机，要刻苦攻读，莫失良机。读书最要紧的是学以致用，要切实做到"善言座铭要躬行""学贵身行道""字字微言要力行"。学习古人的高风亮节，不媚权贵，正直无私，时刻想着报效祖国。他还告诉孩子们"汝果欲学诗，功夫在诗外"，即作文先做人。要注重修身，时常检查自己，有错必改。看到别人有好的行为，要主动自觉地学习。不要与那些华而不实的人结交。

《冬夜读书示子聿》是陆游在冬夜里教小儿子陆子聿读书时所作，他手把手地教陆子聿写字，教导他读书学习一定要孜孜不倦、持之以恒："古人学问无遗力，少壮工夫老始成……"《送子龙赴吉州掾》是他为二儿子陆子龙到吉州赴任地方官时写的赠言，诗中说："汝为吉州吏，但饮吉州水；一钱亦分明，认能肆馋毁！"就是要求他清清白白地做官。他还告诫儿子说，在吉州有我的一些朋友，他们不但有学问，而且品德也好。你到那里后，可以去拜访他们，但不要向他们提出什么要求，可以同他们相互勉励。要不干利禄，廉洁自守，成为一个一身正气、真正为百姓谋福的人。陆游的子女后来都成为远近闻名的贤德之士。

清代大学士张英，乐善好施，为官清正，对民生疾苦、四方水旱知无不言，深获康熙的信任。他写的家训《聪训斋语》中屡次提及做人要"立品"："读经书、修善德、慎威仪、谨言语。"他在家教中从来不主张疾言厉色，而是使用日常的浅白语言，细致耐心。他教导儿子张廷玉如何为人处世时，说："与人相交，一言一事，皆须有益于人，便是善人""能处心积虑一言一动皆思益人而痛戒损人，则人望之若鸾凤，宝之如参苓，必为天地之所佑，鬼神之所服而享有多福矣。"张廷玉牢记父亲教导，从小就熟读经书，待人宽厚恭俭，后任职大学士、军机大臣。后来张廷玉之子张若霭参加殿试中一甲三名探花，张廷玉闻知后，提出"天下人才众多，三年大比莫不望鼎甲，官宦之子不应占天下寒士之先"，认为儿子还年轻，还该努力学习、磨砺，积攒福德，这样才踏实可靠，恳请将其子列为二甲，雍正从其请，将张若霭改为二甲一名。张若霭后来在南书房、军机处任职，尽职尽责，谦虚自处，颇有乃父遗风。人们都称赞张家家风淳厚，谦卑公允之心昭昭可鉴日月，祖孙三代都是为官清廉、人品端方、深受百姓爱戴的清官。

古人教育子女要重德向善，寄托了对后代的关切与期望，令后人借鉴，因为他们找到了做人最根本的、最本质的东西。他们对子女的仁慈关爱和严格的要求，使其在任何时候能够明辨是非，选择正确的人生之路，这是为其长远打算和未来负责，使其终身受益，是留给孩子的最可靠的财富。

● 注重环境熏陶

孔子说："里仁为美。择不处仁，焉得知？"意思是说，一个乡村或小区应该具有淳朴、忠厚、仁德的风气才算美好，如果选择居家住所，不晓得去选择风气淳朴善良、有仁德的地方，怎么能算得上有智慧呢？这句话说明了择居的重要性。环境对人的影响很大，因此选择风俗仁厚的住所，不知不觉就会受到它的影响，达到潜移默化的效果。

晋朝陶渊明《移居》诗云："昔欲居南村，非为卜其宅。闻多素心人，乐与数朝夕。"诗中的"素心人"就是指心地善良的人。可见，每个人的道德修养既是个人自身的事，又与所处的外界环境有关。重视居住的环境，重视对朋友的选择，是儒家一贯注重的问题。近朱者赤、近墨者黑，与有仁德的人住在一起，耳濡目染，都会受到仁德者的影响；反之，就不大可能养成"仁"的情操。

如同孔子所说，和善人来往，就好像进入种满香草芝兰的花房，时间久了闻不出香气，这是因为被香气同化了，品德受熏染而变得高尚；与恶人交往，就如同进入卖咸鱼的店铺，时间长了就闻不出臭味，被臭味同化了，人也因此变坏了。因此，古人很注重对子女成长环境的选择。

从前孟母三迁，就是为了选择"里仁为美"的环境，使孟子在优良的环境中成长。孟母为了教育孟子，曾经搬了三次家。孟家原住在坟地附近，在耳濡目染中，孟子常和同伴玩筑墓和祭墓的游戏，孟母认为这样不好，就搬家了。新家的旁边是屠宰场，模仿力强的孟子又玩起杀猪的游戏，孟母觉得这样的环境也不妥，又搬家了。最后搬到太庙旁，夏历每月初一这一天，官员进入文庙，行礼跪拜，揖让进退。孟子见了，又跟着进出的文官依样学起礼仪，孟母见了非常高兴，这才定居下来。

孟子曾因不用功读书而逃学回家。孟母立刻拿起剪刀，把织布机上正在编织的布剪断了，并且对孟子说："求学的道理，就和我织布的道理一样，要一丝一丝地织上去，才能织成一块有用的布。你读书也是一

161

样，要努力用功，经过长时间的积累，才能有成就。像你这样不用功，怎么能够成就大业呢?"

正因为孟母很注重子女的环境熏陶，才留下了"昔孟母，择邻处；子不学，断机杼"这个有益的教育故事。

● 反对溺爱

古人教子讲究"慈爱"，反对溺爱，这点尤有现实意义。韩非子曾说："夫严家无悍虏，而慈母有败子。"司马光亦说："为人母者，不患不慈，患于知爱而不知教也。"他们认为父母之爱需理智而有分寸，才会起到正面的作用。"爱之太殷，忧之太勤"，则会使孩子养成任性、骄狂的习性，甚至走上歧途，所以古人云："爱不可溺。"

《颜氏家训》说："古代的帝王圣贤，孩子生下后，很小的时候，就有少师少保来负责教他孝仁礼义了。普通百姓虽然不能和皇家一样，也当在孩子小的时候，能识人颜色、知人喜怒的时候，加以教诲，叫他做什么就做什么，叫他什么不能做就不去做。这样几年后，可以不用体罚，父母既威严又有慈爱，子女因畏惧而产生孝心。

但我看世上有许多人，只知道爱而不懂得教育，做不到这些。孩子的饮食行为，都随心所欲。做得不对应训诫的时候反而夸奖他，应当苛责的时候反而嬉笑，等孩子长大懂事后，还以为理法就是这样。骄慢的习惯已经养成，这时候大人才来管教他，就是打死他也不能建立尊长的威信，孩子的愤怒天天增长反而会增加他的怨恨。等孩子长大成人，最终会成为败德之人。

自古以来许多父母都知道疼爱子女，却不懂得教育子女，以至于使他们危害他人，自取灭亡，这样的事例还少吗?

梁元帝时有一个士人，从小聪明有才能，很受父亲宠爱，但家里没有很好地教育他。他只要有一句话说得有点理，他父亲就不断地夸奖他，一年到头到处与人谈论。一件事做错了，他父亲就百般为他掩饰，替他找各种借口，希望他自己慢慢能改正。后来这人长大成人之后，不好的品质越发展越严重，待人粗暴傲慢，最后终于因为口不择言，遭人杀害。

父母疼爱孩子，但很少有能做到平均的。为人父母，不怕不慈爱，怕的是只知道疼爱子女而不懂得去教育子女。父母溺爱子女却不能教育子女，使子女沦为坏人，陷入恶迹劣行，最终受到惩罚，引出祸乱，自取灭亡。毁他的并非他人，恰恰是做父母的害了他。聪明俊秀的孩子固然惹人喜爱，但顽劣愚钝的孩子更应当加以怜爱。有些偏爱的人，虽想对孩子好，却反而给他带来灾祸。从古到今，这样的例子太多了，不可胜数。

孔夫子说："小时候形成的习惯就好像天性一样，习惯会成为自然。"所讲的就是这个道理。俗话说："教育孩子要从他小的时候开始。"石碏劝谏卫庄公说："我听说父亲疼爱子女应该教给他们做人的正道，不使他们走上邪路。骄横奢侈，荒淫放纵，就会走上邪路。骄奢淫逸四种习惯都有，这是过分宠爱他们所造成的。"

疼爱子女，就应当教育他们，培养他们成人。疼爱他们却让他们走上邪路，又怎能算得上疼爱他们呢？疼爱子女的那些人常常说："孩子小，不懂事，等他们长大后再来教育他们。"这就好比种了一棵不正的树苗，说等到树木长大后再来修剪它，那样费力不更多吗？又像打开鸟笼把鸟放走之后再去捉鸟，解开缰绳把马放走之后再去追它，与其这样，哪如事先就不放开鸟和马呢？

"慈母败子"是古人以自己的教训得出的道理。这个道理仍如警钟，提醒为人父母者不可溺爱子女，而要注重做人的伦理道德教育。清清白白、端端正正地做人，这是中华民族的传统美德。作为家长应以身作则，时时得注意自己的言行举止，刻刻要惕厉自己的道德操守。教导子女修身重德，才是为子女长远打算，才是对其真正的爱护和负责，才能使其无怨无悔地立于天地间。

第二十三讲　淡泊明志

● 志当存高远

明志、立志是中国传统文化的重要道德规范，是儒家提倡君子修身立德的必修内容。"明志"就是明确志向，古人很重视人生志向的确立。

《论语·泰伯》记载："士不可以不弘毅，任重而道远。"大意是求知的人不可以不刚强坚毅，因为他们责任重大而且路程遥远。这句话是孔子的学生曾参说的。对此，他解释为："仁以为己任，不亦重乎？死而后已，不亦远乎？"意思是以实现仁德于天下为己任，这个责任不是很重大吗？努力到死才停止，这个历程不是很遥远吗？在孔子的弟子中，曾参一向被认为是一个性情温和的人，可是这几句话却掷地有声，表达了他对道德的自信和对人格理想的不懈追求。

中国历代先贤无不立志高远以修身养德、报国安民。

诸葛亮说"志当存高远"，只有志向远大才能克服眼前的困难和自身的弱点，朝着既定的目标前行。古人常常登高望远，表明心志，"孔子登东山而小鲁，登泰山而小天下"。站得高才能看得远，胸怀大志，不计一时的得失成败，最终实现宏伟的志向。

宋代文学家苏轼说："古之立大事者，不唯有超世之才，亦必有坚忍不拔之志。"（《晁错论》）要想成就大事，才能与毅力缺一不可。中华民族自古就有许多俗语，用来激励人从小立志，如"有志不在年高，无志空长百岁"等等。东汉名将马援"少有大志"，以"丈夫立志，穷当益坚，老当益壮"自勉，为国东征西讨，立下赫赫战功。所以说，树立远大的志向对人的一生是很重要的，但这种志向必须是符合道义的，否则，就不会有崇高的人格境界。

孔子曾对颜渊、子路说："何不说说你们的志向？"子路说："我愿将自己的车马、衣服皮袄，和朋友共享，用坏了也没有怨言。"颜渊说："我愿不夸耀自己的长处，不显扬自己的功劳。"子路说："但愿听听夫子的志向。"孔子说："我愿年老的能得到奉养安乐，朋友之间能彼此信任，年少的能得到关怀抚育。"

远大志向和宏愿反映的是很高的心性和境界，人各有志，言志、明志、立志可以明心，可以见性，更可以坚定自己的返璞归真之路；也可以观其志，找到差距而有所促进，子路之志直率而豪迈，可以增进友谊、同甘共苦，去除自私自利；颜渊之志敦厚于德行，可以充实本性、修己利人，淡薄忘我虚名；夫子之志心里装的可能是天下人，仁心仁术，无私无我，为天下人着想。

诸葛亮还说过："非淡泊无以明志，非宁静无以致远。"即不恬淡寡欲就不能确立远大的志向，不排除杂念就无法深谋远虑。这是诸葛亮对其子的谆谆教诲，也是他关于修身养德的至理名言。

一个人利欲熏心，就不能有远大的志向；心气浮躁，很难有真知灼见。只有淡泊名利才能立志恢弘，心态平和才能深思熟虑。崇高的理想必然要远离世俗的贪欲，透彻的思维也经常从宁静的心境中流出。崇高的人格，需要崇高的情志来支持，需要在淡泊和宁静中不断追求和升华。

古人讲："有志者事竟成。"并不是说确立了远大的志向后，就可以坐等成功了。在立志与成功之间，还需要坚持不懈地努力。如果没有实际的付出，再高远的志向也是空中楼阁。唐代高僧鉴真东渡日本弘扬佛法，历尽磨难，前五次均告失败。但是他没有放弃，直到第六次，终于到了日本，把唐朝的文化带到日本，他本人也成为日本律宗的创始人。

孔子说："士不可以不弘毅，任重而道远。"意思是志向远大的人不可以不刚强坚毅。子路问道："先生认为应该怎样做才会刚强呢？"孔子回答说："君子可以随和，但是并不随波逐流，这才是真正的刚强啊！君子要做到和而不流，就要立定中庸之道，不偏不倚。国家政治开明，自己也不改变穷困时的操守；国家暴虐，没有德政，至死也不改变平生的志向，这才是真正的刚强啊！"

中国传统文化强调做人应该坚持合乎正道的主张和原则，不能随波逐流，依正道选定的价值目标要有坚定的信念，只有这样才能激励自己克服一切艰难困苦，勇往直前，以无畏的勇气、毅力和信心去实现远大的目标和理想。

● 君子固穷　志不温饱

孔子说："君子固穷。"意思是君子要安于贫困，不失气节。北魏中书侍郎高允正是一个"固穷"的"君子"。

北魏朝廷的官员都没有俸禄，但一般官员都有自己的家产，而高允却没有。他家一贫如洗，常常靠他的儿子们上山打柴维持生计。但这并没有改变他的志向。在朝廷中，他以勇于直谏著称。朝廷内如果有什么事做得不合适，他就请求觐见皇上。北魏文成帝拓跋濬常常屏退左右，单独和他交谈。有时高允言辞激烈，切中要害，拓跋濬听不下去，只好让人把他扶下去。不过，拓跋濬对高允非常信任，特地提升他做中书令。

有一天，司徒陆丽忍不住对拓跋濬说："陛下，高允虽然蒙受恩惠，可他家里实在是穷啊！"

拓跋濬一愣，说："这怎么可能？"

"千真万确，他的妻儿连件像样的衣服都没有，根本无法出来见人。"

拓跋濬当即起驾，亲自来到高允家。他一看，高允家里只有几间草房，床上只有粗布被褥，妻儿穿的是旧棉絮做的衣袍，厨房里也只有些咸菜。拓跋濬感叹不已，马上赐给高允五百匹缯帛、一千斛粮食，并任命高允的长子高悦为长乐太守。高允坚决推辞，拓跋濬不肯答应。

从此，拓跋濬对高允更加器重，见面常呼他"令公"，而不叫他的名字。

孔子说："士志于道，而耻恶衣恶食者，未足与议也。"意思是说，有志之士，既然存心在道，就不应该贪求享受，如果还以粗糙的衣服和简陋的饮食为耻辱，那就不值得和他谈论了。孔子认为：一个人斤斤计较个人的吃穿等生活琐事，他是不会有远大志向的，因此，根本就不必与这样的人去讨论什么是道的问题。

据说明代有一个叫邹立庵的人，他十六岁到京师会试时，与另一个前来会试的考生闲聊。那人一见面就问："考上状元会有多少钱啊？"邹立庵听了掉头就走，不屑与他交谈。

人的志向不同，对事物的掌握、看法就会不同，所以心一定要正，志向一定要纯正，否则在随波逐流中就容易迷失自我了。

宋代王沂，名曾，自幼刻苦读书，敦品励学，志向不凡。真宗时，王沂考上状元。有人跟他说："考上状元，就一生吃着不尽，不用愁温饱了。"王沂很严肃地说："我平生志向不在温饱。"后来，王沂历任宰相，廉洁自持，做事正直，很受重用。

可见，君子应该从小立志，志向要清廉高尚，志向倘若立得高尚、立得坚定，他日到社会上服务时，才不会被利益所诱。

晋朝的时候，有一位名叫夏统的人，博学多才，但由于当时奸佞当道，朝政昏暗，他一直不肯做官，很多人邀请他，都被他拒绝了。有一回他因事到京师去，顺便拜访太尉贾充，贾充希望把他留下来，帮助自己处理政事，可是一直无法说服他，于是就想用权势来诱惑他。贾充召集军队、车马，排着整齐的队伍，吹着响亮的号角，请他一起阅兵，并对他说："如果你答应做官的话，这些军队、车马就归你指挥，这是人人都羡慕的事。""这些军队、车马的确雄壮威武，可是我对它们毫无兴趣。"夏统淡淡地说。

贾充听了，非常失望。但他想，你也许不喜欢权势，可是总不会不喜欢财色吧？于是他招来一大批美丽的歌伎，穿着漂亮的衣服，在他的面前轻歌妙舞起来。于是贾充又对夏统说："如果你愿意做官的话，这些美女就是你的了。"可是夏统毫不犹豫地拒绝了，他说："这种享受是很难得，但也不是我想要的。"经过这几次的劝说后，贾充知道权势、美色是无法打动夏统了，于是愤愤地对人家说："夏统这小子，真像木头做的人，石头做的心。"这就是"木人石心"成语的由来，形容一个人的意志坚定，任何诱惑都动摇不了他，如果他接受了引诱，改变了意志，那就是"逐物意移"了。

《论语》中记载：孔子与弟子们在陈国某地断了粮食，随从的人都饿坏了，不能起身行走。子路满脸恼怒地去见孔子说："君子也有困厄的时候吗？"孔子说："君子固然也有穷困的时候，但能安守节操。不过小人困厄了就不能约束自己而胡作非为了。"

《史记·仲尼弟子列传》载：原宪居住在鲁国时生活贫穷，房屋简陋、门窗不全，遇雨漏水，他却端坐在里面弹琴。接待子贡时，他头戴破帽，脚穿破鞋，挂着木杖倚在门边。子贡问："先生生病了吗？"原宪答道："我听说，没有钱财叫做贫，学道而不能去实践者才称病。我现在是贫，不是病。"

由此可知古人是能安贫乐道的，应本着乐道固穷的精神进德修业。

● 贫贱不能移

古人有"安贫乐道"的说法。孟子说："贫贱不能使他改变志向，这才叫大丈夫。"孔子曾发出"君子谋道不谋食""君子忧道不忧贫"等慨叹。孔子最得意的门生颜渊就是一个安贫好学的人，孔子经常夸他用一个筐盛饭、一个瓢喝水、住在简陋的破屋里，却能做到一直不改他求道的快乐。面对贫穷时，能做到像孔子的弟子颜渊那样箪食瓢饮仍能安贫乐道的，才是真正的君子。

"隐逸诗人之宗"陶渊明是陶侃的曾孙，他的祖父、外祖父虽是东晋的名士，但是到陶渊明时，家世已经衰落。然而自幼就贫困的他，并不以贫为苦，他一生虽没有显赫的功业，但他高尚的人格和诗文的成就，却受后人崇仰传诵不已。

少年时期的陶渊明，对国家社会胸怀大志，曾自许"猛志逸四海"，但他身处乱世却有志不得伸。陶渊明一生只做过四次小官，每次当官的时间都很短，就是因为他达观自然、淡泊名利的本性，让他不愿在当时虚伪腐化的政治社会环境去同流合污。他最后一次做官是出任彭泽县令。他到任八十多天，碰到浔阳郡的督邮来检查公务。督邮的品位很低，是个粗俗而又傲慢的人，常假借巡视之名向辖县索取贿赂。县吏却说："当束带迎之。"就是应当穿戴整齐、备好礼品、恭恭敬敬去迎接。陶渊明叹道："我岂能为五斗米向乡里小儿折腰。"意思是我怎能为

168

了县令的五斗薪俸，就低声下气去向这些人贿赂献殷勤，于是辞官归隐田园。

当时他写了"归去来兮辞"一文以见其志，序文中说："质性自然，非矫厉所得，饥冻虽切，违己交病，……"在"饥冻"和"违己"的矛盾下，他做了不容易的抉择。这意味着妻儿将和他一起挨饿，意味着没钱买他最爱的酒……他甚至在饥饿的驱使下向人乞食！一代文豪苏东坡读到他的"乞食"诗也不禁为他感到悲痛！

但是在这种令人难以想象的磨难中，他却始终无怨无悔、安贫守道，他以"衣沾不足惜，但使愿无违。"自我期许，不为自己的艰难处境担忧。可见陶渊明对自己是了解透彻的：与其在浑浊的溪流中随之浮沉，心中无法宁静，不如跳出这浑水，给自己的灵魂自由。对他而言，"违己"甚于"饥冻"。于是，为了做一个尊贵的"人"，他舍弃世俗的虚名，选择隐居务农，回到山林的怀抱，回归生命中真实的自我。

可见，现实生活的苦难并不会挫败一个有智慧、有决心的人。陶渊明的勇气令人佩服，若非真正了解自己，若非热切地想寻求生命的价值与自由，一般人很难在利益当前做出抉择。身处乱世，举世皆浊，陶渊明能不同流合污，不出卖灵魂，尊重己志，选择挂冠求去以无愧我心。而我们又该如何看待自己的生命呢？

● 威武不屈松柏之志

蔡元定，字季通，是南宋著名理学家，建州建阳（今福建建阳）人。蔡元定天性聪颖，八岁时就能写诗，每天能写数千字。曾经在西山顶上，忍着饥饿，吃着野菜苦读。后来拜朱熹为师，朱熹了解到他的学问后，大吃一惊，说："你应该是我的朋友，而不应位于弟子之列。"

后来，朱熹遭到权贵奸臣攻击，蔡元定也受到牵连，被贬往道州。但蔡元定志节不屈，挂着拐杖与儿子走了三千里路，脚上都流血了，脸上仍没有半点难色。到了被贬地后，蔡元定丝毫没有担心害怕受到攻击和祸害，依旧坚持宣扬教化，广收门徒，远近慕名前来学习的人很多。他曾经训诫子弟们："做人应是独自走路时，面对自己的影子没一点愧疚；独自睡觉时，面对被子也没有一点愧疚。不要因为我获罪你们就懈怠了自己的志向。"意思是做人应堂堂正正，问心无愧，不要面对祸患就改变了自己的志向和节操。

蔡元定一生深明天理，坚守气节，淡泊名利。朝廷专权的奸臣被诛杀后，蔡元定被赐谥"文节"，以此表彰他学识渊博，志节不屈的操守。朱熹也惋惜蔡元定卓绝的才能、不屈的气节以后再也看不到了。

宗世林是东汉末年南阳人，他和曹操是同一时代的人，但他非常瞧不起曹操的为人，不愿和他交往。后来曹操官至司空，总揽了朝政大权，对他说："现在我们可以交往了吧？"他拒绝说："松柏之志犹存。"

人大都不会甘愿过贫穷困顿、流离失所的生活，希望得到的是富贵安逸。但这必须通过正当的手段和途径去获取。但若是不用正当的方法得到它，君子就不会去享受。贫穷与低贱是人人都厌恶的，但若是不用正当的方法去摆脱它，就不会摆脱。孔子说："君子去仁，恶乎成名。"君子如果离开了仁德，又怎么能叫君子呢？君子没有一顿饭的时间背离仁德，就是在最紧迫的时刻也必须依照仁德办事，就是在颠沛流离的时候，也一定会秉持仁德去办事。孔子说："苟志于仁矣，无恶也。"如果立志于仁，就不会做坏事了。养成了仁德就不会去做坏事，即不会犯上作乱、为非作恶，也不会骄奢淫逸、随心所欲。而是可以做利己、利人、利天下的善事了。

君子不为恶，否则宁守清贫而不去享受富贵。这种观念在今天仍有其不可低估的价值。如果人以不义之方式取得富贵或躲避贫穷，人人为所欲为，无恶不作，终将造成私心充塞的社会乱象，及人类道德毁灭沦丧的境地！

人生在世，多的是浑浑噩噩无尽的追求和迷失，想的、说的、做的却往往是为私为我、自私自利、损人利己的，这并非一个人纯真无瑕的本性。原因何在？现在社会人心很复杂，许多人的价值观严重扭曲，道德水平很低，利益争斗、拜金观念、变态心理等，有许许多多很低下的表现。这些人群也形成一套价值体系、衡量标准，也有他们对于人和事物的看法和观念，很多人对于这类低下的信息流通不设防，信息好坏识别能力薄弱，这类东西接收多了，思想被污染，抵挡不住被大潮流转变了，人开始不知足地、无尽地追求。不知不觉中，不纯遮盖了人的纯真本性。

想想看：在不纯真的社会大染缸中越精明、越世故的人，是不是离纯真本性越远？是不是越沦丧心志？他也在立志，却是很现实的，并不远大。

人天天浸泡在这样复杂的社会环境中，志向如何能远大？所以我们应该多亲近道德高尚、志向远大的人群、信息和文化，在中国传统文化的沐浴中成长。

第二十四讲　学无止境

● 勤学苦读

《三字经》云："玉不琢，不成器；人不学，不知义。"人和玉本质上是一样，不管他有多聪明，如果不能用心去学习，就不能通达古今、明白事理，也就不知道真理和道义。勤学是中华民族的传统美德和人格修养。自古以来，志士贤人都以"勤学"为修身养德的重要内容，将其视为实现"修身、齐家、治国、平天下"志向的根本。古人为我们留下了许多勤学箴言，《尚书》说："唯日孜孜，无敢逸豫。"明代学者黄宗羲说："年少鸡鸣方就枕，老人枕上待鸡鸣；转头三十余年事，不道消磨只数声。"民族英雄岳飞《满江红》中说："莫等闲白了少年头，空悲切！"

古代文人学士，凡是卓有成就的，无一不是通过勤学苦读取得的。他们的经历都生动地展示了古人勤学的精神、品格和境界。

古语云："宝剑锋从磨砺出，梅花香自苦寒来。"自古以来学有所成的人，都离不开一个"苦学"。

在中国儒学思想史上，邵雍的地位很高。邵雍在幼年时期，其家境并不富裕，青少年时期的邵雍志向远大，《宋史·道学一》说他"于书无所不读，始为学，即艰苦刻厉，寒不炉，暑不扇，夜不就席者数年。"因此在当时就获誉好学青年的名声。他因刻苦钻研书本知识，成为理学大家，与周敦颐、张载、程颢、程颐并称"北宋五子"。

同是北宋的著名宰相范仲淹，不仅是一位文学家，在政治和军事方面也非常有成就。但是他的成功并非只靠他的运气及天赋，而是因为他非常好学，经过不断努力得来的。

在范仲淹两岁的时候，父亲就过世了。因为家里很穷，所以母亲只好带着他改嫁到朱家。长大以后，因为劝告同母异父的弟弟不要随便花钱，就被讥笑自己不是朱家的孩子。当他知道自己的身世后，就告别了母亲，独自进入南都学舍，跟随大学问家戚同文读书。

他过着贫苦的生活，不管白天或是晚上，一直勤苦读书，从来没有解过衣服睡觉，常常读到深夜才去休息。有时候，书读得累了，便用冷水浇头，清醒以后，再继续读书。没有钱买米的时候，每天只煮两升小米粥，等到稀饭凉了，凝在一起的时候，就划成四块，早上吃两块，晚上再吃两块。又把咸菜切成十几条下饭，就这样填饱肚子。有时候连稀饭也不够，他就等到下午才吃饭。别人不能忍受这种生活，但范仲淹不以为苦。南京长官的儿子看他整年吃粥，就送些美食给他。可是他一口也没吃，人家怪他，他拱手答谢："我已经习惯喝粥的生活，如果享受了美食，以后恐怕吃不了苦啊！"

有一次，宋真宗路过南京，同学们顾不得看书，都争先恐后地跑出去看，唯独范仲淹闭门不出，仍然埋头读书。有个同学特地跑来叫他："快去看，这是个千载难逢的机会，千万不要错过！"但范仲淹只随口说了句："不急！不急！将来再见也不晚。"便头也不抬地继续读他的书了。

因为范仲淹刻苦勤学了好几年，对六经的要旨融会贯通，胸怀大志，以天下为己任。常说："士当先天下之忧而忧，后天下之乐而乐也。"后来终于成了一个大学问家，而且在宋朝仁宗时，当上了宰相。

古语道："天道酬勤。"一分耕耘，一分收获，上天会实现勤劳的人的志愿。中国历代大家的经历告诉我们，有耕耘就会有收获，我们只要不懈努力，最大限度地完善充实自己，就会有一个美好光明的未来。

中国历史上有不少贤明的君主都是以治国安民为目的刻苦勤学，康熙就是少有的嗜书好学的帝王之一。他五岁入书房读书，昼夜苦读，不论寒暑，甚至废寝忘食。又喜好书法，"每日写千余字，从无间断"。他读"四书"——《大学》《中庸》《论语》《孟子》，"必使字字成诵，从来不肯自欺"。后来他要求皇子读书，读满百遍，还要背诵，这是他早年读书经验的传承。

康熙继位后，学习更加勤奋，甚至过劳咯血。他读书不是为消遣，而是为"体会古帝王孜孜求治之意"，以治国、平天下。他在出巡途中，深夜乘舟，或居行宫，谈《周易》，看《尚书》，读《左传》，诵《诗经》，赋诗著文，习以为常。直到花甲之年，仍手不释卷。

康熙帝还受到西方文化的熏染，使得他能够同时吸收中华多民族的、西方多国家的，悠久而又先进、博大而又深厚的文化营养，具有当时最高的文化素质。这为他展现帝王才气，实现宏图大业，奠定了基础。

● 学贵有恒

古人学习始终讲求无倦与精进，学贵有恒，最忌一曝十寒。也就是对自己要勤勉，不能懈怠，功到自然成。

东晋大诗人陶渊明节操高尚，学识渊博，有个少年向其求教说："我非常敬佩先生的学识，想向您请教读书的妙法。"陶渊明说："学习哪有妙法？勤学则进，辍学则退呀。"他拉着少年的手来到稻田旁，指着一根苗说："你仔细看看它是否在长高？"少年注视了很久说："没见长啊。"陶渊明反问到："真的没见长吗？那么，矮小的禾苗是怎样变得这么高的呢？"他见少年低头不语，便进一步引导说："其实，它是每时每刻都在长啊！只是我们肉眼察觉不到。读书学习也是同理，学识是一点一滴积累的，有时连自己也不易觉察到，但只要勤学不辍，就会日有所长。"

接着，陶渊明又指着溪边的一块磨刀石问少年："那块磨刀石为何有像马鞍一样的凹面呢？""那是磨损成这样的。"少年随口答道。"那它究竟是哪一天磨损成这样的呢?"少年摇摇头。陶渊明说:"这是农夫们天天在上面磨刀、磨锄,日积月累,才成为这样的。学习也是如此,如果不坚持读书,每天都会有所亏损啊。"少年恍然大悟,拜谢了陶渊明。陶渊明为其写道:"勤学如春起之苗,不见其增,日有所长;辍学如磨刀之石,不见其损,日有所亏。"

南朝的顾野王是著名的史学家,博学宏才,慕名向他求知的人很多。一次,他朋友的儿子侯悬向他请教说:"您遍观经史,我想问您在学习上有没有诀窍。"顾野王沉吟片刻,指着旁边一棵枝叶茂盛的银杏树说:"你既然要学窍门,先看看这棵树。"侯悬把这棵树从下向上,又从上向下,一连看了三遍,没看出什么奥秘,于是说:"学生愚昧,还请先生指点。"顾野王道:"根系发达,才能树冠雄伟;茎干粗壮,才能枝叶繁茂。同理,学习扎实,才能稳步提高;志向崇高,信念坚定,才能前程远大。以树为例,树要成长,一岁一圈年轮,岁岁增大。人要精进,一步一个脚印,步步向前。要说有诀窍,这就是诀窍。"侯悬细细地品味着顾野王的话,领悟了其中的意思。侯悬从此静心学习,提高很快,成绩与日俱增。

顾野王给孩子们讲道:"小树追求阳光,是为了成为栋梁,人生追求理想,是为了成为于国于民有利之人。人贵有志,学贵有恒,任何时候都不能够放弃。"

战国时期,有一个名叫乐羊子的人,后来,乐羊子到很远的地方去求学,过了一年,就回来了。到家的时候,他的妻子正在织布,见他突然回来,便问他说:"你的学业已经完成了吗?"乐羊子摇摇头说:"还没有呐!因为我很想念你,所以先回来一趟。"乐羊子的妻子一听立刻拿出一把剪刀,走到织布机前,对乐羊子说:"这布是一丝一丝的累织成寸、成尺、成丈、成匹。如果现在我把它剪断了,那就不能用了,白白浪费了所花掉的许多时间,这情形和你在外读书一样,也是要日积月累的钻研,才能有所成就,假如半途而废,不也是白白浪费时间吗?"乐羊子被他妻子的这些话所感动,重又外出继续求学,直到七年后学成了,才回到家乡。

因为乐羊子苦学有成,得到了魏文侯的赏识,就请他出来做官,让他能够发挥所长，为国家做了一番了不起的贡献。

古人认为读书求知的过程也是不断完善自己品德修养的过程，以达到学以修身、学以养德、学以成仁的目的。学习成败的关键在于是否具有勤奋的态度，坚忍的毅力。唯有持之以恒，才是学习、读书最好的方法。

● 勤能补拙

古人讲："勤能补拙。"人如果无天生的疾患，本无贤愚之分，只要肯付出汗水和努力，再笨拙的人也会有所成功。宋代学者崔敦礼说："拙者能勉，与巧者同功。"即便是天生聪慧的人，如不努力，也一样一事无成。清代学者吴乔《围炉诗话》中说："恃天资而乏学习，自必无成，学业须从苦心厚力而得。"

清代著名史学家章学诚，少年时代记忆力很差，被人们看成是迟钝愚笨的人。他对此也有自知之明。但他绝不气馁，绝不自暴自弃。在私塾读书时，老师教给大家一段百十来字的文章，别的同学很快就能背诵下来，他却要花上大半天的时间。别人完成了背诵任务，可以到教室外面去玩一会儿，他就在课桌上继续背。一天到晚，他总是在读在背，十分辛苦，却从不懈怠。

俗话讲："笨鸟先飞。"他用自己的勤苦，弥补了自身的不足。他惜时如金，不断地充实着学业，提高着学养。

当时有一位学者，名叫朱竹君，家中藏书甚丰。章学诚便上门求教，拜他为师。他痛下苦功，经过长期苦学，把朱老师家中的藏书，捡有用的，统统读完了，还做了许多笔记。日积月累，水滴石穿，他终于成为学养深厚，见解卓越的史学专家和文学理论专家了。

他著述的《文史通义》，被后人称为史学理论名著。他还主编了《湖北通志》，编修了和州、亳州、永清等三部地方志。另有《校雠通义》《方志略例》，流传后世，惠益学人。

这个当年十分愚钝的少年，后来考上了乾隆进士，被任命为国子监典籍官。并且成为著名的史学家、文学理论家。因此，有许多家长教育子弟，都拿章学诚作为榜样，要求子弟们学习章学诚的勤苦和人生态度。

宋朝的梁灏，从小就喜爱读书。但是在他年轻时，虽然年年都参加科举考试，可是每年都名落孙山。梁灏并不气馁，始终坚持不懈地读书，对别人的冷嘲热讽，他只是淡淡的一笑，继续准备参加下一年的科举考试。

即使后来他的儿子考中状元了，梁灏还是在家中苦读。朋友们见了，都笑着劝他说："你的儿子都已经考中状元了，以后你也衣食无忧了，何必年年参加科举考试呢？"可是梁灏却只是笑笑，并不为之所动。经过不断地努力，终于在他八十二岁的那一年考中了进士。

在殿堂上，他对答如流，老当益壮，大臣们都很钦佩他，皇帝也很赏识他。他最终中了状元。后来，他深有感触地对着儿孙们说："只要坚持不懈、铁杵也能磨成针啊！"

《礼记》中说："人一能之，己百之；人十能之，己千之。"真是古人千金之言啊，只有不努力付出的懒汉，没有不成功的勤学之人。只要肯下决心，没有可以阻挡人前进的困难。

● 好学惜时

古人云："子不学，非所宜，幼不学，老何为？"人不学习，这是不应该的。年轻时不努力读书学习，到年老时就不会有什么作为了。晋朝陶渊明曾说："盛年不重来，一日难再晨，及时当勉励，岁月不待人。"时间如白驹之过隙，瞬间即逝。惜时如金，一直是古人君子之道。

北宋史学家刘恕志洁高尚，一生勤奋好学，修养深厚，每天合理安排时间做事，从不浪费一分一秒。

刘恕从小就学习儒家经书，每日记诵，乐在其中，常常废寝忘食。八岁时，家有客人说孔子没兄弟，他立刻举《论语》"以其兄之子妻之"一句以对，一座皆惊。小伙伴们有问题问他，他没有不知道的，并告诉他们说其实书中什么都有，只要多看书就都能知道。

刘恕十八岁时被举为进士，宰相晏殊见他对《春秋》和《礼记》的问题对答如流，请他到国子监试讲经书，晏殊亲自率官员前往听讲，人们被刘恕深厚的道德涵养和精辟的理论所折服，一时大家纷纷学起了经书。

一次，刘恕得知在亳州做官的学者宋次道家中藏书丰富，于是不远数百里跑去借阅。宋次道让这位远道而来的友人住在家里，办了丰盛的酒席款待他，刘恕却说："您应该知道，我并不是为了享受佳肴美酒才跑到您这儿来的，请您把酒肴都撤走吧，我是慕名来借书求知的。"宋次道引刘恕进了藏书楼，刘恕每天在这里昼夜口诵手抄，坚持了十多天，直到把自己所需要的书本全部读完、抄完。宋次道赞叹地说："您这种能吃苦的精神真令人钦佩。"刘恕笑着说："哪有什么苦啊?！越读书理越明，我觉得有无尽的快乐在其中啊!"

当时史书因非科举所急，学者多不读。唯刘恕学识渊博，深明史法，分析透彻。并对上下几千年间的史事，不论巨细，了如指掌。司马光修《资治通鉴》，首先推选的就是刘恕。一次，刘恕和司马光等人游览万安山，见山道旁边的古碑上写有五代时一些将官的名字，大家都不知道他们是些什么人。刘恕一一讲出他们的事迹始末。回来后大家查看史书，果然像刘恕所说的那样，一点不差。

刘恕为官之后，依然对自己要求非常严格，每日安排除仅够睡眠的时间外，其余时间都用于读书和做有意义的事情。无论身处任何环境，每天坚持读书且数十年如一日。他曾著书自讼，称自己有"二十失""十八蔽"，及时反省自己并改过，他这种"自攻其短，不舍秋毫"的坦荡胸怀，令人肃然起敬。

自古以来一切有远大志向者，无一不惜时如金。宋代有政治家、文学家之称的欧阳修，也因惜时好学而有"三上（马上、枕上和厕上）"的典故。

欧阳修一生读了许多古圣先贤的名篇，尤钟于唐朝散文大家韩愈的文章。他尚未成名时，有一次，他被废书箱里韩愈的遗稿吸引住，从此废寝忘食，刻苦勤勉，并且发誓赶上韩愈。经过锲而不舍的努力，欧阳修不但习得了韩愈的优点，并且通过自己的认真创作与提倡，让唐朝以来的古文运动得以在宋代开花结果，建立了平易流畅、切中实用的文章风格。

当官以后的欧阳修，公事虽然繁忙，他仍然写下了许多诗词及散文。他的创作态度非常严谨，每写完一篇便贴在墙上，以便随时修改，直到自认无懈可击方才拿下来。

当年，他被贬至安徽滁州担任太守时，曾写了《醉翁亭记》。在初稿的首段，他用了好几十个字写滁县四面的山景。但是，经过多次推敲，最后以"环滁皆山也"寥寥五个字来概括。有人好奇地问他，哪来这么多时间思考？欧阳修说："吾平生所作文章，多在'三上'，这就是利用马上、枕上和厕上的时间啊。"

晚年时的欧阳修，已经是赫赫有名的文人了。可是，他仍然常常为了推敲字句而冥思苦想。夫人劝他："你的文章已扬名天下，难道还怕先生骂吗？"欧阳修捻着胡子大笑着说："不是的，我倒不怕先生辱骂，而是怕被后生耻笑啊！"真是"活到老，学到老"的好学精神的好榜样。

古人云："圣人不贵尺之璧，而重寸之阴。"古人这些优秀的道德修养和思想品格很值得我们学习和借鉴。

● 温故知新

孔子是我国春秋时期伟大的政治家、思想家和教育家。孔子说："温故而知新。"要学以致用，注重实践，才能在学习中不断悟到书中蕴含的更深更多的道理，所谓"书读百遍，其义自见"就是这个道理，这不仅是孔子教育后人的学习之道，孔子本人也是身体力行的。

孔子喜欢唱歌、作曲，还能鼓瑟、弹琴，会弹奏好几种乐器。有一段时间，孔子跟鲁国的乐师师襄子学弹七弦琴。

一天，师襄子教完了一支乐曲，要他独自练习十天，然后再教新曲。可是十天过去了，孔子仍然埋头苦练老曲子，似乎把学新曲的事忘记了。师襄子提醒他说："你已经把这首曲子弹熟了，可以另学新曲了。"孔子却说："不行啊，我只是刚刚把音律弹熟，技法还很生疏哩！"

过了几天，师襄子说："你的技法熟练了，可以学新曲了。"不料孔子又说："不行啊！我还没有明白它的内容呢！这不能说是真会。"于是又埋头弹起来。

又过了好几天，师襄子又提醒他说："好啦，你不仅熟悉了它的音律、技法，连它的内容也明白了，可以弹新曲子了！"孔子仍然摇头说："不行呀，我依然算不得真会，我还没有体会到作曲者的为人呢！"

师襄子觉得言之有理，也就不再催促他练新曲了，只是耐心地等待着。

时间又过去了好几天。这一天，孔子正埋头弹琴，弹着，弹着，忽然抬起头来两眼闪烁着喜悦的光芒。他对师襄子说："好啦，我知道作曲家是怎样一个人了！这个人高高的个子，黑黝黝的脸，眼睛炯炯有神，是个具有王者气质的人。莫非这曲子是周文王所作？我想除了他，别人是作不出这样好的曲子来的！"

师襄子不禁大惊，他恍然醒悟道："呵，若不是你今天这么一说，我倒把这一切都忘记了。是呀，很久以前，我的老师曾经对我说过，这首曲子叫《文王操》，它的作者正是周文王。"

师襄子对孔子佩服不已，身不由己地躬身相拜。孔子急忙回礼，说："我现在可以学弹新曲了！"

孔子求学的精神连老师师襄子都不禁为之感叹，可见，孔子以身作则、严谨求实的学风与态度，的确堪为后人景仰。相比之下，现代社会人们更多的是追求物质享受，多数学者学子努力学习的目的也变成了求名求利、出人头地，真正做到以学修身养德、为国为民的人就不为多见了。

师旷说过："年轻时好学，就像早晨刚出的太阳；壮年时好学，就像中午的太阳；老年时好学，就像点燃蜡烛的光明。秉烛之光虽小，却比在黑暗中行走好多了。"试想一下，改过迁善不是同样的道理吗？有过失和错误应尽早改过，弥补损失。如果瞻前顾后，犹豫不决，这不就和身处黑暗，却不赶快点燃烛光一个道理吗？就像已经发现迷失方向走错了路，却不抓紧时间返回正途，虽然浪费了一些时间，但回归到正途上至少走一步就离目的地近一步。如果自暴自弃继续走错的路，那离目的地可就越来越远了。不管是学习还是改过，"烛光"都可以照亮"黑暗"。

以前有个人叫薛谭，他跟随秦青学习唱歌。学了一段时间后，其实还没有完全学会秦青的技艺，但薛谭自己认为已经全学会了，于是去向秦青辞别回家。

秦青没有生气和阻止，只是在郊外为他饯行。在宴席上，秦青打着拍子唱起悲歌，美妙的声音振动林木，似乎白云都停下来在听他唱歌。

薛谭深感惭愧，原来自己只是自高自大，殊不知还有很多高深技艺还丝毫不懂，简直是相差甚远，于是他向师父认错谢罪，并请求留下来继续学习，此后终身都不敢再提辞归的事了。

其实，那些真正有本事的人不必自我吹嘘，人们也会知道他有本事；相反，那些自高自大，自我标榜的人往往都是徒有虚名罢了。不管是艺术、技艺、修身和学问，对人来说都是学无止境的，自满和自高自大只会局限和束缚自己停步不前，只有永远保持一颗谦逊恭敬之心，这样才能学有所成。

第二十五讲　君子比德

● 岁寒三友

我们中华民族文化源远流长而博大精深，蕴含了人与自然的和谐，天人合一的宇宙观、生命观与道德观。所以中国人历来敬天重德，讲求品格和节操，"比德"的思想深深渗透在传统文化的方方面面。人们常常将一事物比拟成一种人的美德，如竹象征"节"，梅象征"骨"，玉象征君子的内在气质，莲象征"出淤泥而不染"等，表达了人们对正人君子高尚品德的推崇，对美好理想和完美人格的追求和向往。

在源远流长的中国文化中，人们一直把松、竹、梅称为"岁寒三君子""岁寒三友"。在北风凛冽、万物凋零的时候，它们迎风傲雪，向人们传递着春的消息，被视为高洁和气节的象征。后来，也有人提出了

"岁寒四友"之说，即"松、竹、梅、石"，多了一个"石"，取其"坚如磐石"来寓意君子坚忍不拔的品格、气节。

松，四季常青，是耐寒树木，经冬不凋，常被看做刚正节操的象征。它质朴、庄重的个性给人以祥和持重的感觉。它生机盎然，追求阳光，有一股文天祥《正气歌》所云"地维赖以立，天柱赖以尊"的浩然之气。而震荡山谷的松涛声，让人感受到一种坚毅和持久。古人以岁寒比喻乱世，松柏比喻君子。何晏说："喻凡人处治世，亦能自修整，与君子同。在浊世，然后知君子之正，不苟容也。"指君子的品格就如同松柏一样，虽身处乱世逆境，但不为物惑，不改初衷，始终道心坚定。

梅，迎寒而开，美丽绝俗，是坚忍不拔的人格的象征。梅花凌寒绽放，开在百花之先，历经严寒，独树一帜报早春的品格，被誉为"东风第一枝"，一直为人们所赞颂。人们钦佩它坚强高洁的品格，"雪虐风号愈凛然，花中气节最高坚"。它志向高远，却淡泊宁静，香飘人间，"清气满乾坤"。它不随波逐流，始终保持洁净的身心，唤醒万芳迎接春天的到来。梅花的这种不屈不挠的精神和顽强的生命力，给人以立志奋进的鼓舞，使人看到希望，看到春天的无限生机。

她神姿绰约，清逸超然，令人神往。她芳香四溢，沁人心脾，令人望之肃然起敬。她不畏风霜雨雪的不屈不挠的精神和顽强生命力，给人以立志奋进的鼓舞。报春的梅花成为冬日中最亮丽的风景，使人们看到春天的美好和希望，受到坚强、刚正和高洁气质的熏陶和激励。

中国历史上涌现出的无数仁人君子，他们都具有梅一样的品格。如陶渊明洁身自好，不与黑暗势力同流合污；诸葛亮"淡泊以明志，宁静而致远"；刘禹锡虽身居陋室却心忧天下；陆游忧国忧民，虽屡遭贬谪而报国之心却始终不改，一生爱梅、咏梅、以梅之风骨自喻，"何方可化身千亿，一树梅花一放翁"。

竹，不怕寒冷，也不惧炎热，且自成美景。它刚直、谦逊，不亢不卑，潇洒处世，常被看做不同流俗的纯洁、虚心、有节的高雅之士的象征。冷热起伏，只会使它显得更加青翠挺拔，在很短的时间内便可以剑拔十寻，枝摩苍天。人们把竹人格化，以竹比德，身体力行，提高自己的品德修养。中国历代文人都把竹子的清雅比为君子的文明有礼，贞洁视为自尊自爱，心空表现为宽容、虚怀若谷等，这些都是古代君子具备的基本品质。因而，在岁寒三友中，似乎"竹"更受古代君子的厚爱。

中国的文人墨客、隐者雅士之所以喜欢种竹、赏竹、咏竹、画竹，甚者视竹为友，以竹为伴，是因为竹子的形意神韵之中，能够寄托君子正心、修身、齐家、治国、平天下所应有的可贵品质和情操。人们以物寓人，借以陶情励志，勉人励己。

竹子夏不畏酷暑，冬不屈严寒，伐后可复生，象征坚强不屈；竹子生于贫壤山石之间，四季常青，象征淡泊名利；竹子枝叶潇洒飘逸，象征清逸脱俗、翩翩君子风度；竹子高而直，象征正直；竹子的中间空心，象征虚心；竹子有节，象征要有节操；竹子柔而不折，象征柔中有刚、宁折不弯；竹子顶风冒雪，竹节显露，竹梢挺拔，象征高风亮节。

从古至今，咏竹、赞竹的诗文数不胜数，足可见人们对坚强不屈、重节气、正直、谦虚等这些品质，美德的推崇和向往。

唐朝大诗人白居易就把竹比为贤人君子，他认为君子看见竹，就会以竹的"本固""性直""心空""节贞"等品质节操来勉励自己立德修身。他在《养竹记》中说道："竹似贤，何哉？竹本固，固以树德。君子见其本则思善建不拔者。竹性直，直以立身。君子见其性则思中立不倚者。竹心空，空以体道。君子见其心则思应用虚受者。竹节贞，贞以立志。君子见其节则思砥砺名行，夷险一致者。夫如是，故君子人多树之为庭实焉。"

唐朝诗人张九龄《和黄门卢侍郎咏竹》云："高节人相重，虚心世所知。"

宋朝著名女诗人朱淑真《直竹》云："劲直忠臣节，孤高烈女心。四时同一色，霜雪不能侵。"

北宋大文豪苏东坡《墨君堂记》赞竹云："自植物而言之，四时之变亦大矣，而君独不顾。……风雪凌厉，以观其操，崖石荦确，以致其节。得志，遂茂而不骄；不得志，瘁瘠而不辱。群居不倚，独立不惧。"

元朝马谦斋《咏竹》云："贞姿不受雪霜侵，直节亭亭易见心。"元朝杨载《题墨竹》云："风味既淡泊，颜色不妩媚。孤身崖谷间，有此凌云气。"

明朝江南才子唐伯虎《竹画诗》云："未出土时先有节，及凌云处尚虚心。"清代著名画家郑板桥以画竹闻名于世，他有诗云："咬定青山不放松，立根原在破岩中，千磨万击还坚劲，任尔东西南北风。"这称赞的还是竹。

此外，除了"岁寒三君子"的称呼，在古诗文中常提到"花中四君子"中也包括梅和竹，即梅、竹、兰、菊。

兰，一则花朵色淡香清，二则多生于幽僻之处，故常被看做是谦谦君子的象征。菊，它不仅清丽淡雅、芳香袭人，而且具有傲霜斗雪的特征。它艳于百花凋后，不与群芳争列，故历来被用来象征恬然自处、傲然不屈的高尚品格。

无论是"岁寒三友"，还是"花中四君子"，松、竹、梅都以其不惧风雪的傲然风骨，为世人展现出高风亮节。

● 君子如玉

玉文化是我国传统文化中的又一宝贵资源，融合在道德观念与礼仪之中，成为中华民族道德精神的象征。以美玉之质比君子之德，儒家对玉赋予了道德内涵并作出了精辟的诠释。

自古以来，都有"君子佩玉"的说法。《礼记》中说："古之君子必佩玉"，"君子无故玉不去身"。《诗经》也有"言念君子，温其如玉"的记载。《正中形音义综合大字典》里如是解：玉，本义作石之美者，即色光润，声舒扬，质莹洁之美石名之曰玉。帝王之王，一贯三为义，三者，天地人也，中画近上法天地也。珠玉之玉，三画正均，像连贯形，近俗不知中上（三横笔画均衡的为玉，中横靠上的即王）之义，"玉"字加点于旁，以别之。故珠玉之"玉"，本作"王"，俗作"玉"。

古人爱玉，并非纯粹是因为外在的美丽，而是重其内涵，因为玉器是一种品德的象征。人们佩玉在身，以此自勉自比，作为自己的人生启示，规范自己的言行不要越规出格。

孔子提出"君子比德于玉"，将玉与君子联系在一起，规范着政治家和文人士大夫的思想修养。他曾提出"玉有五德"。使玉成为仁、义、礼、智、信等社会道德的象征。

子贡问孔子曰："敢问君子贵玉而贱珉，何也？为玉之寡而珉之多欤？"孔子曰："非为玉之寡，故贵之；珉之多，故贱之。夫昔者君子比德于玉，温润而泽，仁也；缜密以栗，智也；廉而不刿，义也；垂之如坠，礼也；叩之其声清悦而长，其终则诎然乐矣，瑕不掩瑜，瑜不掩瑕，忠也；孚尹旁达，信也；气如白虹，天也；精神见于山川，地也；珪璋特达，德也；天下莫不贵者，道也。《诗》云：'言念君子，温其如玉。'故君子贵之也。"大意是说玉的品质与君子品德——相映。

玉的品质即君子之德，也就是人内在本善的外现。君子之德有哪些呢？

仁，即厚以待人，至大至善之道德曰仁，同情爱护曰仁。"正己而不求于人，则无怨"，君子只是严格要求自己，而不强求于人，所以无怨无恨。心里有别人是善的开始，心中没有别人是恶的开始，内心没有别人只有自己的人可能就会强取豪夺、无恶不作。"仁者人也"，任何时候能想到别人，才是真正的人。"仁者无敌"，真正的善良人，没有敌人。

义，天理正路曰义。朱熹说："义者，天理之所宜；利者，人情之所欲。"可见遵从天理道德就是义。

玉的品质坚硬而不伤人，展示了玉的高洁："挠而不折，锐廉而不忮。"展示了玉的宁可折断也不屈不挠的精神。这是玉的可贵，也是君子美德的昭示。

智，本意当"知"讲。玉的纹理细致周密，就如同有智慧的君子，能够举一反三，闻一知十，考虑周全，触类旁通。君子做事沉稳而不焦躁、周全而不偏执。能够举一反三，闻一知十，就是智慧。

信，东汉许慎的《说文解字》里说："笃实不自欺，亦不欺人之意。"所以，诚就是信。玉有瑕于内，必见于外，有似于信。玉从不掩饰自己的缺点，上不欺天下不骗己，就是君子之信。信，还有听从人言之意，也就是能听进去别人说的话，听从不疑，为信。

礼，礼是人类与生俱来应当遵循的行为规范、自然法则。玉坠，只要人戴上它，它就自然地垂下去，垂之如坠，非常生动地表述了礼的形象，它不是高高在上的，而是谦恭有礼。正如君子，自卑尊人。卑是谦卑，不是卑贱，是放低自己，放下自己，才能真正地尊敬别人。"克己复礼为仁，一日克己复礼，天下归仁焉。"

东汉许慎在《说文解字》中也说，玉，石之美兼五德者。润泽以温，仁也。鳃理自外可以知中，义也。其声舒畅远闻，智也。不折不挠，勇也。锐廉而不忮，洁也。这就是古人所称玉所蕴含的五德。

古代人重视道德修养，这从古人对玉的钟爱可见一斑。

后来，孔子在《礼记》中全面提升扩大了玉的品德，又赋予了玉"十一德"。在他看来，玉具有仁、智、义、礼、乐、忠、信、天、地、德、道等十一种品性和象征。

因为玉的美必须经"切、磋、琢、磨"的繁复工序才能焕发，所以《诗经·卫风》的一首诗中写道："有匪君子，如切如磋，如琢如磨。"意思是说，这位文雅的君子，就像经过仔细地切、磋、琢、磨的玉石一样。说明君子之美要经过一定的礼的规范和度的把握才可以获得。就像获取美玉一样，需要有一番磨砺的功夫。这样玉器又成为君子修养、磨炼品性的象征。

玉石，在中国的认识与西方现代科学对矿物岩石的认识是不同的。西方的矿物学、岩石学是以物理化学为基础，着重研究物质成分、形成过程等，并以此为基点对岩石与矿物进行分类、鉴定。而中国古代对岩石矿物的认识是不同的，牵扯了思想领域的问题。

中国古语有"君子无故，玉不离身"，孔子说"君子如玉"。佩戴玉石的目的是时时警醒自己的道德修养与品格应像玉石一样。儒家认为君子应当是外带恭顺，内具坚韧；待人宽则己严；光华内敛不彰不显。玉的品质是与君子的品质最为近似的，所以中国人对于玉石的应用、佩戴是基于道德与精神的原因。

中国人对于玉石的分类也不是以成分为标准，而是以玉石的温润程度、致密程度、坚韧程度为标准。同时对于颜色也十分重视，只有正色的玉石才被认为是上品。正人君子是中国的道德追求与渴望。杂色者将不被重视。玉石中只有纯色的，才会被利用。特别是白色，纯正的白色如羊脂，是上上品。新疆和田地区出产的玉石温润坚韧，白如羊脂，被中国历代帝王所推崇。"君子比德于玉"，我想这不仅是精神上的认同与警醒，更是物质上的相近。

古代在玉石的应用方面，也绝不是现代所认为的保值增值为目的。中国古代人们相信神的存在。神庇护着人，人们按照神告诉的道德与行为标准生活才有美好的天地。人们为了感谢天地给人带来的美好生活，从而开始了祭奠。也就开始了用玉石"礼天地四方"。

为什么用玉石呢？当然是玉石所具有的特性，坚韧、内敛、外物难入，虽被污浊遮盖、石皮隐藏却不可能改变其本性，经过艰苦的琢磨就会显出本来的面目。

古代用玉是有严格规定的，帝王、公侯、将相等都有明确的分别，即使是佩戴，也不是为了显示财富，而是警醒自己的思想与言行。随着玉石的应用，带来了雕刻技法等等方面的东西。但这不是主流，如果人们将心思用到这些方面那是不合适的。

而今的人们把玉石当作发财的工具，漂亮的装饰，甚至财富的炫耀，随之而来的作假、上色、优化等手段只是为了经济上的获利，完全忘了玉石的真正意义，加之媒体上的炒作，今天很少有人知道玉石的根本用途，想来让人痛心。

玉石的色泽通明与天的白气相似。因此，古人认为，这是与天相配，与天道相应，犹如君子气贯长虹，代表高贵、纯洁、祥和和永恒。而斑点也如此显而易见，如君子之忠，不偏不倚，毫不掩饰。另外，玉的色彩从各个方面都可以看到，好比君子之信，表里如一，纵在暗室，也诚信不欺。玉之精神可见于山川之中，如"玉在渊则川媚，玉在山而草泽"，使所在之处皆能受到感化，如同君子之德风，涵容万物，利益一方。天下无不以美玉为贵，因为高尚的品德是道的显现，包含着伟大的民族精神和气节。

历史上的圣贤无不遵循天道民心，以德化人。孔子一生以弘扬道德仁政为己任，虽历尽艰辛而矢志不渝。孟子提出"仁者无敌于天下"，有了这样的修养和"浩然之气"，就能够无所畏惧。唐太宗仁爱万民，开创大唐伟业，缔造出一代天朝盛世，为后世做出了典范。

当今，社会道德风气一落千丈，人际关系错综复杂，社会现象不断突破人类道德底线，有多少人还能保持自己真正如玉的本色？又有多少人能坚守"岁寒三友"的节操呢？

社会舆论对传统文化的呼唤，给人们带来美好的希望。在这关键的历史时刻，有识之士按照传统道德标准的理念去做，净化自己的心灵，传播善念和良知，唤起更多世人的道德回归。玉之精神，梅之风骨，松之气节，竹之操守，是这些有着崇高品格和节操的君子的写照，是这些勇于捍卫真理的仁人志士的写照，是这些有着无比坚定信仰和信念的中华民族脊梁的写照！

● 茶可行道

茶文化体现了中国传统文化精神的特点，是"茶"与"道"的结合。唐代刘贞亮在饮茶十德中提出："以茶可行道，以茶可雅志。"唐朝的陆羽通过对茶进行多年的观察和研究，撰写了《茶经》一书，此书总结出一套科学的种、采、煮、品的方法，并赋予茶艺一种深刻的文化内涵，被后人称之为"茶圣"。

表面上说，茶道就是由茶礼、茶规、茶法、茶技、茶艺、茶心这六事构成，称作茶道六事。茶道修习就是通过茶道六事来证悟茶道精神。茶道修习的表面是"技"，但重点不是"技"，而是"心"。但要修习茶心，又必须从修习茶技开始，所以明白这个道理，才可以谈茶论道。

中国古代圣贤老子曾经说："道可道，非常道。"道不是一般的道。又说："大道泛兮，其可左右。"可见"道"又无处不在。那么什么是"道"呢？中国儒家著名经典《中庸》里讲："天命之谓性；率性之谓道。"

其实"道"的真谛是告诉我们宇宙中的万事万物的生存，包括天体的运转，人类的繁衍，朝代的更替，人的生老病死，都是依"道"而行的，都是有一定的规律的。所以人能做到的就是"返璞归真"，因为人本性是纯真的，是善良的，是与宇宙自然沟通的，这样才能达到天人合一，道法自然的境界，人类与自然、社会和谐相处。所以"道"体现出了宇宙、人生的法则与规律，因此，中国人不轻易言道，认为那是很高深的东西，是不能明明白白拿出来谈的。其实在中国的古代，各行各业都有"道"的存在，因此古人品茶也有茶道。

茶是苦的，但却苦得有味。从茶的苦后回甘、苦中有甘的特性，体悟做人的道理，节俭、淡泊、以苦为乐。

茶道讲究"和静怡真"，把"静"作为达到心斋座忘、涤除玄鉴、澄怀味道的必由之路。这虚静之"静"，实质上是指心灵世界的虚静，至于外界环境的宁静，兼顾即可。只要自我心灵不失虚静，则著叙也罢、说笑也罢、听曲也罢、赏戏也罢皆无不可。在品茗之前，需放下心中的烦恼、执著，静下神来，定下心来，开始走进品茗审美的境界，静静领悟茶之色、茶之香、茶之味、茶之形的种种美感，从而静观、反思人生，陶冶心性、达到心灵的空静，怡然自得，体会虚静之美。

所以修行茶道之首要就是修身养性，从茶味中品其苦，看透人生，静观其变，心性空灵，在日常平凡中见真性，最后能放得下人生的苦乐，通彻人生的哲理，宇宙的奥妙，返璞归真。所以现代社会的每一种行业，每一种文化都可以帮助人修身养性，提高生命道德的境界，因为在中国传统文化的意蕴中，人生的价值和意义远远超过了一般人想象的大众化社会生活，而是有着更深刻的内涵与意义，中国传统文化时刻都在点醒后人，指引着后人将目光与关注转向人类自身，从精神层面终极关怀着人类的道德自省。

中国古代君子不仅比德于此，还有很多，比如君子比德于"莲"，取莲之清高淡雅、出淤泥而不染的气节，绝不随波逐流。

还有"剑"。剑在春秋时代已经成为文武合一的"君子"的象征。因为剑往往是笔直不弯的，取其"中""不曲"的含义，正如同翩翩君子，其实古时候很多人身上都佩戴着剑，就是时时刻刻提醒着自己做事要秉持中庸、不屈不挠。要铸造一把好剑必须经过千锤百炼，往往比制作其他兵器需要更多的时间，铸造完成后还要依据使用的目的，选择开锋的程度。人也是一样，想要成为一名君子，就必须经过重重的焠炼，经过无数生活挫折的考验、磨炼，才能培养出高尚的品德。

无论是君子之"玉"，还是"岁寒三君子"，它们之所以能感动中国人，历代相传，是因为人们对正人君子高尚品格的推崇，是因为人们心中都期盼着温暖、光明的春天，期盼着美好、真实和永恒。

结语：君子四艺

● 古琴

　　"蜀琴木性实，楚丝音韵清。调慢弹且缓，夜深十数声……"唐代白居易的这首《夜琴》，用恬雅的语句表达出诗人在月明风清的夜晚，缓慢地拨动琴弦而悠然自得的心境，描绘出一幅优美的画卷。古琴是中国古代地位最崇高的乐器，是中国历史上最悠久的弹拨弦鸣乐器之一，位列"琴棋书画"之首，被视为"八音之首"，"贯众乐之长，统大雅之尊"，它是古人心目中的乐器之王，现代称之为"古琴"或"七弦琴"。琴之音韵清雅绵长，琴之文化博大精深。

　　世传华夏祖先伏羲、神农、尧、舜，按天地、阴阳、五行之说削桐为琴，束丝为弦，以通神明之德，合天地之和，修身理性，返其天真。

　　古琴充分体现了中国的传统文化内涵，仅从其形制和构造而言便通身是韵。琴是依凤之身形而制成，其全身与凤身相应，有头、颈、肩、腰、尾、足。琴面"上圆而敛，法天"，为阳；背板"下方而平，法地"，为阴，如东汉《新论琴道》所说"远古圣人上观法于天，下观法于地，近取诸身，远取诸物而创制"。

　　琴之所以如此命名因为它与禁谐音，以"琴"来隐喻禁止淫邪以存正气。汉《白虎通》中记载"琴者，禁也，禁止淫邪，以正人心"。明代《神奇秘谱》的序里说："然琴之为物，圣人制之，以正心术，导政事，和六气，调玉烛，实天地之灵气、太古之神物，乃中国圣人治世之音，君子养修之物。"因此琴被认为是圣人之乐，圣人之器。

　　古琴音域宽广，有泛音、按音和散音三种音色，分别象征天、地、人，三者相合而万事俱谐。古琴的音箱壁较厚，音量不大，所以其声具有独特的韵味和历史的沧桑感。其琴弦较长，振幅大，余音绵长不绝，非常含蓄，所以才有其独特的音韵，空灵苍远，古朴幽深，颇具君子谦和之风。

琴还有着深厚的文史底蕴，其丰富的文化涵载是儒、释、道三大家传统文化在琴中的结晶，道法自然，重弦外之音，讲求中正平和、宁静致远、以善感化、天人合一，"以己之心会物之神，以达于天地之道"。琴乐圣洁飘逸，可以载道，可以像德，可以明志，可以静心，可以启智，可以养生，也可移人性情。

因而，中国的古琴不仅是一种演奏音乐的乐器，而且有着悠久的历史传承和丰富深厚的文化内涵。中国古代的文人士大夫把琴视为修身、齐家、治国、平天下的理想代言人，甚至视为文人的一种象征，是古代文人修身养性的必修之乐器。《礼记》上说："士无故不撤琴瑟。"君子之座，必左琴而右书。孔子也说过："兴于诗，立于礼，成于乐。"孔子、司马相如、蔡邕、蔡文姬、嵇康、欧阳修、苏轼等都以弹琴著称。

古琴艺术追求意境美，不停流于形式的华丽，而在于体味内在的意蕴。其价值超越了音乐本身，蕴含了人与自然的和谐，天人合一的宇宙观、生命观与道德观，是人们修身养性、体悟大道、教化四方的载道之器，讲求"琴德"与"琴道"。蔡邕的《琴操》中记载："昔伏羲作琴，以御邪僻，防心淫，以修身理性，返其天真。"《乐记》中记载："德者，性之端也，乐者，德之华者。"德是人的天性，乐是德之光华。而高层次的音乐是天道的体现，使人在欣赏音乐的同时，受到道德的感化而使思想境界得到升华。

古代的圣贤明君以德教化人民，顺应天道与人心，例如周公制作的礼乐。一次，吴国公子季札来鲁国访问，请求观赏周朝的音乐。鲁国派乐师为他演奏《齐风》，季札说："真美呀！好洪亮啊！真是大国气派，这是东海表率，大概是姜太公吧？他的国家前途不可限量啊。"为他演奏《大雅》，他说："宽广呀！声音多么和谐。曲折舒缓而本体刚健正直，大概是文王的节操吧？周朝的盛世就是这样啊！"为他表演《韶箭》时，季札说："完美啊，广大无边像上天一样覆盖一切，像大地一样承载一切。这是上天的盛德吧？"音乐被古人称为德之音，唯有这样的音

190

乐，才能奏于庙堂，播于四方，化育万民。

抚琴有许多规矩，比如在弹琴前应仪表庄严，焚香、静心、洁身、净手。操琴者要求"坐必正、视必端、听必专、意必敬、气必肃"，"所以正心、修身、齐家、治国、平天下者，咸赖琴之正音是资焉。"即要求抚琴者要用正心、正念来弹琴，才能在弹琴时达到天人相和的境界。

历史上的抚琴名士都是品行高尚、洁身自好的人。他们往往置身于景色优美的环境，仪表端庄恭敬地抚琴，其内心的清澈宁静与淳朴的自然和谐为一体，感悟人生的真谛和探求天道。正如嵇康在诗中描述的那样："目送归鸿，手挥五弦。俯仰自得，游心太玄！"

《红楼梦》中也有段黛玉话琴："琴者，禁也。古人制下，原以治身，涵养性情，抑其淫荡，去其奢侈。若要抚琴，必择静室高斋，或在层楼上头，或在林石里面，或是山巅上，或是水崖上。再遇着那天地清和的时候，风清月朗，焚香静坐，心不外想，气血和平，才能与神合灵，与道合妙。"

即使在喧嚣的地方，依然要坚守心灵的一方净土，清静平和，心无旁骛地弹琴，就像陶渊明说的："结庐在人境，而无车马喧。问君何能尔？心远地自偏。"心是弹琴的根本，心正则琴声正，心远则琴意远。更使听琴者思想受到感染而产生共鸣，体悟到音乐的道德内涵，也感受到操琴者的气质与胸襟。其实一切艺术都是如此。

"琴棋书画"是中国传统文人所必备的技能，古琴婉转悠扬、回肠荡气的音韵美，与君子性实的秉性和理想追求有太多的和谐。如春秋时的师旷，史书记载他鼓琴时，"六马仰秣，玄鹤鸣舞，渊鱼出听"，被后人尊为"乐圣"。他创作了《阳春》《白雪》等清逸迥然的雅乐，表达了对美好未来的向往。如春秋时伯牙弹琴钟子期善听的传说：伯牙鼓琴，意在高山，钟子期赞道："美哉洋洋乎志在高山。"伯牙鼓琴，意在流水，钟子期赞道："美哉汤汤乎志在流水。"伯牙惊讶道："善哉，子之心而与吾心同。"乐曲《高山流水》也流传后世。

琴还被寄以君子洁身自好和推崇高尚人格的愿望，如李白有《独酌》，诗云：手舞石上月，膝横花间琴；白居易《对琴待月》诗云：玉轸临风久，金波出雾迟。幽音待清景，唯是我心知。孔子非常重视乐

191

教，他赞美《韶乐》尽善尽美，使《乐》成为《六经》之一，向学生传授，成为古代文人必读的经典。他一生弘扬道德坚定不移，一次自卫国返鲁国途中，看到兰花，他告诉学生们："芝兰生于深谷，不以无人而不芳；君子修道立德，不为穷困而改节。"然后作《猗兰操》并操琴赞颂，此曲被载入史册。

古琴艺术是中华民族传统文化中的瑰宝，历史久远、内涵丰富，"乐"是圣人所推崇的，它可以促使人心向善。古琴中所蕴含的瑰宝，远超音乐的本身，达到身、心、灵各面的调和，物我调和的精神层面。相信古琴蕴含的琴道、琴德也是一个正常社会应具有的文化内涵。其实一切正统艺术无不使人"正心""修身"，回归道德良知，因为纯正的善念才是生命的本源和归宿所依，维护真理和正义是人的使命和责任。

● 围棋

琴棋书画是中国四大古老的文化艺术，其中的棋指的就是围棋，它们伴随着儒、释、道思想和其他文化艺术，融贯于绵绵几千年的中华文明史。

围棋历史悠远，有关围棋起源的传说甚多，公认的最早起源于尧帝。晋代张华《博物志》曰："尧造围棋，以教丹朱。"其中还提到，舜觉得儿子商均不甚聪慧，也曾制作围棋教子。宋代罗泌《路史后记》中说尧娶妻富宜氏，生下儿子丹朱。丹朱行为不好，尧至汾水之滨，见二仙对坐翠桧，划沙为道，以黑白行列如阵图。帝前问全丹朱之术，一仙曰："丹朱善争而愚，当投其所好，以闲其情。"指沙道石子："此谓弈枰，亦名围棋，局方而静，棋圆而动，以法天地，自立此戏，世无解者。"丹朱由尧处学了围棋，据说果真有了长进。由此可见，古人造围棋并非争输赢的游戏，而是为了陶冶情操、修身养性、生慧增智、抒发意境的，而且围棋还与天象易理、兵法策略、治国安邦等相关联。

从《左传》《论语》《孟子》等书中很容易了解到，围棋在中国春秋、战国时期，已经广为流行。在繁荣鼎盛的唐代，围棋有了空前的发展。唐玄宗特为围棋手们设置了一种官职，叫"棋待诏"，官阶九品，与"画待诏""书待诏"同属于翰林院，所以又被统称为"翰林"。

中国古代文化中，围棋盘象征着宇宙，由三百六十个天体组成，而围棋盘纵十九乘横十九，共三百六十一个棋点，多余的中心一点天元即为太极，代表宇宙的中心。三百六十的目数在旧历中为一年的日数，将此一分为四，四隅就是春夏秋冬，白子和黑子为昼和夜，如此这般便把天地象征化了。

从人类文化的角度来看，围棋是中华民族传统文化的瑰宝之一，自古民间就有"此物只应天上有"之说。如《梨轩曼衍》云："围棋初非人间之事：始出于巴邛之橘，周穆王之墓；继出于石室，又见于商山，乃仙家养性乐道之具。"将围棋推崇到了神仙修炼的范畴。

围棋形式简单，只有黑白两种棋子，规则也很简单，但是它的玄妙却是其他任何棋类所不能比超的。围棋只有三百六十一个棋点，但却变幻无穷，若以一秒钟数过一种棋形变幻，要把全部的棋形数完，大约要数亿年的时间。沈括在《梦溪笔谈》中谈到围棋的变幻数量时，称"大约连书万字四十三，即是局之大数。"为三的三百六十一次方，这里的四十三个万可不是指四十三万。因而有"千古无同局"的说法。

有人说，中国象棋是儒家的棋。围棋是道家的棋。这样的比喻还当真有几分贴切。象棋的帅车马炮士象兵，各自有各自的行棋规矩和职责。恰如孔子所说的："君君、臣臣、父父、子子。"

而围棋呢？黑白二子。没有任何条条框框的限制。可谓变化无穷。一阴一阳谓之道，物极必反，过由不及，外势于实地，不战而驱人之兵，等等。这些道理都形象地在棋盘上演绎着。

当真是围棋博大精深，玄妙无穷，其全部精髓绝非人的智慧所能参透。作为中华民族世代相传的文化瑰宝，千古以来，多少帝王将相、文人雅士，市井布衣乐此不疲，也演绎出多少传奇佳话、美文诗赋、乃至兵书演算法、治国方略，成为中华文明史上一朵绚丽的奇葩。

而到了现代，很多棋手对围棋的理解已经逐渐地远离了其背后的内涵和境界。完全成为了计算的本领了，极端情况就像是计算机一样的。并且以功利胜负为目的，如此下去必定会走到牛角尖里。

其实何止是围棋呢！在中国古代，各行各业都讲究和谐、调和，讲究人的境界和内涵。棋如其人，文如其人。整个人类都更接近于人应该有的状态。而近代、现代的科技发展，看起来给人类带来了物质的繁荣，但是人对境界、涵养、道德的修养却在物质追求与享受的过程中逐渐被忽略了。在物质繁荣的诱惑下，功利胜负、算计，逐渐地破坏了人应该有的和谐状态。

人行于世间，能够在纷繁的社会找到一处心灵的净土，一份清新，一份收获，修身养性，提高自己的境界和内涵才是重要的。

● 书法

书法历史久远，是中国的三大国粹之一。它是以书写汉字为表现手段的一门抽象视觉艺术。汉字是中国民族文化传承的载体，中华文明的博大精深赋予了汉字极为丰富的内涵，古人历来就有："字如其人，人如其字，文如其人，文以载道"之说，提倡"作字先做人，心正则笔正"。

在书法界有"晋人尚韵，唐人尚法"的说法，"书法"这个词就出现在唐代的"尚法"时期。在唐之前，称书法为书、书艺或书道。现在日本仍称书道，韩国称书艺。在魏、晋、南北朝时期，社会盛行老庄学说，人们张口谈玄，闭口论道，书法被称为书道。东晋的"书圣"王羲之，就崇尚道。

称"书道"含义是很深的。书道是将书法作品视为一个完整的有机体，从整体上、意境上、意蕴上把握和体味书法艺术。那时人们认为书法艺术蕴含的意义是符合道家的"道"的。书法家所追求的艺术境界，也就是道的境界。王羲之说："书之气，必达乎道，同混元之理。"到了唐代，楷书的发展成熟，点画形式日益丰富，结体方法日益复杂，讲究笔画、结构、章法等，如"永"字八法、欧阳询的结字三十六法等，并且出现了书法教学，认为"书道"概念模糊，难以言传，只有书写技法才能实实在在地讲出来，于是"书道"名称上正式称"书法"。

我国书法历来注重字的气质、神韵，因为文字不仅与民族文化紧密相关，也反映出书写者的性格特征、志向、思想境界等。西汉扬雄说：

"书，心画也。"明人项穆说"心之所发，蕴之为道德，显之为经纶，树之为勋，立之为节操，宣之为文章，运之为字迹……"清刘熙载还将各种身份不同的人的书法特点作了概括："贤哲之书温醇，骏雄之书沉毅，畸士之书历落，才子之书秀颖。"事实正是如此。历史上流传千古的书法家几乎都是忠正廉洁、品质高尚的人，他们的道德、人格、气节和他们的书法作品并传后世，使人赞颂不已。

比如，王羲之品德清纯，他的字清秀超逸，举止安和；虞世南、褚遂良、柳公权文章妙古今，忠义贯日月，其书法朴质敦厚，充满严正之气；欧阳询、欧阳通父子不同流俗，其书法险劲秀拔；苏东坡书法旷达豪放；颜真卿刚正不阿，临危不惧，他的字也刚劲雄健，结体严谨，法度完备，"望之知为盛德君子也"，让人感受到一种浩然正气。凡此皆字如其人，自然流露者，都可以从他们书法作品中体会到他们这些高尚品德。

如果书家的人品高尚，他的作品也为世人所珍爱。如爱国名将岳飞、文天祥、林则徐，他们忠义正直，坚守气节，他们的字也特别受到保护和爱戴。如果书家的道德败坏，其作品也不会为人所重。想用书法的成就来掩盖或弥补其人品的缺陷，那是不行的。如宋代秦桧也曾研习书法，因其卖国求荣，陷害忠良，其字亦被排斥。据传宋代四家"苏、黄、米、蔡"的"蔡"原指蔡京，后因他人品不好，改为蔡襄。因此那些大节有亏的人，纵使书技娴熟，因受到人品影响，其书亦随人而逝，泯灭不传。

传统文化中对于美的事物是用道德标准衡量的。其实无论是作诗、作文、写字或绘画，都表现出人们对"善"与"恶""正"与"邪"这些原则性问题的态度，人们在看好的、正的作品时，得到美的感受，也会受到作品内容和作者高尚道德的鼓舞和感化，心驰神往。"自来书品，视其人品。故无学不足以言书，无品尤不足以言书。此书道之理也。"

所以学书要先学做人——立品为先，宋陆游说过"汝果欲学诗，功夫在诗外"，讲的也是这个道理，即必须修养人品。书法艺术的品评，不是比点画、章法的精巧，而是看书写者的胸襟、气质和道德修养。其实各种艺术和技能，都是为了让人正用和善用的，人们只有修心重德，不断净化自己的心灵，不断升华思想境界，才会展现出神采和神韵，也才能更好地利人济人。

● 国画

中国画有着悠久的历史传承，博大的文化渊源，讲究神似，更讲究意境。所谓"意境"，指画家通过描绘人物、事物、场景，使欣赏者思想受到感染而产生共鸣，以正确的审美观和道德水准，领悟蕴含和昭示的深刻人生道理及宇宙意义的更高境界。

国画的意境，归纳起来大致有三种类型：第一种是磊落大方，光明祥和；第二种是高贵典雅，秀丽挺拔；第三种是恬静肃穆，深沉厚重。这三种正统的艺术风格历来为人们所赞赏，是作品必须达到的三种标准。如果作品在这基础上还包含有烟霞缥缈之气、忠义节烈之气、古朴典雅之气，那么这些作品都是非常珍贵的。如人们画的神仙、佛像、广阔的宇宙，有风骨的仁人志士，象征着气节的梅、兰、竹、菊等。

中国画讲究含蓄、神韵和意境，作画者的品德、文化修养直接影响绘画品位的高低。唐代画家吴道子被尊为"一代画圣"，曾在长安、洛阳寺观中作佛道壁画四百余间，神态各不相同，展现出神佛的庄严和天国圣境的辉煌。他落笔一挥而就，不失尺度，所绘人物，用状如兰叶之线条表现衣褶，有飘举之势，人称"兰叶描"，具有天衣飞扬、满壁风动的效果，被誉为"吴带当风"。在长安兴善寺画画时，他在大同殿上画山水，挥笔自如，嘉陵山水纵横三百里，一日而成，波澜壮阔，引人入胜。在大同殿上画的五条龙，逼真传神，"鳞甲飞动，每欲大雨，即生烟雾"。杜甫赞其画"妙绝动宫墙"，苏轼称赞说："出新意于法度之中，寄妙理于豪放之外"。长安市民扶老携幼观赏、赞叹。画所表现的内容，感动人心，意境高远。作品内容所表现出的慈善、美好不仅丰富了画者创意的源泉，净化了观赏者的心灵，令人心驰神往。

"吴带当风"作为中国画术语，不仅是一种绘画中人物衣纹线条的表现程式，体现出作者高超画技和飘逸自若的独特风格，更体现出作者对美好境界的追求，摒除一切杂念的清净心境和专心作画的精神。他的画作使人产生对光明的渴望，善化人的心灵。

唐代画家阎立本所画《太宗真容》《凌烟阁功臣二十四人图》，描绘了开创大唐伟业的唐太宗李世民及众臣，形象逼真传神，时人誉之为"丹青神化"。他画的《西域图》，通过对边远各民族人物形象及事件的描绘，反映出唐朝与各民族的友好和睦关系。他画的《魏征进谏图》表现了大臣魏征敢于直谏，唐太宗善于听取臣下意见的美德，使人肃然起敬。这些画歌颂了唐朝一代天朝盛世的繁荣景象，表现出一种蓬勃向上的精神，令人怀念和向往。

中国画在创作上重视构思，讲求意在笔先和形象思维，注重艺术形象的统一。造型上不拘于表面的肖似，而讲求"妙在似与不似之间"和"不似之似"。中国画以其特有的笔墨技巧作为状物及传情达意的表现手段，以点、线、面的形式描绘对象的形貌、骨法、质地、光暗及情态神韵。这里的笔墨既是状物、传情的手段，又是对象的载体，同时本身又是有意味的形式，其痕迹体现了中国书法的意趣，具有独立的审美价值。中国画在创作中强调书画同源，注重画家本人的人品及素养。在具体作品中讲求诗、书、画、印的有机结合，并且通过在画面上题写诗文跋语，表达画家对社会、人生及艺术的认识，既起到了深化主题的作用，又是画面的有机组成部分。

"比德"是中国文化中的特点之一，是将一事物比拟成一种人的美德，如竹象征"节"，梅象征"骨"等，是对品德的颂扬。如元代画家王冕一生以梅花的品格自勉，他作画意境的构成是画中题诗，诗中有画，意味隽永。他画的《墨梅》流传千古，画面题诗："冰雪林中著此身，不同桃李混芳尘。忽然一夜清香发，散作乾坤万里春。"赞美梅先天下春的高洁。山水画题材也很广泛，对于大自然生动的草木山川、云烟明海，都可赋予其精深的艺术内涵，那隐含在山水之中的民族气节和人们宽广胸襟的象征，被一代一代的画家传承着，上升为更广义的中华民族的气节和对美好境界的追求。

中国画讲究含蓄，只要心有灵犀，就能领悟意境感，达到此时无声胜有声的效果。对作画者的要求，不仅要有熟练的技法和完美无缺的构图，更要求创作者具有高尚的道德修养。古人画论中讲："学画者先贵立品。立品之人，笔墨中自然流露出一种正大光明之概。文如其人，画亦有然。"可见作画者的品德、文化修养直接影响绘画品位的高低，因此学画必先立德。

国画的意境能够使人超越具体、有限的物象和场景，进入无限的时间和空间，从而对整个人生、历史、宇宙获得哲理性的感受和领悟。国画不仅历史悠久，还是折射中国传统艺术的一面镜子，体现了中国传统文化"天人合一"的思想。